昭和30年代〜50年代の地方私鉄を歩く 第26巻

中国地方の私鉄

藤田興業（同和鉱業）片上鉄道・西大寺鉄道・岡山臨港鉄道・下津井電鉄
備南電気鉄道（玉野市営電鉄）・倉敷市交通局（水島臨海鉄道）
井笠鉄道・尾道鉄道・広島電鉄宮島線・鞆鉄道・船木鉄道・防石鉄道
長門鉄道・一畑電気鉄道北松江線・大社線・立久恵線（元出雲鉄道）
広瀬線（元島根鉄道）・日ノ丸自動車法勝寺電車部法勝寺電鉄線

髙井薫平 著

【キハ3000形（3002）】国鉄から払い下げられたもとキハ41000形である。入線時は機械式ガソリンカーだったがディーゼルエンジンに載せ替えられ、さらに液体式に、ヘッドライトが下に2灯化された。◎柵原　昭和27（1952）年8月　撮影：荻原二郎

Contents

1章 カラーフィルムで記録された中国地方の私鉄

2章 中国地方の私鉄

◎西大寺鉄道　西第寺市　昭和36（1961）年2月　撮影：J. Wally Higgins（NRA）

まえがき

　シリーズ第6号は山陽地方の岡山県、広島県、山口県、山陰地方の島根県、鳥取県の5県をまとめてご紹介することにいたしました。ぼくにとっては、この地域はくまなく巡ったとはとても言えないところばかりです。岡山県の片上鉄道、西大寺鉄道、岡山臨港鉄道、倉敷市交通局（今の水島臨海鉄道）、備南電鉄（のちの玉野市営電鉄）、下津井電鉄、井笠鉄道、広島県の尾道鉄道、広島電鉄宮島線、山口県の船木鉄道、防石鉄道、長門鉄道、島根県の一畑電気鉄道（現一畑電車）、出雲鉄道（後の一畑電気鉄道立久恵線）、広瀬鉄道（山陰中央鉄道）、鳥取県の日ノ丸自動車法勝寺電鉄の16路線です。福山から鞆の浦まで走っていた鞆鉄道は昭和29（1954）年3月の廃業ですから、記述は最小限にとどめました。

　また路面電車である呉市電、広島電鉄市内線及び山陽電気軌道の3線は次の機会にご紹介いたします。

　さて16路線の訪問回数は実のところかなりの濃淡があります。又この地域は九州を往復するときについでに立ち寄るケースがあったことは否めません。特に山口県は鉄道訪問の旅の中で、一番足が遠かった県かもしれません。

　今振り返ってみますと山陽地方の鉄道訪問の多くは四国への鉄道旅と関連が深いのです。例えば宇野線から下津井電鉄に乗り換えると、児島の競艇場を車窓から眼下に見て、のんびりと鷲羽山を巻いて坂を駆け下りたところに下津井の港がありました。下津井の駅から渡船の出る船着き場まで屋根付きの通路が続いていました。ここで連絡船に乗り換えれば1時間少しで丸亀に着きます。

　四国から山陽路に戻るコースはいくつかありますが、以前は仁堀航路という国鉄の連絡船がありました。広島と愛媛を結ぶ航路は殆どが民間の経営でしたが、仁堀航路は宇高航路に続く国鉄の連絡船で、予讃本線の堀江と呉線の仁方の70kmを結ぶ、1日2往復の航路でしたが、国鉄駅とのアクセスも悪く早々に撤退し、現在では船着き場の遺構も良く判りません。この船に乗って訪問したのが呉市電で、これが最初で最後の訪問でした。

　今回取り上げた16路線のうち、現存するのは臨海鉄道の脱皮した倉敷市交通局に、元気な広島電鉄、それに一畑電車と名前を変えた一畑電気鉄道の3路線です。このうち、都市の拡大とともに広島電鉄の宮島線は路面電車との直通運転の形で市内線と一体化し、新しい交通システムとして脱皮に成功しています。

　残りの13路線はすべて鬼籍に入りました。一般には自動車との競争に敗れたと総括された時代もありましたが、今思えば過疎化、すなわち人口減少社会の到来に帰すると思います。本書が、せめて華やかで元気だった時代に思いを浸していただくきっかけになれば筆者として幸いです。本巻から、あちこちに残る保存車両で現在も見られるものをカラーページにまとめました。また前巻から始めた現在活躍する車両の様子もできるだけカラーページでご紹介することにいたしました。おついでの時に、彼らの後輩たちに会いに行っていただければと思っております。

令和4（2022）年9月　髙井薫平

【ホジ100の牽く列車】井笠鉄道　◎新山～北川　昭和45（1970）10月　撮影：田尻弘行

1章
カラーフィルムで記録された
中国地方の私鉄
岡山県・広島県・山口県・島根県・鳥取県

【第二吉井川橋梁を渡る片上鉄道キハ702】◎周匝〜美作飯岡　昭和61（1986）年8月　撮影：田中信吾

藤田興業(同和鉱業)片上鉄道

【C13形(C13-50)】片上鉄道独自の形式、C13形は戦時中、海南島の石原産業に行く予定だったテンダ機関車を戦後改造したもの。見かけはC11だが、動輪が小さい。形式の後にハイフンがつくのも私鉄らしい。昭和41(1966)年に廃車された。
◎柵原　昭和27(1952)年8月　撮影：荻原二郎

【C12形(C12−101)】国鉄山陽本線との連絡駅和気で気動車と並ぶ。C12-101は国鉄C12と同様のものを独自で発注したもの。
◎和気　昭和37(1962)年1月　撮影：J. Wally Higgins (NRA)

【DD13形（DD13-552）】
客車3両を牽き第一吉井川橋梁
を渡る。片上のDD13形は5両
製造された。
◎備前福田〜備前塩田
昭和61（1986）年8月
撮影：寺田裕一

【混合列車】
◎清水〜中山
昭和55（1980）年11月
撮影：寺田裕一

【キハ300形（303）】
キハ04タイプは301から305まで
4両あった。304は忌み番号で
欠番。
◎和気
昭和62（1987）年11月
撮影：木村和男

【キハ700形(702)】
国鉄キハ07形の払い下げを受け
たものが700形。3両あった。
入線当初からトルコン付きだっ
たが2灯化は入線後である。
◎片上
昭和62(1987)年11月
撮影：木村和男

【キハ800形(801)】
同系の小坂鉄道から転入したも
ので塗装も小坂鉄道のままであ
る。関東鉄道にも見られた軽快
なスタイルである。
◎ 片上
昭和62(1987)年11月
撮影：木村和男

【キハ800形(802)】
第2吉井川橋梁を行く。
◎周匝～美作飯岡
昭和61(1986)年8月
撮影：田中信吾

西大寺鉄道

【キハ7＋キハ8＋ハボ】先頭は昭和11（1936）年川崎車輌製キハ7、二両目はキハ8である。西大寺鉄道の気動車達は写真のように蒸気機関車に代わり客車を牽いて、廃止まで活躍した。キハ7は現在、西大寺バスセンターに保存されている。
◎後楽園付近　昭和32（1957）年4月　撮影：J. Wally Higgins（NRA）

【キハ6＋ハボ】西大寺鉄道では最大の砂川鉄橋を渡る。キハ6は昭和11年日車製。同じ時期に登場した川車製のキハ8の流線形に対して車体が四角い。◎昭和37（1962）年1月　撮影：J. Wally Higgins（NRA）

【キハ3】
小さな単端式気動車キハ3が小さな転車
台で方向転換をする。
◎後楽園　昭和37（1962）年1月
撮影：J. Wally Higgins（NRA）

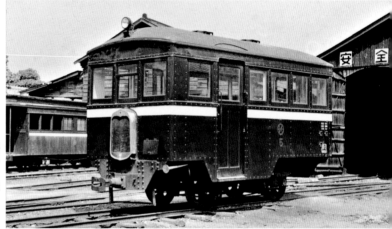

【キハ5】
キハ1〜5は昭和6（1931）年梅鉢鉄工所
製。西大寺鉄道の最初の単端式気動車。キ
ハ3〜キハ5は製造時のママ正面フラッ
トだがキハ1、2はキハ8と同形態に改造
された。
◎西大寺市　昭和37（1962）年8月
撮影：荻原二郎

【キハ8】
この車両は非常に珍しい改造方法で生ま
れた。ボギー式気動車キハ100の車体を二
分割し、単端式気動車キハ8、キハ10に改
造したもの。
◎西大寺市　昭和37（1962）年8月
撮影：荻原二郎

【ハボ15】
ハボ11〜15は大正2（1913）年製造のグルー
プ。15はデッキに自転車も載せられる。
◎西大寺　昭和37（1962）年8月
撮影：荻原二郎

岡山臨港鉄道

【キハ5001・DD1351】
江若鉄道から来た気動車キハ
5001と昭和36（1961）年に新製
された機関車が並ぶ。
◎南岡山
昭和59（1984）年11月
撮影：西岡隆士

【キハ3000形（3002）】
開業に際し、2両投入されたも
のが3001、3002で元中国鉄道（現
在のJR吉備線・津山線）の車
両。国鉄キハ41000形（のちのキ
ハ04形）と同じタイプ。導入当
初の塗装で茶色とクリーム。
◎南岡山
昭和42（1967）年1月
撮影：田尻弘行

【キハ5000形（5002）】
元江若鉄道、昭和12（1937）年日
車製。京阪の連接車びわこ号の
ような前面の流線形は当時の流
行。2両が1970年に転入。
◎南岡山
昭和53（1978）年4月
撮影：西川和夫

下津井電鉄

【クハ20形（22）】
昭和29（1954）年ナニワ工機製。編成相手はモハ102、制御器はこの編成からHL。
◎下津井
昭和32（1957）年4月
撮影：J. Wally Higgins（NRA）

【クハ24＋モハ103】
昭和36（1961）年ナニワ工機製。フジカラーの広告でグリーン塗装。
◎児島
昭和63（1988）年12月
撮影：髙井薫平

【クハ5＋モハ65】
昭和24（1949）年電化により気動車を電車に改造したが車体はほとんど昔のスタイルを残していた。電化当初は茶色一色だったが新車の入る昭和26年から徐々にクリームと茶色の2色になった。
◎昭和41（1966）年12月
撮影：J. Wally Higgins（NRA）

【モハ55形(65)】気動車を電装したモハ65が瀬戸内海を東に見る絶景区間を行く。
◎琴海〜鷲羽山　昭和41(1966)年12月　撮影：J. Wally Higgins(NRA)

【モハ1000形(1001)】モハ1001は昭和58(1983)年に車両の内外側に落書きを許すという「赤いクレパス号」になり、話題をさらった。平成2(1990)年の廃止まで落書きだらけで頑張っていた。◎下津井　昭和63(1988)年12月　撮影：髙井薫平

【モハ2000形（2001）】
昭和63（1988）年に登場した新車。アルナ工機製。児島〜下津井に路線縮小、観光路線に転換を図るための方策。大正ロマンのコンセプトで「メリーベル」の愛称で投入された。
◎下津井
平成2（1990）年12月
撮影：矢崎康雄

【児島駅】
昭和63（1988）年にできた新駅舎、1線2面頭端式。児島〜下津井わずか6kmあまりの路線のターミナル駅であった。
◎児島
昭和63（1988）年12月
撮影：髙井薫平

【下工弁慶号】
下津井駅構内に現れた石川島造船所が製造した下松工業高校所有のサドルタンク蒸気機関車。戦後、徳山の海軍工廠からやって来た。
◎下津井
昭和63（1988）年12月
撮影：髙井薫平

備南電気鉄道（玉野市営電鉄）

【モハ100形（101）】昭和28（1953）年に開業した時の電車はモハ101〜103の3両だった。昭和31（1956）年に玉野市営電気鉄道になったが昭和39（1964）年に電気運転をやめ気動車化、電車は高松琴平電鉄へ売却された。
◎玉遊園地前　昭和37（1962）年5月　撮影：J. Wally Higgins（NRA）

【モハ100形（102）】緑とクリームの塗装は開業当時の車体色。
◎玉駅付近　昭和37（1962）年5月　撮影：J. Wally Higgins（NRA）

【キハ100形（101）】この路線は昭和39（1964）年に電気運転をやめ気動車化された。101は昭和9（1934）年日車製、元国鉄キハ41000形で三岐鉄道に払い下げられていたものを譲り受けた。◎玉咩神社前　昭和45（1970）年10月　撮影：田尻弘行

【キハ100形（102）】昭和39（1964）年に熊延鉄道が廃止されると玉野市にやってきた。昭和25年汽車會社製だが鮮魚台のついた戦前からの気動車のスタイルを踏襲している。◎玉咩神社前　昭和45（1970）年10月　撮影：田尻弘行

倉敷市交通局 (水島臨海鉄道)

【ホハ300形 (301)】
気動車に牽かれて走っていたホハフ301が元国鉄のオハ31と手をつないでいる。しかもこの赤色塗装は、我々制作メンバーも初めて見るものだった。
◎水島
昭和38 (1963) 年1月
撮影：西原博

【キハ300形 (310)】
元国鉄のキハ04形。昭和33 (1958) 年に譲り受けた。
◎倉敷市
昭和35 (1960) 年3月
撮影：髙井薫平

【キハ350形 (352)】
キハ351 〜 357は元国鉄のキハ10形で7両あった。昭和51 (1976) 年から導入されたが10年後には徐々にキハ20に交替した。
◎弥生　昭和63年 (1988) 年
撮影：吉村光夫

【MRT300形（302＋304）】
MRT300形は平成7（1995）年に登場、在来のキハ20形を置き換えた。新潟鐵工製。6両ある。両運転台、全長21m級気動車は地方私鉄ではあまりない。
◎三菱自工前　令和3（2021）年11月
撮影：田中信吾

【DD50形（DD501）／DE70形（DE701）】
50ｔ機のDD50形は入れ替え、小運転用になりDE70が本線運転の主力になっていた。
◎倉敷ターミナル　昭和49（1974）年9月
撮影：髙井薫平

【DD50形（DD505）】
高架線になる前の水島の市街地。DD50形が先頭の貨物列車。昭和33（1958）年に新製された50ｔ機だが後年は入れ替えや小運転用になっていた。
◎水島～栄町（操）　昭和57（1982）年3月
撮影：寺田裕一

井笠鉄道

【ホジ100形（101）】ホジ100形は昭和36（1961）年に登場、6年前に登場したホジ1形より出力ほか性能がアップされていた。
◎井原　昭和39（1964）年7月　撮影：荻原二郎

【ホジ101・ホジ9】戦後の新製車ホジ101と荷物台を持つ戦前型のホジ9が並ぶ。
◎笠岡　昭和37（1962）年1月　撮影：J. Wally Higgins（NRA）

【貨車を牽いて鉄橋を渡る】
青とクリームのホジ12が黒い貨
車を牽いた混合列車が高屋川の
鉄橋を渡る。
◎神辺
昭和37（1962）年1月
撮影：J. Wally Higgins（NRA）

【矢掛駅】
頭端駅に、止まっている気動車は
正面2枚窓、昭和の初めの軽便気
動車スタイルである。この町は
かつて山陽道の宿場町だった。
◎矢掛
昭和39（1964）年7月
撮影：荻原二郎

【ホジ12】
腕木式の出発信号機が進行信
号。昭和11（1936）年日車製の
4輪気動車が発車を待つ。エン
ジンはガソリンからディーゼル
に換装されたが、車両、駅舎は
昭和の初めの雰囲気だ。
◎高屋
昭和41（1966）年7月
撮影：田尻弘行

尾道鉄道

【デキ21形(21)】デキという記号は通常電気機関車だが尾道鉄道は電動客車モハの意味。21の社歴は開業時の1だが車体は昭和25(1950)年に新製。◎石畦付近　昭和32(1957)年4月　撮影：J. Wally Higgins(NRA)

【デキ31形(32)】昭和34(1959)年自社工場製。アルミサッシュなど近代的なスタイルだったが、製造されてからわずか5年で廃線、廃車になった。◎尾道　昭和38(1963)年8月　撮影：荻原二郎

広島電鉄宮島線

【1010形(1014)】大正12(1923)年生まれの古参だが、昭和32(1957)にドア位置を左右非対称に、間接制御に変更して、連結運転ができるようになった。1010形は7両あった。　◎宮島口付近　昭和32(1957)4月　撮影：J. Wally Higgins(NRA)

【1050形(1054)】
元京阪の木造車を昭和28(1953)年にナニワ工機で全鋼製の車体に載せ替えたもの。1050形は4両あったがのちに2両固定化、昭和59(1984)年に1090形になった。
◎昭和32(1957)4月
撮影：J. Wally Higgins(NRA)

【1060形（1061）】昭和32（1957）年ナニワ工機製。平行カルダンで広電最初の高性能車。1060形は1両だけだった。
◎広電五日市～鈴峯女子大前　昭和58（1983）1月　撮影：木村和男

【1070形（1076）】昭和13（1938）年に製造された元阪急の500形を4両譲り受け、ドア位置を変更して、2両編成2本にした。
◎広電五日市～鈴峯女子大前　昭和60（1985）年1月　撮影：木村和男

【1080形（1081）】
阪急嵐山線などで使用されてきた210形を譲り受けたものである。
◎高須
昭和60（1985）年３月
撮影：荻原俊夫

【1090形（1092）】
昭和57（1982）年に1050形は方向幕の大型化など改装され1090形になった。２年後には冷房化された。
◎広電五日市〜鈴峯女子大前
平成元（1989）年５月
撮影：木村和男

【3000形（3006A_3006C_3006B）】
廃止になった西鉄福岡市内線の連接車に中間車体を入れたもの。宮島線直通用に充てられた。
◎広電西広島
昭和51（1976）年９月
撮影：髙井薫平

船木鉄道・防石鉄道

【キハニ50形（51）】もと芸備鉄道キハユニ17を改造したもので国鉄時代を経て、船木鉄道には昭和27（1952）年にやってきた。船木鉄道の廃線後は加悦鉄道に譲渡された。◎西宇部　昭和34（1959）年9月　撮影：J. Wally Higgins（NRA）

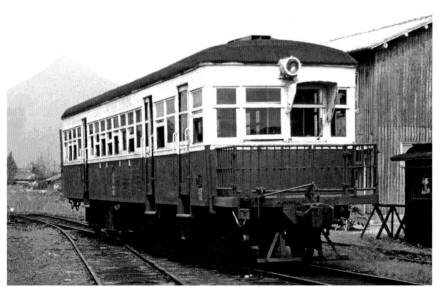

【キハニ100形（101）】もとは中国鉄道キハ172、昭和9（1934）年日本車輌製、中国鉄道は戦時買収されて国鉄になり、昭和24（1949）年に防石鉄道に払い下げられた。2年後にガソリン機関からディーゼル機関に変更している。
◎周防宮市
昭和38（1963）年8月
撮影：荻原二郎

一畑電気鉄道（北松江線・大社線）

【デハニ31・デハ54】緑に白帯のデハニ31は木造国電モハ1形を譲り受け昭和30（1955）年に鋼体化されてできた。晩年は主に貨車をひいて走っていたようである。オレンジに白帯のデハニ54は昭和3（1928）年から日本車輌で製造された4両のデハニ50のグループである。◎北松江　昭和37（1962）年6月　撮影：J. Wally Higgins（NRA）

【デハ20（22）】
当初マルーン一色だった塗装はこのころは写真のようなツートーンになっていた。デハ20形は1形3両とデハニ50形1両の座席をセミクロスに、弱め界磁を付け最高速度をアップした形式である。
◎出雲市
昭和34（1959）年6月
撮影：荻原二郎

【デハ1形（6）】
出雲大社前の到着直前で堀川を渡る。
橋上の車両は北松江線電化の際に新造
されたデハ1形。昭和2（1927）年、日
本車輌製。昭和53（1978）年に大社線用
のワンマン化改造を受けた。
◎出雲大社前付近
平成元（1989）年11月
撮影：寺田裕一

【デハ24と21】
サービス向上を図って、開業
当初の3扉のロングシート車
などを、2扉のクロスシート
車に改造した。手前のデハ21
はデハニ51、デハ24はデハ5か
らの改造である。
◎出雲市
昭和41（1966）年11月
撮影：日暮昭彦

【デハ20（23）】
宍道湖をバックに松江温泉へ到
着間際のデハ20形。
◎松江温泉～古江
昭和58（1983）年11月
撮影：寺田裕一

【クハ171＋デハ71】
宍道湖はシジミの養殖が盛んで
ある。元西武の301形が行く。
一畑では２扉セミクロスにして
主に優等列車に使用された。
◎松江温泉～古江
昭和58（1983）年11月
撮影：寺田裕一

【クハ182＋デハ82】
デハ80形クハ180形は元西武の
451系で昭和56（1981）年から６
両を譲り受けた。
◎高ノ宮～秋鹿町
平成５（1993）10月
撮影：寺田裕一

【デハ2113+デハ2103】
元京王線5000形の車体を2扉化、台車を営団日比谷線3000系の流用で登場した。
◎大寺
令和3（2021）年11月
撮影：田中信吾

【デハ5109+デハ5009】
もと京王5000形だが、平成10（1998）年投入された4両は特別型。
◎雲州平田
令和元（2019）年12月
撮影：田中信吾

【デハ5109+デハ5009】
平成25（2013）年に島根県産木材の利用促進のための補助金利用で室内に木質を取り入れた改装がなされた。座席をボックスシートにしてパーテーションで仕切っている。前面窓下中央には「しまねの木」の看板がついている。
◎出雲大社前～浜山公園北口
令和3（2021）年11月
撮影：田中信吾

【デハ3008＋デハ3018】
平成8（1996）年に転入した元
南海高野線のズームカー21000
系。番号は2100系からの追番
で、（3005＋3015）から始まっ
ている。2両×4編成があった。
◎雲州平田
平成19（2007）年3月
撮影：村松功

【デハ1002＋クハ1102】
平成26（2014）年に導入したも
と東急1000系オールステンレ
ス、VVVF制御車は一畑では初
めて。中間車改造で独特の面構
えである。2両×3編成。
◎松江温泉
平成29（2017）年6月
撮影：髙井薫平

【デハ7003＋デハ7004】
平成28（2016）年に登場した86
年ぶりの新造車。両運転台、片
開き3扉全長20.8m。JR西日
本系の後藤車両工業で4両が製
造された。
◎川跡〜高浜
令和元（2019）年12月
撮影：田中信吾

一畑電気鉄道広瀬線（元島根鉄道）

【デハ1形（1）】昭和3（1928）年の広瀬鉄道開業に際して蒲田車両で新造された4輪単車。路線廃止3年前の写真である。
◎広瀬付近　昭和32（1957）年7月　撮影：J. Wally Higgins（NRA）

日ノ丸自動車法勝寺電車部法勝寺電鉄線

【デハ203】大正11（1922）年製、元池上電気鉄道（現在東急池上線）が池上～蒲田の開業の際に急遽、駿遠電気から買ったという電車。昭和5（1930）年に伯陽電鉄の時代にやってきた。現在復元され鳥取県保護文化財として保存されている。
◎法勝寺付近　昭和34（1959）年6月　撮影：荻原二郎

【貨車を連結しているデハ207】大正12（1923）年、目黒蒲田電鉄（現在の東急電鉄）開業時に登場したデハ1形として生まれ、戦後、山陰中央鉄道の時代にやってきた。◎米子市　昭和40（1965）年2月　撮影：田尻弘行

【デハ207＋附53＋附51】
先頭207は目黒蒲田電鉄（現在東急電鉄）の開業時生まれたものだが、後ろのボギー車と単車の客車は愛知電気鉄道（現在の名鉄）の開業時に生まれた。
◎米子市
昭和37（1962）年6月
撮影：J. Wally Higgins（NRA）

【デハ207】デハ2007が付随車の附（フ）53を牽いて草生した線路を走ってくる。
◎米子市　昭和37（1962）年6月　撮影：J. Wally Higgins（NRA）

中国地方の
私鉄保存車両

【片上鉄道　キハ312】 動態保存
場所：柵原ふれあい鉱山公園
アクセス：JR津山駅より車で30分
※当地には他の片上鉄道の車両が多数保存
平成29（2017）年10月
撮影：寺田裕一

【片上鉄道　キハ702】 動態保存
場所：柵原ふれあい鉱山公園
アクセス：JR津山駅より車で30分
※当地には他の片上鉄道の車両が多数保存
平成12（2000）年2月
撮影：寺田裕一

【西大寺鉄道　キハ7】
場所：両備バス西大寺バスセンター
（旧西大寺鉄道西大寺市駅跡）
アクセス：JR西大寺駅より徒歩15分
平成29（2017）年7月
撮影：山田信一

【西大寺鉄道　ハボ13】
場所：池田動物園
アクセス：JR岡山駅より岡山電軌バス
で15分
※当地にはワボ3、井笠鉄道2号機も保
存
平成22（2010）年7月
撮影：村松 功

【岡山臨港鉄道　102】
場所：岡山臨港鉄道本社前（旧南岡山
駅跡）
アクセス：JR岡山駅より岡山電軌バ
スで築港元町下車スグ
令和4（2022）年7月
撮影：山田信一

【下津井電鉄　クハ24】
場所：鷲羽山下電ホテル
アクセス：JR児島駅より車で10分
※当地にはホカフ9も保存
令和2（2020）年8月
撮影：山田信一

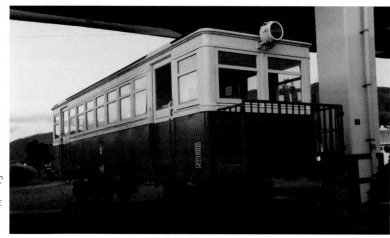

【下津井電鉄　クハ6】
場所：おさふねサービスエリア
アクセス：JR岡山駅より宇野バスで
船山下車スグ
※当地にはホハフ2、ホワフ10も保存
令和4（2022）年2月
撮影：矢崎康雄

【備南電鉄　モハ100】
場所：玉野市すこやかセンター
アクセス：JR宇野駅より車で10分
平成20（2008）年5月
撮影：寺田裕一

【井笠鉄道　ホハ13、18】　動態保存
場所：丸瀬布森林公園いこいの森
アクセス：JR丸瀬布駅より車で10分
※当地には他の井笠鉄道の車両が保存
平成28（2016）年8月
撮影：髙井薫平

【井笠鉄道　1号機関車】
場所：井笠鉄道記念館
アクセスJR笠原駅より井笠バスカン
パニーで新山下車スグ
※当地にはホハ1、ホワフ1が保存
平成22（2010）年7月
撮影：村松 功

【防石鉄道　2号機関車】
場所：防石鉄道記念広場
アクセス：JR防府駅から徒歩10分
※当地にはハ6、ハニフ1が保存
平成15（2003）年5月
撮影：荻原俊夫

【長門鉄道　101号機関車】
場所：道の駅「蛍街道西ノ市」
アクセス：JR小月駅よりサンデン交
通バス西市下車
令和4（2022）年6月
撮影：亀井秀夫

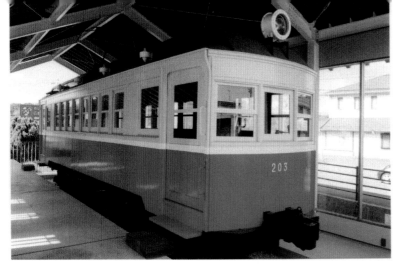

【日ノ丸交通法勝寺鉄道　デハ203】
場所：南部町公民館
アクセス：JR米子駅より日の丸交通
バス御内谷下車
平成29（2017）年6月
撮影：髙井薫平

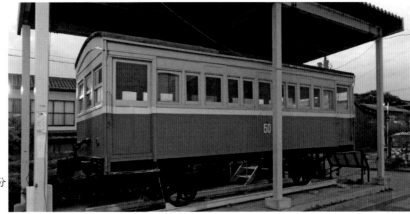

【日ノ丸交通法勝寺鉄道　フ50】
場所：元町パティオ
アクセス：JR米子駅より徒歩8分
平成29（2017）年6月
撮影：矢崎康雄

その他の主な保存車両

※保存車両の状態は変化をしているため、以下の一覧表は参考まで。

鉄道名称	車種	形式	場所	施設名	状態	備考
片上鉄道	DL	DD13-551	岡山県美咲町	棚原ふれあい鉱山公園	**動態**	
	DC	キハ303	岡山県美咲町	棚原ふれあい鉱山公園	**動態**	
	PC	ホハフ2003	岡山県美咲町	棚原ふれあい鉱山公園	**動態**	
	PC	ホハフ2004	岡山県美咲町	棚原ふれあい鉱山公園	**動態**	
	PC	ホハフ3002	岡山県美咲町	棚原ふれあい鉱山公園	**動態**	
	FC	トラ814	岡山県美咲町	棚原ふれあい鉱山公園	**動態**	
		他				
岡山臨海鉄道	DC	キハ1003	岐阜県羽島市	かみなり村	静態	塗装は紀州鉄道
	DC	キハ7003	岡山県岡山市	ちどり保育園	静態	
		他				
下津井電鉄	EC	モハ1001	岡山県倉敷市	下津井駅跡	静態	
	EC	モハ103	岡山県倉敷市	下津井駅跡	静態	
	EC	モハ2001	岡山県倉敷市	下津井駅跡	静態	
	EC	サハ2201	岡山県倉敷市	下津井駅跡	静態	
	EC	クハ2101	岡山県倉敷市	下津井駅跡	静態	
		他				
井笠鉄道	SL	3	広島県福山市	新市クラシックゴルフクラブ	静態	
	DC	ホジ3	岡山県倉敷市	下津井駅跡	静態	
	DC	ホジ9	岡山県笠岡市	旧井笠鉄道本社前	静態	
	DC	ホジ101	岡山県井原市	経ヶ丸グリーンパーク	静態	
	PC	ホハ2	千葉県成田市	成田ゆめ牧場	静態	
	PC	ホハ5	千葉県成田市	成田ゆめ牧場	**動態**	
	PC	ホハ8	岡山県井原市	経ヶ丸グリーンパーク	静態	
	PC	ホハ11	広島県福山市	太陽保育園	静態	
	PC	ホハ12	広島県福山市	新市クラシックゴルフクラブ	静態	
		他				

中国地方の私鉄の切符 （所蔵・解説 堀川正弘）

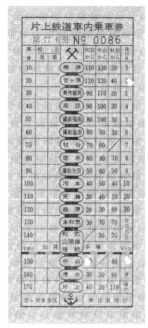

同和鉱業（片上鉄道線）

小児券の（岡）は岡山管理局で共同使用の国鉄窓口発売だったと思います。

創立50周年記念乗車券です。（一部）

車補です。正式社名は見当たりません。
昭和40年代の縦型の物は、棚原に鉱山マーク、片上には碇マークが付され、国鉄線も線路が示されており、好感が持てました。

西大寺鉄道

運賃の訂正記載が簡略化されています。裏面には広告が入っていますが、タクシーは競合相手ではなく、補完交通機関で共存共栄のようですね。

下津井電鉄

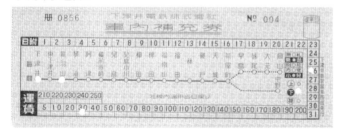

当時は琴海にも駅員が配置され、国鉄連絡乗車券が発売されていました。

茶屋町で記念に切符がほしい旨申し出たところ、「無効」印ではなく、途中下車印を押して渡されました。

部分廃止の時の記念乗車券です。1980年代になってからも、奇をてらった記念乗車券等が随分出ましたが、会社を救う事は出来なかったようです。

入場券はオーソドックスな無地・赤線入りです。

岡山臨港鉄道

車補です。様式は変わりませんが、終点岡山港の一つ手前（最後は岡南元町）の駅名が時代と共に変わっています。

私鉄では珍しい両矢印式でした。

南岡山時代です。

国鉄連絡乗車券です。

創業20周年では、こんな記念乗車券も発行されました。
（一部です）

備南電気鉄道（玉野市営電鉄）

玉では国鉄連絡の硬券を備えていましたが、「玉野鉄道」と称していた時期が有ったのでしょうか？
宇野と玉には駅員が配置されていましたが、乗車券はいずれも回数券のような連続印刷で、切り取って交付する準硬券（厚みが硬券と軟券の中間位）の金額式でした。赤線は小児用です。こちらは「市営電鉄」の表示です。車内でも、上記の駅売りと同じ様式の乗車券ですが、横幅が駅発売の物に比べて若干短くなっています。

倉敷市交通局（水島臨海鉄道）

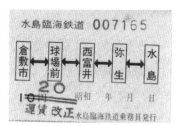

車内乗車券は区間制でした。本来なら乗車駅への入鋏と日付を入れるのでしょうが。

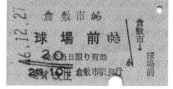

最低区間でも立派なＡ型券でした。

5円時代の券が残っていました。市営時代の物でしょうか？ただ、「運賃」ではなく「料金」変更ですね。

井笠鉄道

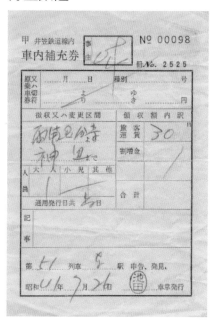

車補です。「井笠鉄道線内」と有るのですが、国鉄連絡用や駅名等入鋏式は別にあったのか？全て手書き対応だったら大変な手間ですね。残念ながら手元に有るのはこれだけです。

木之子からの券は「料金変更」ではなく「運賃変更」が正当な表示になります。

尾道鉄道

所持する唯一の切符です。

一畑電気鉄道

車補は「車掌携帯片道」と有るのが珍しいです。元島根鉄道線です。

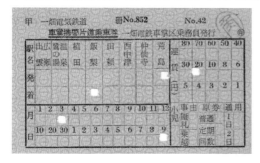 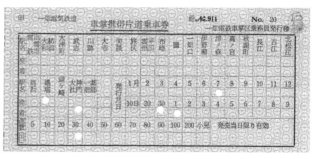

国鉄の駅名が改称になる前です。「通用1日」と有るのも珍しいです。(多くは「当日限り」)
「元出雲鉄道(立久恵線)」です。　発着駅共名称変更になってしまいました。

入場券は昔から地紋(オリジナル)入りでした。
後に赤線入りになって、現在にも至っています。

日ノ丸自動車法勝寺電車部法勝寺電鉄線

同一日の発売ですが、駅・区間によって地色が3色ありました。上段の黄色地は3等時代の物が残っており、社名も「日ノ丸自動車電車」となっています。地紋の色の使い分けは不明です。

  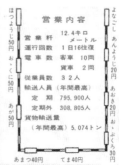

地方私鉄の往復常備券は中々巡り合えませんでした。

さよなら記念券です。終点の駅名(ひらがな)が「ほつようじ」になっているのはご愛敬ですね。

本書に登場する鉄道の駅名一覧

〔現有路線〕
（駅名は2022年5月現在、日付は開業年月日、左側の数字の単位はkm）　貨→貨物専用駅　臨→臨時駅

【水島臨海鉄道 水島本線】
軌間1067mm/蒸気・内燃
【開業年月日　昭和23（1948）年8月20日】

0.0	倉敷市	くらしきし 昭和23（1948）年8月20日
2.0	球場前	きゅうじょうまえ 昭和24（1949）年5月20日
3.6	西富井	にしとみい 昭和24（1949）年11月15日
4.4	福井	ふくい 平成元（1989）年3月29日
5.5	浦田	うらだ 昭和63（1988）年3月13日
7.5	弥生	やよい 昭和23（1948）年8月20日
8.2	栄	さかえ 昭和61（1986）年3月3日
8.6	常盤	ときわ 平成4（1992）年9月7日
9.2	水島	みずしま 昭和23（1948）年8月20日
10.4	三菱自工前	みつびしじこうまえ 昭和47（1972）年9月18日
11.2	倉敷貨物ターミナル（貨）	くらしきかもつたーみなる 昭和58（1983）年4月1日

【水島臨海鉄道 港東線】
軌間1067mm/蒸気・内燃
【開業年月日　昭和37（1962）年7月1日】

0.0	水島	みずしま 昭和37（1962）年7月1日
3.6	東水島（貨）	ひがしみずしま 昭和47（1972）年3月15日

【広島電鉄 宮島線】
軌間1435mm/直流600V
【開業年月日　大正11（1922）年8月22日】

0.0	広電西広島	ひろでんにしひろしま 大正11（1922）年8月22日
1.0	東高須	ひがしたかす 昭和39（1964）年12月1日
1.4	高須	たかす 大正11（1922）年8月22日
2.1	古江	ふるえ 大正11（1922）年8月22日
2.9	草津	くさつ 大正11（1922）年8月22日
3.5	草津南	くさつみなみ 大正13（1924）年4月6日
4.2	商工センター入口	しょうこうせんたーいりぐち 昭和35（1960）年9月1日
4.8	井口	いのくち 大正13（1924）年4月6日
6.0	修大協創中高前	しゅうだいきょうそうちゅうこうまえ 昭和16（1941）年7月4日
6.9	広電五日市	ひろでんいつかいち 大正13（1924）年4月6日
7.2	佐伯区役所前	さえきくやくしょまえ 昭和62（1987）年3月27日
8.2	楽々園	らくらくえん 昭和10（1935）年12月1日
9.2	山陽女学園前	さんようじょがくえんまえ 昭和25（1950）年11月24日
9.9	広電廿日市	ひろでんはつかいち 大正13（1924）年4月6日
10.7	廿日市市役所前	はつかいちしやくしょまえ 昭和59（1984）年11月1日
11.5	宮内	みやうち 大正14（1925）年7月15日
11.9	JA広島病院前	じぇいえいひろしまびょういんまえ 平成10（1998）年9月1日
12.4	地御前	じごぜん 大正14（1925）年7月15日
13.9	阿品東	あじなひがし 昭和6（1931）年2月1日
14.6	広電阿品	ひろでんあじな 昭和53（1978）年8月1日
15.9	宮島ボートレース場（臨）	みやじまぼーとれーすじょう 昭和29（1954）年10月31日
16.1	広電宮島口	ひろでんみやじまぐち 昭和6（1931）年2月1日

【一畑電車 北松江線】
軌間1067mm/直流1500V
【開業年月日　大正3（1914）年4月29日】

0.0	電鉄出雲市	でんてついずもし 大正3（1914）年4月29日
0.8	出雲科学館パークタウン前	いずもかがくかんぱーくたうんまえ 昭和3（1928）年9月15日
2.0	大津町	おおつまち 大正3（1914）年4月29日
4.1	武志	たけし 大正3（1914）年4月29日
4.9	川跡	かわと 昭和5（1930）年2月2日
6.4	大寺	おおてら 昭和6（1931）年2月1日
7.7	美談	みだみ 昭和27（1952）年1月15日
9.0	旅伏	たぶし 大正3（1914）年4月29日
10.9	雲州平田	うんしゅうひらた 大正3（1914）年4月29日
14.5	布崎	ぬのざき 大正4（1915）年2月4日
15.2	湖遊館新駅	こゆうかんしんえき 平成7（1995）年10月1日
15.9	園	その 大正4（1915）年2月4日
17.5	一畑口	いちばたぐち 大正4（1915）年2月4日
19.4	伊野灘	いのなだ 昭和3（1928）年4月5日
21.2	津ノ森	つのもり 昭和3（1928）年4月5日
22.5	高ノ宮	たかのみや 昭和3（1928）年4月5日
23.8	松江フォーゲルパーク	まつえふぉーげるぱーく 平成13（2001）年7月23日
25.0	秋鹿町	あいかまち 昭和3（1928）年4月5日
26.7	長江	ながえ 昭和3（1928）年4月5日
28.0	朝日ケ丘	あさひがおか 昭和63（1988）年4月1日
29.6	松江イングリッシュガーデン前	まつえいんぐりっしゅがーでんまえ 昭和3（1928）年4月5日
33.9	松江しんじ湖温泉	まつえしんじこおんせん 昭和3（1928）年4月5日

【一畑電車 大社線】
軌間1067mm/直流1500V
【開業年月日　昭和5（1930）年2月2日】

0.0	川跡	かわと 昭和5（1930）年2月2日
0.8	高浜	たかはま 昭和5（1930）年2月2日
2.8	遥堪	ようかん 昭和5（1930）年2月2日
4.4	浜山公園北口	はまやまこうえんきたぐち 昭和5（1930）年2月2日
6.3	出雲大社前	いずもたいしゃまえ 昭和5（1930）年2月2日

〔廃止路線〕

(駅名は廃止直前の状況、日付は開業年月日、左側の数字の単位はkm) 貨→貨物専用駅　信→信号場・信号所

【藤田興業（同和鉱業）片上鉄道】

軌間1067mm/蒸気・内燃
片上～柵原　33.8km
【開業年月日　大正12（1923）年1月1日】
【廃止年月日　平成3（1991）年7月1日】

- 0.0　片上　かたかみ　大正12（1923）年1月1日
- 4.1　清水　しみず　大正12（1923）年1月1日
- 5.7　中山　なかやま　大正12（1923）年1月1日
- 8.6　和気　わけ　大正12（1923）年1月1日
- 10.1　本和気　ほんわけ　大正13（1924）年8月31日
- 11.6　益原　ますはら　大正12（1923）年8月10日
- 14.5　天瀬　あませ　大正13（1924）年8月31日
- 16.3　河本　こうもと　大正12（1923）年8月10日
- 18.3　備前矢田　びぜんやた　大正12（1923）年8月10日
- 22.2　苦木　にがき　昭和6（1931）年2月1日
- 24.2　杖谷　つえたに　昭和6（1931）年7月20日
- 25.5　備前塩田　びぜんしおた　昭和6（1931）年2月1日
- 27.2　備前福田　びぜんふくだ　昭和6（1931）年2月1日
- 28.5　周匝　すさい　昭和6（1931）年2月1日
- 29.6　美作飯岡　みまさかゆうか　昭和6（1931）年2月1日
- 32.5　吉ヶ原　きちがはら　昭和6（1931）年2月1日
- 33.8　柵原　やなはら　昭和6（1931）年2月1日

【西大寺鉄道】

軌間914mm/蒸気・内燃
西大寺市～後楽園　11.4km
【開業年月日　明治44（1911）年12月29日】
【廃止年月日　昭和37（1962）年9月7日】

- 0.0　西大寺市　さいだいじし　明治44（1911）年12月29日
- 1.8　広谷　ひろたに　明治44（1911）年12月29日
- 3.1　大多羅　おおたら　明治44（1911）年12月29日
- 4.2　長利　ながとし　明治44（1911）年12月29日
- 5.5　財田　さいでん　明治44（1911）年12月29日
- 7.2　大師　だいし　明治45（1912）年1月28日
- 8.6　藤原　ふじわら　明治45（1912）年1月28日
- 9.1　原尾島　はらおしま　昭和8（1933）年9月1日
- 10.2　森下　もりした　明治45（1912）年1月28日
- 11.4　後楽園　こうらくえん　大正4（1915）年9月15日

【岡山臨港鉄道】

軌間1067mm/蒸気・内燃
大元～岡山港　8.1km
【開業年月日　昭和26（1951）年8月1日】
【廃止年月日　昭和59（1984）年12月29日廃止】

- 0.0　大元　おおもと　昭和26（1951）年8月1日
- 1.4　岡南新保　こうなんしんぼ　昭和26（1951）年10月20日
- 2.3　岡南泉田　こうなんいずみだ　昭和26（1951）年8月1日
- 4.4　岡南福田　こうなんふくだ　昭和26（1951）年8月1日
- 6.1　並木町　なみきちょう　昭和26（1951）年8月1日
- 6.6　岡南元町　こうなんもとまち　昭和43（1968）年10月1日
- 6.9　南岡山（貨）　みなみおかやま　昭和26（1951）年8月1日
- 8.1　岡山港（貨）　おかやまこう　昭和26（1951）年8月1日

【下津井電鉄】

軌間762mm/蒸気・内燃・直流600V
茶屋町～下津井　21.0km
【開業年月日　大正2（1913）年11月11日】
【廃止年月日　茶屋町～児島　昭和47（1972）年4月1日】
【廃止年月日　児島～下津井　平成3（1991）年1月1日】

- 0.0　茶屋町　ちゃやまち　大正2（1913）年11月11日
- 2.0　天城　あまき　大正2（1913）年11月11日
- 2.5　藤戸　ふじと　昭和25（1950）年2月10日
- 4.4　林　はやし　大正2（1913）年11月11日
- 6.9　福田　ふくだ　大正2（1913）年11月11日
- 8.8　福南山　ふくなんざん　昭和25（1950）年5月31日
- 10.8　稗田　ひえだ　大正2（1913）年11月11日
- 12.2　柳田　やないだ　昭和27（1952）年4月19日
- 13.1　児島小川　こじまおがわ　大正2（1913）年11月11日
- 14.7　児島　こじま　大正2（1913）年11月11日
- 15.8　備前赤崎　びぜんあかさき　大正3（1914）年3月15日
- 16.3　阿津　あつ　昭和24（1949）年6月20日
- 17.6　琴海　きんかい　大正3（1914）年3月15日
- 18.5　鷲羽山　わしゅうざん　昭和6（1931）年5月1日
- 19.0　東下津井　ひがししもつい　大正3（1914）年3月15日
- 21.0　下津井　しもつい　大正3（1914）年3月15日

【備南電気鉄道】

軌間1067mm/直流1500V→内燃
宇野～玉遊園地前　4.7km
【開業年月日　昭和28（1953）年4月5日】
【廃止年月日　昭和47（1972）年4月1日】

- 0.0　宇野　うの　昭和28（1953）年4月5日
- 0.7　広潟　ひろかた　昭和35（1960）年4月1日
- 0.9　玉野高校前　たまのこうこうまえ　昭和28（1953）年4月5日
- 1.4　西小浦　にしこうら　昭和34（1959）年6月15日
- 1.8　玉野市役所前　たまのしやくしょまえ　昭和28（1953）年4月5日
- 1.9　古塩浜（信）　こえんはま　昭和31（1956）年7月21日
- 2.6　藤井海岸　ふじいかいがん　昭和28（1953）年4月5日
- 3.1　玉野保健所前　たまのほけんじょまえ　昭和28（1953）年4月5日
- 3.3　大聖寺前　だいしょうじまえ　昭和33（1958）年7月20日
- 3.5　三井造船所前　みついぞうせんしょまえ　昭和28（1953）年4月5日

○ 3.7 玉 たま 1955（昭和30）年9月10日
○ 4.1 玉比咩神社前 たまひめじんじゃまえ 昭和35（1960）年8月3日
○ 4.4 玉小学校前 たましょうがっこうまえ 昭和35（1960）年8月3日
○ 4.7 玉遊園地前 たまゆうえんちまえ 昭和35（1960）年8月3日

【水島臨海鉄道 西埠頭線】
軌間1067mm/蒸気・内燃
三菱自工前～西埠頭　0.8km
【開業年月日　昭和37（1962）年7月1日】
【廃止年月日　平成28（2016）年7月15日】

○ 0.0 三菱自工前 みつびしじこうまえ 昭和59（1984）年3月1日
　　　　※水島港から移転
○ 0.8 西埠頭（貨）にしふとう 昭和37（1962）年7月1日

【井笠鉄道 井笠本線】
軌間762mm/蒸気・内燃
笠岡～井原　19.4km
【開業年月日　大正2（1913）年11月17日】
【廃止年月日　昭和46（1971）年4月1日】

○ 0.0 笠岡 かさおか 大正2（1913）年11月17日
○ 1.1 鬮場 くじば 大正2（1913）年11月17日
○ 3.5 大井村 おおいむら 大正2（1913）年11月17日
○ 5.0 小平井 おびらい 大正2（1913）年11月17日
○ 6.1 吉田村 よしだむら 大正2（1913）年11月17日
○ 8.5 新村 にいむら 大正2（1913）年11月17日
○ 11.6 北川 きたがわ 大正2（1913）年11月17日
○ 12.8 薬師 やくし 大正2（1913）年11月17日
○ 15.2 木之子 きのこ 大正2（1913）年11月17日
○ 18.2 七日市 なぬかいち 大正2（1913）年11月17日
○ 19.4 井原 いばら 大正2（1913）年11月17日

【井笠鉄道 神辺線】
軌間762mm/蒸気・内燃
井原～神辺　11.8km
【開業年月日　大正14（1925）年2月7日】
【廃止年月日　昭和42（1967）年3月31日】

○ 0.0 井原 いばら 大正14（1925）年2月7日
○ 1.5 出部 いずえ 大正14（1925）年2月7日
○ 2.5 下出部 しもいずえ 大正11（1922）年4月9日
○ 4.0 高屋 たかや 大正14（1925）年2月7日
○ 5.1 両備金光 りょうびこんこう 大正11（1922）年4月9日
○ 7.4 御領 ごりょう 大正11（1922）年4月9日
○ 8.6 両備国分寺 りょうびこくぶんじ 大正11（1922）年4月9日
○ 9.8 湯野 ゆの 大正11（1922）年4月9日
○ 11.8 神辺 かんなべ 大正11（1922）年4月9日

【井笠鉄道 矢掛支線】
軌間762mm/蒸気・内燃
北川～矢掛　5.8km
【開業年月日　大正10（1921）年10月25日】
【廃止年月日　昭和42（1967）年3月31日】

○ 0.0 北川 きたがわ 大正10（1921）年10月25日
○ 1.2 備中小田 びっちゅうおだ 昭和3（1928）年4月20日
○ 2.5 毎戸 まいど 大正10（1921）年10月25日
○ 3.3 本堀 もとほり 大正10（1921）年10月25日
○ 4.6 川面 かわも 大正10（1921）年10月25日
○ 5.8 矢掛 やかけ 大正10（1921）年10月25日

【尾道鉄道】
軌間1067mm/蒸気・内燃
【開業年月日　大正14（1925）年1月1日】
【廃止年月日　石畔～市　昭和32（1957）年2月1日】
【廃止年月日　尾道～石畔　昭和39（1964）年8月1日】

○ 0.0 尾道 おのみち 昭和8（1933）年3月28日
○ 0.4 西尾道 にしおのみち 大正14（1925）年11月1日
○ 1.0 地方事務所裏 ちほうじむしょうら 昭和8（1933）年7月1日
○ 1.5 青山病院前 あおやまびょういんまえ 昭和8（1933）年7月1日
○ 2.2 宮の前 みやのまえ 大正15（1926）年1月7日
○ 2.9 栗原 くりはら 大正14（1925）年11月1日
○ 3.7 尾道高校下 おのみちこうこうした 昭和8（1933）年7月1日
○ 4.3 三美園 さんびえん 昭和28（1953）年3月15日
○ 5.9 三成 みなり 大正14（1925）年11月1日
○ 6.5 木梨口 きなしぐち 昭和7（1932）年4月1日
○ 7.3 遊亀橋 ゆうきばし 昭和8（1933）年7月1日
○ 8.0 木頃本郷 きごろほんごう 大正14（1925）年11月1日
○ 9.1 石畔 いしぐろ 大正14（1925）年11月1日
○ 10.7 西校上 にしこううえ 時期不詳
○ 13.3 畑 はた 大正15（1926）年4月28日
○ 15.0 諸原 もろはら 大正15（1926）年4月28日
○ 17.1 市 いち 大正15（1926）年4月28日

【防石鉄道】
軌間1067mm/蒸気・内燃
防府～堀　18.8km
【開業年月日　大正8（1919）年7月5日】
【廃止年月日　1964（昭和39）年7月1日】

○ 0.0 防府 ほうふ 1919（大正8）年7月5日
○ 1.8 周防宮市 すおうみやいち 1919（大正8）年7月5日
○ 4.1 人丸 ひとまる 1919（大正8）年7月5日
○ 7.5 真尾 まなお 1919（大正8）年7月5日
○ 10.0 奈美 なみ 大正8（1919）年7月5日
○ 11.3 上和字 かみわじ 大正8（1919）年7月5日
○ 13.4 岸見 きしみ 大正9（1920）年9月23日
○ 14.5 奥畑 おくはた 時期不詳
○ 15.8 伊賀地 いがじ 大正9（1920）年9月23日

○ 16.6 山根 やまね 大正9（1920）年9月23日
○ 17.4 沖ノ原 おきのはら 昭和6（1931）年5月24日
○ 18.8 堀 ほり 大正9（1920）年9月23日

【船木鉄道】
軌間1067mm/蒸気・内燃
西宇部～吉部　17.7km
【開業年月日　大正5（1916）年9月16日】
【休止年月日　万倉～吉部　昭和19（1944）年3月1日】
【廃止年月日　昭和36（1961）年11月19日】

○ 0.0 西宇部 にしうべ 大正5（1916）年9月16日
○ 2.7 有帆 ありほ 大正5（1916）年9月16日
○ 3.8 字中村 あざなかむら 大正5（1916）年9月16日
○ 5.9 船木町 ふなきまち 大正5（1916）年9月16日
○ 7.4 宗方 むなかた 大正12（1923）年10月12日
○ 8.5 伏附 ふしつく 大正12（1923）年10月12日
○ 9.7 万倉 まぐら 大正12（1923）年10月12日
○ 10.9 矢矯 やはぎ 大正15（1926）年7月1日
○ 12.1 今富 いまどみ 大正15（1926）年7月1日
○ 14.6 峠 とうげ 大正15（1926）年11月1日
○ 16.5 大棚 おおたな 大正15（1926）年11月1日
○ 17.7 吉部 きべ 大正15（1926）年11月1日

【長門鉄道】
軌間1067mm/蒸気・内燃
小月～西市　18.2km
【開業年月日　大正7（1918）年10月7日】
【廃止年月日　昭和31（1956）年5月1日】

○ 0.0 小月 おづき 大正7（1918）年10月7日
○ 4.2 下大野 しもおおの 大正7（1918）年10月7日
○ 6.2 上大野 かみおおの 大正7（1918）年10月7日
○ 7.2 田部 たべ 大正7（1918）年10月7日
○ 7.9 岡枝 おかえだ 大正7（1918）年10月7日
○ 9.3 込堂 こみどう 大正7（1918）年10月7日
○ 11.7 西中山 にしなかやま 大正7（1918）年10月7日
○ 14.7 石町 いしまち 大正7（1918）年10月7日
○ 16.3 阿座上 あざかみ 大正7（1918）年10月7日
○ 18.2 西市 にしいち 大正7（1918）年10月7日

【一畑電気鉄道 立久恵線】
軌間1067mm/蒸気・内燃
出雲市～立久恵　18.7km
【開業年月日　昭和7（1932）年12月12日】
【廃止年月日　昭和40（1965）年2月18日】

○ 0.0 出雲市 いずもし 昭和7（1932）年12月12日
○ 2.0 古志町 こしまち 昭和7（1932）年12月12日
○ 4.1 馬木不動前 まきふどうまえ 昭和7（1932）年12月12日
○ 5.4 朝山 あさやま 昭和7（1932）年12月12日
○ 7.2 桜 さくら 昭和8（1933）年10月15日

○ 8.7 所原 ところはら 昭和7（1932）年12月12日
○ 9.9 殿森 とのもり 昭和30（1955）年3月24日
○ 12.3 立久恵峡 たちくえきょう 昭和7（1932）年12月12日
○ 14.1 乙立 おったち 昭和7（1932）年12月12日
○ 15.3 向名 むかいみょう 昭和8（1933）年4月1日
○ 18.7 出雲須佐 いずもすさ 昭和7（1932）年12月12日

【一畑電気鉄道 広瀬線】
軌間1067mm/直流60V
荒島～出雲広瀬　8.3km
【開業年月日　昭和3（1928）年7月24日】
【廃止年月日　昭和35（1960）年】

○ 0.0 荒島 あらしま 昭和3（1928）年7月24日
○ 1.5 仲仙寺 ちゅうせんじ 昭和8（1933）年12月15日
○ 2.7 西中津 にしなかづ 昭和4（1929）年4月8日
○ 3.4 田頼 たより 昭和3（1928）年7月24日
○ 4.9 飯梨 いいなし 昭和3（1928）年7月24日
○ 5.7 植田 うえだ 昭和4（1929）年6月21日
○ 6.6 鷺湯温泉前 さぎのゆおんせんまえ 時期不詳
○ 8.3 出雲広瀬 いずもひろせ 昭和3（1928）年7月24日

【一畑電気鉄道 一畑口～一畑】
軌間1067mm/直流1500V
一畑口～一畑　3.3km
【開業年月日　大正4（1915）年2月4日】
【休止年月日　昭和19（1944）年12月10日】

○ 0.0 一畑口 いちばたぐち 大正4（1915）年2月4日
○ 3.3 一畑 いちばた 大正4（1915）年2月4日

【日ノ丸自動車法勝寺電車部法勝寺電鉄線】
軌間1067mm/直流60V
米子市～法勝寺 12.4km・阿賀～母里 5.5km
【開業年月日　大正13（1924）年7月8日】
【廃止年月日　昭和42（1967）年5月15日】

○ 0.0 米子市 よなごし 大正13（1924）年7月8日
○ 2.8 安養寺 あんようじ 大正13（1924）年7月8日
○ 4.2 青木 あおき 大正13（1924）年7月8日
○ 5.6 大袋 おおぶくろ 大正13（1924）年7月8日
○ 7.4 手間 てま 大正13（1924）年8月12日
○ 9.2 天津 あまつ 大正13（1924）年8月12日
○ 10.7 阿賀 あが 大正13（1924）年8月12日
○ 11.7 大国 おおくに 昭和26（1951）年12月20日
○ 12.4 法勝寺 ほっしょうじ 大正13（1924）年8月12日

【休止年月日　昭和19（1944）年2月11日】

○ 0.0 阿賀 あが 昭和5（1930）年1月1日
○ 0.8 原 はら 昭和5（1930）年1月1日
○ 1.3 猪小路 いのこうじ 昭和5（1930）年1月1日
○ 5.5 母里 もり 昭和5（1930）年1月1日

中国地方の私鉄時刻表

網干—竜野・新宮—山崎—曲里　（神姫自動車）

33. 4.10 訂補

キロ程 7.5	網干国発	717	743	818	842	この間 941.1008.1040.1103.1144.1226.1253	1840	1924	2011	2108
	竜野着	737	803	838	902	1315.1351.1409.1510.1602.1647.1748.1755	1810	1900	1944	2031	2128
円 25	竜野発	620	650	705	720	この間 750.835.910.945.1030.1120.1200	1730	1810	1915	2005
	網干国着	640	710	725	740	1240.1325.1355.1400.1430.1555.1605	1650	1750	1850	1935	2025
キロ程 12.5	播磨新宮国発	715	750	830	900	930	この間 1000.1050.1140	1540	1650	1750	1820	1920	2030	2130
	播磨山崎着	745	820	900	930	1000	1250.1340.1430	1610	1720	1820	1850	1950	2100	2200
円 45	播磨山崎発	620	650	710	740	840	この間 910.1000.1100	1330	1440	1600	1700	1800	1830	1920
	播磨新宮国着	650	720	740	810	910	1145.1250	1400	1510	1630	1730	1830	1900	1950
キロ程 14.0	播磨山崎発	710	820	840	940	950	この間 1140.1150.1230.1250.1340	1710	1740	1820	1850	1900	1920
	播磨曲里着	745	855	915	1015	1025	1410.1500.1540.1630	1745	1815	1855	1925	1935	1955
円 60	播磨曲里発	640	725	740	755	840	この間 855.940.1005.1055.1135	1450	1545	1620	1655	1750	1835
	播磨山崎着	715	800	815	830	915	1215.1305.1325.1425	1525	1620	1655	1730	1825	1910

土山——別府港——野口　（別府鉄道）

33. 4.10 改正

7 30	9 10	10 23	13 08	13 20	16 12	18 14	キロ程	円	発土山国着	6 34	8 08	10 21	12 08	13 00	15 40	17 07
7 44	9 24	10 33	13 18	13 34	16 26	18 28	4.0	10	着別府港発	6 20	7 54	10 11	11 50	12 50	15 22	16 49
656	737	この間 814.850.1035.1642.1731	キロ程	円	発別府港国着	734	この間 810.836.959.1107.1727	1832
706	747	1124.1222.1403.1435.1542	3.6	10	着野口国発	724	1206.1234.1415.1526.1628	1717	1822

丹後山田——加悦　（加悦鉄道）

33. 4.10 改正

631	この間 802.930.1054.1120.1334	2238	キロ程	円	発丹後山田国着	620	735	この間 858.1020.1235.1350	2235
649	1420.1539.1711.1745.1830	2258	5.7	30	着加悦発	600	717	1510.1640.1715.1802.2002	2258

米子——法勝寺　（日ノ丸自動車法勝寺電鉄）

32.10.16 改正

540	639	この間 米子発 731.830	2040	キロ程	円	発米子国着	624	725	この間 法勝寺発 734.838	2124
552	651	930.1030.1130.1250.1410	2052	4.2	20	〃青木発	613	713	938.1038.1138.1258.1418	2113
617	716	1530.1630.1750.1830.1930	2117	12.4	40	着法勝寺発	548	643	1539.1638.1739.1838.1938	2048

日ノ丸自動車

32.10.16 訂補

三朝温泉	上井——三朝温泉	715——2145	約30—90分毎	所要	30分	35円
	三朝温泉——上井	635——2045				
	本泉——三朝温泉	1045.1840		所要	10分	15円
	三朝温泉——本泉	750.1610				
大山	米子——大山寺	700——1935	60—90分毎 （赤松経由）	所要	1時間25分	85円
	大山寺——米子	635——1825				
	米子——大山寺	600.1740	（佐摩経由）	所要	1時間40分	85円
	大山寺——米子	710.1800				
	大山口——大山寺	705.850.1025.1230.1440.1715.1845		所要 40分	45円
	大山寺——大山口	710.755.935.1130.1340.1600.1800			
皆生温泉	米子——皆生	610——2235	10—20分毎	所要	15分	15円
	皆生——米子	545——2200				
鳥取砂丘	鳥取——砂丘入口	700——1900	30—60分毎	所要	25分	25円
	鳥取——十六本松	700——2100	30—60分毎	所要	25分	20円
	鳥取——姫路 鳥取発 800.1100.1500	姫路発 830.1030.1440.1700	所要 4時間50分	350円

津山—奥津—三朝・勝山—湯原　（中国鉄道）

33. 7.1 訂補

700	この間19回	1955	2035	円	発津山着	720	この間19回	1920	2015	935	1350	円	発津山着	1240	1825
825	15—60分毎	2120	2200	115	着奥津発	555	10—60分毎	1755	1850	1040	1455	115	〃奥津発	1135	1720
630	のこ間15回	1815	1925	円	発勝山着	745	この間15回	1750	1915	1235	1650	220	〃三朝発	940	1525
730	10—60分毎	1905	2015	90	着湯原発	645	15—60分毎	1700	1810	1310	1725	280	着上井発	905	1450

後楽園（岡山）——西大寺市　（両備バス　西大寺鉄道）

31.11.19 改正

キロ程 5.9	円 20	後楽園発	6 50	7 30	8 10	8 50	この間 後楽園発 930.1010.1100	18 30	19 40	20 20	21 00
11.4	40	財着	7 06	7 46	8 26	9 06	1140.1305.1347.1425.1505	18 49	19 56	20 36	21 16
		西大寺市着	7 20	8 00	8 40	9 20	1540.1616.1655.1740	19 02	20 09	20 49	21 30
キロ程 5.5	円 20	西大寺市発	6 10	6 50	7 30	8 10	この間 西大寺市発 850.930.1010	18 22	19 37	20 20	20 54
11.4	40	財着	6 25	7 05	7 45	8 25	1100.1220.1305.1347.1425	18 45	19 55	20 35	21 12
		後楽園着	6 40	7 20	8 00	8 40	1505.1540.1616.1655.1733	19 00	20 10	20 50	

大元——岡山港　（岡山臨港鉄道）

33. 5.6 訂補

716	815	この間 岡山港行 936	2023	2141	キロ程	円	発大元国着	637	713	この間 大元行 743	2016	2123
724	825	1054.1207.1351.1504	2031	2149	4.4	10	〃臨港福田発	627	704	854.1051.1141	2008	2115
732	831	1625.1738.1833	2036	2154	6.9	10	〃汽車会社前〃	620	658	1304.1429.1604	2003	2110
734	833	汽車会社前行1928			8.1	15	着岡山港発		656	1705.1758.1851		

宇野——玉　（玉野市営電気鉄道）

33. 3.25 訂補

キロ程 3.5	宇野国発	630	710	740	803	816	833	848	901	この間 15—30分毎	2030	2112	2135	2201	2235
	玉着	640	720	750	813	826	843	858	911		2040	2122	2145	2211	2245
円 15	玉発	618	656	724	740	802	819	832	847	この間 15—30分毎	2020	2058	2122	2150	2220
	宇野国着	628	706	734	744	812	825	842	857		2030	2108	2132	2200	2230

「国鉄時刻表」（日本交通公社発行）より

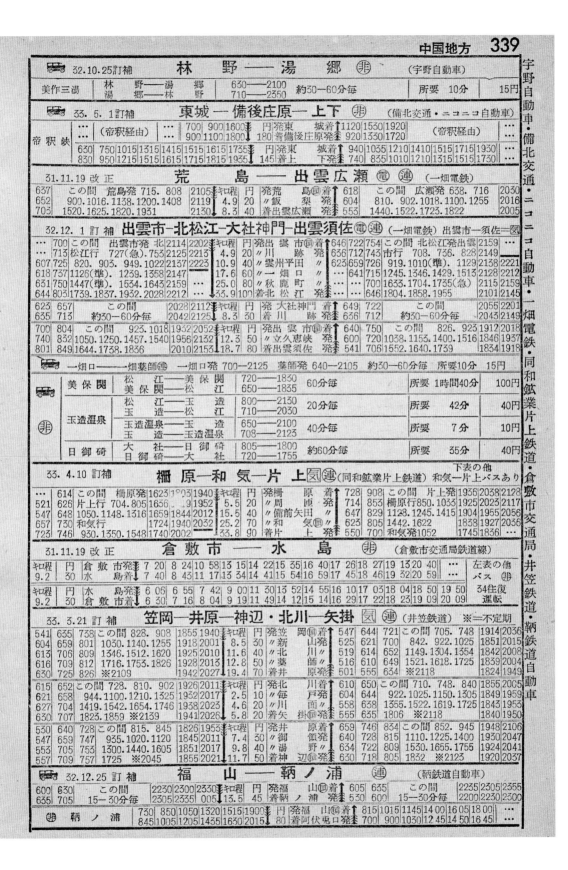

🚌 32.10.25訂補	林 野 ── 湯 郷 🚏		（宇野自動車）
美作三湯	林 野──湯 郷	630──2100 約30─60分毎	所要 10分	15円
	湯 郷──林 野	710──2350		

33. 5. 1訂補　東城 ── 備後庄原 ── 上下　🚏　（備北交通・ニコニコ自動車）

帝釈峡	…	（帝釈経由）	…	700 900 1600	円 発東 城着	1120 1530 1920	（帝釈経由）	…
	…		…	900 1100 1800 180	着備後庄原発	920 1330 1720		
	630 750 1015 1315 1415 1515 1615 1735			円 発東 城着	940 1035 1210 1410 1515 1715 1930	…
	830 950 1215 1515 1615 1715 1815 1935		145 着上 下発	740 835 1010 1210 1315 1515 1730	…

31.11.19改正　荒 島 ── 出雲広瀬　🚃連　（一畑電鉄）

637	この間 荒島発 715. 808	2105	キロ程	円	発荒 島着	618	この間 広瀬発 638. 716	2030
652	900. 1016. 1138. 1200. 1408	2119	4.9	20	〃飯 梨発	604	810. 902. 1018. 1100. 1255	2016
705	1520. 1625. 1820. 1931	2130	8.3	40	着出雲広瀬発	553	1440. 1522. 1723. 1822	2005

32.12. 1訂補　出雲市 ── 北松江 ── 大社神門 ── 出雲須佐　🚃連　（一畑電鉄）出雲市 ── 須佐＝図

…	700 この間	出雲市発 北 2114 2202	キロ程	円	発出 雲 市着	646 722 754 この間 北松江発出雲	2159
…	713 松江行 727(急). 753	2125 2213 223	4.9	20	〃川 跡発	636 712 743 市行 708. 738. 828	2149
607 737	820. 830. 949. 1022	2137 2223	10.9	40	〃雲州平田	623 659 726 919. 1010. (準). 1129	2138 2221
618 737	1126(準). 1259. 1358	2147	17.6	60	〃一 畑 口	641 715 1245. 1346. 1429. 1513	2128 2212
631 750	1447(準). 1534. 1643	2159	25.0	80	〃秋 鹿 町	700 1633. 1704. 1735(急)	2115 2159
644 803	1739. 1837. 1932. 2028	2212	33.9		着北 松 江発	646 1804. 1858. 1955	2101 2145
623 657	この間	2028 2112	キロ程	円	発大社神門着	649 722	この間	2055 2201
635 713	約30─60分毎	2042 2125	8.3	30	着川 跡発	636 712	約30─60分毎	2043 2149
700 804	この間 923. 1018	1932 2052	キロ程	円	発出 雲 市着	640 750	この間 826. 923	1912 2018
740 832	1050. 1250. 1457. 1540	1956 2132	12.3	50	〃立久恵峡発	600 720	1038. 1153. 1400. 1516	1846 1937
801 849	1644. 1738. 1836	2010 2143	18.7	80	着出雲須佐発	541 706	1552. 1640. 1739	1834 1918

🚌 一畑口 ── 一畑薬師🚏	一畑口発 700─2125 薬師発 640─2105 約30─60分毎 所要10分	15円

🚌	美保関	松 江──美 保 関	720──1850	60分毎	所要 1時間40分	100円
		美 保 関──松 江	650──1835			
	玉造温泉	松 江──玉 造	800──2130	20分毎	所要 42分	40円
🚏		玉 造──松 江	710──2030			
		玉造温泉──玉 造	650──2100	40分毎	所要 7分	10円
		玉 造──玉造温泉	708──2123			
	日御碕	大 社──日 御 碕	805──1800	約60分毎	所要 35分	40円
		日 御 碕──大 社	720──1755			

33. 4.10訂補　柵 原 ── 和 気 ── 片 上　🚃連　（同和鉱業片上鉄道）下表の他 和気─片上バスあり

	614	この間 柵原発 1623 1905 1940	キロ程	円	発柵 原 着	728	この間 705. 748	1936 2038 2128
521	626	片上行 704. 805 1636 1919 1952	5.5	20	〃周 匝発	714 853	柵原行850. 1033 1925 2023 2117
547	648	1050. 1148. 1316 1659 1844 2012	15.5	40	〃備前矢田 〃	647 829	1128. 1245. 1415 1904 1955 2056
657	730	和気行 1724 1940 2032	25.2	70	〃和 気着	623 805	1442. 1622 1838 1927 2036
723	746	930. 1350. 1548 1740 2002	33.8	90	着片 上発	550 700	和気発1052 1711 1836 …

31.11.19改正　倉 敷 市 ── 水 島　🚏　（倉敷市交通局鉄道線）

キロ程	円	倉 敷 市発	7 20	8 24	10 58	13 15	14 22	15 35	16 40	17 26	18 27	19 13	20 40	…	左表の他
9.2	30	水 島着	7 40	8 44	11 18	13 34	14 41	15 54	16 59	17 45	18 46	19 32	20 59		バス 🚏
キロ程	円	水 島発	6 06	6 55	7 42	9 00	11 30	13 52	14 55	16 20	17 03	18 04	19 09	20 09	34往復
9.2	30	倉 敷 市着	6 26	7 16	8 04	9 19	11 49	14 12	15 14	16 29	17 22	18 23	19 09	20 09	運転

33. 3.21訂補　笠岡 ── 井原 ── 神辺・北川 ── 矢掛　🚃連　（井笠鉄道）※＝不定期

541	635	738 この間 828. 908	1855 1940	キロ程	円	発笠 岡着	547	644 721 この間 705. 748	1914 2036
604	659	801 1030. 1140. 1255	1918 2004	5.5	30	〃新 山発	525 621	700 842. 922. 1025	1851 2015
613	706	809 1346. 1512. 1620	1925 2010	11.6	40	〃北 川 〃	519 614 652	1149. 1304. 1354	1842 2008
616	709	812 1716. 1753. 1826	1928 2013	12.8	50	〃薬 師 〃	516 610 649	1521. 1618. 1725	1839 2004
630	725	826 ※2109	1942 2027	19.4	70	着井 原発	501 555 634	※2118	2124 1949
615	652	この間 728. 810. 902	1926 2012	キロ程	円	発北 川着	610 650	この間 710. 748. 840	1855 2005
621	658	944. 1100. 1210. 1325	1932 2017	2.5	10	〃毎 戸発	604 644	922. 1025. 1150. 1305	1849 1959
627	704	1419. 1542. 1654. 1746	1938 2023	4.6	20	〃川 面 〃	558 638	1355. 1522. 1619. 1725	1843 1953
630	707	1823. 1859. ※2139	1941 2026			着矢 掛発	555 635	1806 ※2118	1840 1950
530	640	728 この間 815. 845	1826 1951	キロ程	円	発井 原着	659 746 834	この間 852. 945	1948 2106
547	659	747 935. 1020. 1120	1845 2011	7.4	30	〃御 領発	640 728 815	1110. 1225. 1400	1930 2047
553	705	753 1300. 1440. 1605	1851 2017	9.8	40	〃湯 野 〃	634 721 809	1530. 1655. 1755	1924 2041
557	709	757 1725 ※2045	1855 2021	11.7	50	着神 辺着	630 718 805	1832 ※2123	1920 2037

🚌 32.12.25訂補　福 山 ── 鞆ノ浦　連　（鞆鉄道自動車）

600	630	この間	2230 2300 2330	キロ程	円	発福 山着	605 635	この間	2235 2305 2355
635	705	15─30分毎	2335 2335 005	13.5	45	着鞆ノ浦発	530 600	15─30分毎	2200 2230 2300
🚏 鞆ノ浦	730 850 1050 1320 1515 1900	円 発福 山着	815 1015 1145 1400 1605 1810	…
	845 1005 1205 1435 1630 2015	80 着阿伏兎口発	700 900 1030 1245 1640 1645	…

宇野自動車・備北交通・ニコニコ自動車・一畑電鉄・同和鉱業片上鉄道・倉敷市交通局・井笠鉄道・鞆鉄道自動車

下津井電鉄・尾道鉄道・広島電鉄・防石鉄道・船木鉄道・山陽電軌・防長交通・小豆島自動車・鳴門市営バス

茶屋町——下津井 電 連 （下津井電鉄）下津井—丸亀連絡 352頁参照

33. 4.11 訂補

638	708	この間 748. 813. 901	2110	2204	キロ程	円	発茶屋町着	701	740	この間 701. 723. 753	2055	2259
654	725	937.1011.1041.1116	2126	2219	6.8	30	〃福田発	644	724	841. 901. 944.1042	2038	2243
713	744	1144.1304.1322.1418	2144	2238	14.5	60	〃児島〃	626	705	1117.1200.1239.1247	2019	2217
726	756	1444.1526.1609.1651	2156	2250	17.4	70	〃鷲羽山〃	613	653	1327.1425.1531.1601	2005	2200
733	803	1803.1858.1933.2045	2203	2257	21.0	80	着下津井発	603	643	1657.1800.1826.1904	1958	2151

尾道—石畦 電 —市—甲山 連 （尾道鉄道）石畦—市—三次 🚌

32. 9. 1 訂補

631	715	この間 尾道発市行	2009	2115	円	発尾道着	627	710	この間 市発尾道行	2004	2108
651	735	741. 827. 914.1002	2028	2134	5.9	20	〃三成発	609	652	637. 720. 750. 835	1946	2050
659	743	1045.1132.1220.1305	2036	2142	9.1	35	着石畦発	600	642	920.1010.1040.1130	1937	2041
703	746	1352.1442.1533.1620	2037	2143	9.1	35	発石畑〃	555	637	1230.1315.1355.1450	1932	2036
716	759	1705.1737.1823.1905	2050	2156	13.4	55	〃市〃	540	622	1539.1625.1710.1802	1917	2021
728	811	市行石畦乗換	2102	2208	17.4	70	着市発	530	612	尾道行石畦乗換	1907	2011
…	…	600	この間 645	1740	2030	2230	キロ程	円	発尾道着	730	820	930	この間	2005	2145	…
…	…	650	805. 930	1830	2120	2320	17.4	70	〃市〃	635	725	840	740. 800	1915	2055	
530	640	740	1135.1335	1920	2200		33.4	135	〃甲山〃	600	650	800	1000.1140	2015	2100
710	820	920	1530.1640	2100			73.2	260	着三次発		610	1325.1540	1650	1850	1925

三原—市 🚌 三原発 655. 840.1445.1735　市　発 605. 850.1600.1720　所要75分 22.3キロ 95円
甲山—矢野温泉 🚌 甲山発 830.1220.1400　矢野温泉発 955.1350.1635　所要40分 15.3キロ 50円

宮島口——西広島 電 連 （広島電鉄）

33. 4. 1 訂補

5 40	この間	23 10	キロ程	円	発宮島口着	6 17	この間	23 52	市内線 535—2333
5 57	10—15分毎	23 27	6.2	30	〃廿日市発	6 00	10—15分毎	23 35	13円 頻繁運転
6 12		23 42	16.1	50	着西広島発	5 45		23 20	

🚌	湯来温泉	水内—湯来温泉	720—1810	70—80分毎	所要	41	分	65円
広		島—湯来温泉	743—1833	40—80分毎	所要	41	分	155円

三田尻——堀 連 （防石鉄道）圓併用

33. 4. 1 訂補

730	810	1000	この間	1825	1922	2015	キロ程	円	発三田尻着	720	830	943	この間	1743	1858	1956
747	827	1017	1200.1406	1842	1941	2031	7.5	30	〃真尾発	704	747	927	1008.1100	1727	1842	1940
813	853	1043	1605.1710	1908	2006	2056	18.7	80	着堀発	637	719	900	1250.1500	1709	1815	1915

西宇部——万倉 連 （船木鉄道）圓併用

31.11.19 改正

…	605	702	808	938	1300	1548	1736	1933	キロ程	円	発西宇部着	600	657	757	927	1220	1430	1725	1845	—
520	620	717	824	1130	1316	1604	1751	1949	5.9	20	〃船木町発	545	642	741	912	1205	1415	1710	1830	2010
530	630	727	834	1144	1803	1959			16.7	40	着万倉発	535	632	730			1400	1655	1820	2000

下関駅——長府駅前 電 非 （山陽電軌）

32. 5.25 訂補

運 転 区 間	キロ程	円	運転時間	間隔		運 転 区 間	円	運転時間	住復
彦島口——東駅	5.9	30	520—2540	5—10分	🚌	下関駅前——宇部市	165	605—2020	28
彦島口——長府駅	13.1	40	530—2320	6—15分		下関駅前——川棚温泉	95	630—2005	24
幡生駅——東駅	2.2	10	520—2315	10—20分		下関駅前——仙崎駅	265	620—1745	10
下関駅——東駅	4.5	20	500—2346	2.5—10分		下関駅前——小串駅	105	630—1825	12
下関駅——長府駅	11.7	35	520—2326	6—15分		下関駅発（小串経由）仙崎駅 630—1500 295円 4回			

🚌 32. 8. 1 訂補

俵山温泉—秋芳洞 非 （山陽電軌）

円	下	関発	…	620	720	835	930	1030	1150	1255	1420	1550	1720	1825	1950	1745
195	俵山温泉〃		600	640	840		1030	1150	1255	1420	1550	1720	1825	1950	1900	
240	長門湯本着		630	710	910	955	1055	1220	1325	1450	1620	1750	1850	2020	2125	

円	長門湯本発	…	650	740	930	1025	1130	1250	1430	1530	1650	1750	1950	2040
55	俵山温泉〃	615	725	815	945	1105	1215	1315	1505	1605	1715	1825	2020	2110
240	下関着	830	925		1115	1315	1435	1540	1705	1820	1910	2040		

730	840	930	1510	1640	円	発下関着	1015	1115	1640	1810	1930	…	…
950	1100	1150	1750	1915	210	着秋芳洞発	740	840	1420	1550	1710		

本表の他
俵山温泉—湯本間
約60分毎運転

下関市内遊覧バス　秋芳洞・弁天池遊覧 400円　萩市内・秋芳洞遊覧 550円
豊田湖・白桂渓遊覧 300円　日曜運転

🚌 小郡—秋芳洞 非 （防長交通）

630	この間	1545	円	発小郡着	820	この間	1830
720	30—90分毎	1645	95	着秋芳洞発	730	30—90分毎	1730

坂手—土庄—福田 連 （小豆島自動車）連絡船 352頁参照

🚌 32.10. 1 訂補

330	600	この間	1900	この間	2200	…	キロ程	円	発坂手着	655	725	この間	2025	この間	2325
345	615	30分毎	1915	60分毎	2215	…		20	〃草壁発	640	710	30分毎	2010	60分毎	2310
425	655		1955		2255	20.2	75	着土庄発	600	630		1930		2230

600	730	830	この間	1930	2130	キロ程	円	発土庄着	655	755	この間福田発 700. 800	1925	2025
655	825	925	小部行1時間毎		2130		75	〃小部発	620	700	1000.1200.1400.1600	1930	1930
725	855		福田行2時間毎	2055		29.2	105	着福田発	530		小部発毎朝8時30分に発車 1800		

◉小豆島定期観光バス 🚌　土庄発 730. 930.1030.1230坂手発 800.1440　所要5時間　大人 350円　小人 250円

🚌 32. 7. 1 訂補

鳴門—土佐泊 非 （鳴門市営バス）

6 40	この間	20 50	円	発鳴門駅着	6 35	この間	22 00
6 45	5—20分毎	20 55	10	着鳴門公園渡発	6 30	5—30分毎	21 55
7 00	この間	18 05	円	発土佐泊着	7 55	この間	18 55
7 25	30—60分毎	18 30	15	着鳴門公園発	7 30	30—60分毎	18 30

2章
中国地方の私鉄

【西大寺市駅構内車庫風景】◎西大寺鉄道　西大寺市　昭和37（1962）年8月　撮影：田尻弘行

藤田興業(同和鉱業)片上鉄道

　山陽本線で和気を通るとき海側の車窓はいつも期待に満ちていた。というのは瀬戸内の町、片上から東洋一といわれた硫化鉄鉱を産出する棚原鉱山を結ぶ片上鉄道の連絡駅だったからだ。国鉄列車との時間調整のためか、片上鉄道の列車は和気での停車時間は長いようだった。ホームには国鉄のキハ41500形のような気動車や国鉄のオハ61を少し短くしたような客車やとてもシックな木造のダブルルーフ客車が停まっていた。牽引していたのはC11だったが、片上の庫を訪れるとそこにはC12とC13という銘板を付けた機関車たちがいた。C13というのは戦時中に海南島に送るはずだった1C形テンダ機関車が戦火激しく送ることができず、そのまま終戦を迎えたもので、南海電鉄の高野線で戦後の混乱期に使用したものを1C2形のタンク機関車に改造したものである。また、海南島に工場を持っていた縁からか放置してあった石原産業四日市の機関庫で同型に出会ったことがある。庫の人の話でも、海南島に送れなくなったものを預かったとのことだった。このC13は一番

早く一線を退いたようで、後日、片上を訪問した時には海沿いの側線に留置してあった。
　棚原あたりの家並みを歩くと、やけに赤い家並みに遭遇した。これは酸化鉄から生産される赤い塗料「べんがら」のしわざである。ただその場所は今一つはっきりしない。保存活動に熱心な旧片上鉄道の吉ヶ原駅を訪れてもあの赤色には出会えなかった。
　人の往来も多かったのか、並行道路が未整備だったのか旅客輸送には熱心でキハ41500形や42500形を導入したほか、キハ41000形そっくりの正面2枚窓、張り上げ屋根の新車も購入している。また、昭和60(1985)年旅客営業を廃止した同じ同和鉱業の小坂鉄道線からキハ2100形を2両引き受けて使用している。
　しかし、昭和61(1986)年に入ると国鉄和気駅での国鉄連帯貨物の取り扱いが廃止され、せっかく作った片上のコンテナヤードも不要なものとなった。せっかくコンテナの貨物輸送に軸足を定めディーゼル機関車まで投入したのに、平成3(1991)年6月にその歴史を閉じることになる。

【C11-101+ホハフ301＋フハ31】◎片上　昭和37(1962)年8月　撮影：高井薫平

【C11-101の牽く旅客列車】
この頃は気動車が少なかったのか、蒸気機関車の牽く旅客列車が走っていた。
◎片上
昭和37（1962）年8月
撮影：髙井薫平

【給炭、給水中のC11-103】
C11は3両あり、当時の片上鉄道を代表する機関車だった。
◎片上
昭和37（1962）年8月
撮影：髙井薫平

【C11-101＋ニフ16＋客車3両】
C11-101の牽く旅客列車機関車の牽く列車の多くには緩急車を兼ねた2軸手荷物客車が連結されていた。
◎和気
昭和45（1970）年10月
撮影：田尻弘行

【C12形（C12-201）】
バック運転で行く。たまたまというか、珍しくC12-201が本線に出てきた。
◎和気～本和気
昭和39（1964）年2月
撮影：今井啓輔

【C12形（C12-202）】
片上鉄道ではC11には100番が、C12には200番台が割り当てられていた。なおC13を加えてどのような仕業分けが行われていたか聞き漏らした。
◎片上　昭和37（1962）年8月
撮影：高井薫平

【C13形（C13-51）】
元テンダ機関車とは見えない出立ちである。
◎片上　昭和37（1962）年7月
撮影：風間克美

【C13形（C13-51）】
戦時中、海南島のリン鉱山用に石原産業が製造した１Ｃ型テンダ機関車を、相次ぐ空襲で電車運行が困難となった南海電鉄が購入し、高野線で戦後の混乱期に電車を牽引した。昭和24（1949）年にその非常措置も解除となり、程なく安治川口の汽車製造でタンク機関車に改造したのち片上鉄道に入線して、C13として使用した。
◎片上
昭和37（1962）年７月
撮影：風間克美

【石原産業の放置機関車】
何かないかと四日市の工業地帯をうろついていたらC50を一回り小さくしたようなテンダ機関車に出会った。車庫の人に聞くと、戦時中、中国海南島にあった石原産業で使う目的で造られた機関車で、戦後送ることができなくなったとのこと、ほかに２両あったが大阪の方に行ったとのことで、当時あとはわからずじまい。南海電鉄を経て片上鉄道で再起したC13の兄弟であったことには間違いない。
◎石原産業四日市
昭和29（1954）年８月
撮影：髙井薫平

【海沿いの側線に並んだ休車群
（C12-202+C13-50+C13-51）】
趣味の仲間の集まりで片上に出かけた。すでにDD13が出そろい、蒸気機関車は徐々に一線を離れた時期である。真っ先にC13が火を落とし、C12が続いた。ここで解体されたか、その後の様子は知らない。
◎片上
昭和45（1970）年10月
撮影：髙井薫平

【片上機関区】柵原の硫化鉱石の搬出が盛況だったころの片上機関区、左は給炭中のC12-202、右は整備の終えたC11-103が待機中。◎片上　昭和37（1962）年8月　撮影：髙井薫平

【DD13-551の牽く貨物列車】鉱石を満載して片上に向かう。昭和42（1967）年に入りDD13は553，555の2両が追加増備され、翌年に556号機が入って動力の近代化は完成した。553号機からは、ラジエーターを増設したため全長が80mm伸びた。
◎和気　昭和42（1967）年5月　撮影：今井啓輔

【DD13（DD13-552）】蒸気機関車の置き換えのため、昭和40（1965）年7月にまず2両が生まれた。国鉄のDD13に比べ外観上の違いは少ないが、運転席が前後に設けられるなど、細部は異なっていた。◎片上　昭和45（1970）年10月　撮影：田尻弘行

【キハ3000形（3002）】ホッパーをバックに憩う元国鉄キハ41096で。最初はクロスシートだったが、ロングシートに変更、ガソリンエンジンDA55からディーゼルエンジンDMF13に載せ替えている。昭和41（1966）年に全車の前照灯をシールドビーム2灯に変更、取付位置も窓下に移ったが、総括制御改造は未施工のようだ。◎柵原　昭和45（1970）年10月　撮影：田尻弘行

【キハ3000形（3003）】元国鉄キハ41071である。前照灯は位置変更されるまでほぼ原形を保っていた。
◎和気　昭和37（1962）年8月　撮影：高井薫平

【キハ3000形(3004)】昭和28(1953)年宇都宮製作所製で、国鉄キハ41000をそれなりに時世に合わせたスタイルで新造した。窓割りなどそのまま屋根は張り上げ式になり、正面窓も4枚が2枚窓になっていた。
◎片上　昭和45(1970)年10月　撮影：田尻弘行

【キハ3000形(3006)】戦後国鉄から払い下げを受けたキハ41000形であるが、その後ドアエンジンを装備、総括制御化、ロングシート化など施工された。◎柵原　昭和45(1970)年10月　撮影：田尻弘行

【キハ300（301）】
この頃イメージチェンジのために気動車の新規塗色を試みたが、結局従来に近い塗装になったようだ。この車両は昭和49（1974）年に別府鉄道へ譲渡され、同社のキハ101となった。
◎苦木
昭和42（1967）年5月
撮影：今井啓輔

【キハ300形（305）】
キハ3000形は昭和42（1967）年に車両番号を4桁から3桁に変更した。また、この頃からドアエンジン取り付け、また変速装置も交換して総括制御も可能になった。
◎和気
昭和42（1967）年5月
撮影：今井啓輔

【キハ310形（311）】
昭和28（1953）年に2両が宇都宮車輛で生まれた。プロトタイプは国鉄キハ41500形に準じているが、屋根は雨樋のない張り上げタイプになり、正面窓も当時流行だった2枚窓になった。形式番号はキハ3004，3005だったが、3桁番号化でキハ311，312になった。新製当時はガソリンエンジンを積んでおり、最後のガソリンカーといわれる。
◎柵原
昭和42（1967）年5月
撮影：今井啓輔

【キハ310形（311）】
国鉄キハ41000形を近代化した
ような自社発注車両、窓配置は
そのままに、正面は2枚窓、屋
根は張上げタイプ、前照灯が窓
下2個となり印象はずいぶん変
わった。
◎和気
昭和42（1967）年5月
撮影：今井啓輔

【キハ700形（703）】
昭和42（1967）年に国鉄からキ
ハ07、3両の払い下げを受け、
キハ701～3として登場させた。
初めての大型車で、しかも総括
制御に統一され、前照灯位置も
他の片上鉄道の気動車に合わせ
て前面窓下に2個となった。
◎片上
昭和45（1970）年10月
撮影：田尻弘行

【キハ700形（702）】
上の写真から17年後の姿だが、
妻面外板のリベットがなくなり、
タイフォンが屋根上に移動し、
車号の表記位置に変化が見られ
る。
◎片上
昭和62（1987）年11月
撮影：木村和男

【イベント列車】キハ700形の前後をキハ300形で挟んだイベント列車とおぼしき列車。すでに片上鉄道の機械式気動車は昭和42年から44年にかけて変速機をトルコンに変えられ、総括制御が可能になった。
◎吉ヶ原〜美作飯岡　平成3（1991）年2月　撮影：寺田裕一

【キハ800形（802）】昭和37（1962）年に同和鉱業小坂鉄道が改軌と同時に投入した日本車輌製の近代的気動車で、気動車には珍しく床がフラットである。しかし、同社の利用者が減り、昭和56（1981）年に2両が同じ同和鉱業の鉄道である片上鉄道にやって来た。◎片上　平成3（1991）年2月　撮影：藤岡雄一

【ホハフ300形（301）】
山陽本線の前身である山陽鉄道が作った特急列車用車両の生き残り。台車も3軸ボギーだったが、のちに2軸ボギーのTR11に交換された。
◎片上
昭和37（1962）年8月
撮影：髙井薫平

【ホハフ300形（301）】
ダブルルーフはキャンバス布をかぶせて補強している、出入り台は片上鉄道の客車に共通したオープンデッキに改造されている。中間部の窓配置が不規則になっているので、小坂鉄道に移籍したホハフ302と旧番が振り替わっている可能性がある。
◎片上
昭和30（1955）年3月
撮影：江本廣一

【ホハフ2000形（2002）】
昭和25（1950）年から5両がナニワ工機（その後のアルナ工機）で生まれた。台枠は旧国鉄の電車や客車を利用したことになっている。スタイルは国鉄オハ61に似た広窓車体だが、出入り台はオープンデッキになっている。登場当初は茶色1色だったが、後に山陽本線を通る国鉄の寝台特急に似た青色に白帯が付いた。
◎片上
昭和45（1970）年10月
撮影：田尻弘行

【ホハフ2000形（2001）】
国鉄オハ61を短くして、出入り台をオープンデッキ式にしたような片上鉄道独特の車両だった。
◎片上
昭和37（1962）年8月
撮影：髙井薫平

【ホハフ3000形（30002）】
昭和56（1981）年に国鉄オハ35形を譲り受けたもの、伝統のオープンデッキには改造しなかったが、貫通幌は撤去し、小さな鉄柵が新設された。
◎和気
昭和61（1986）年9月
撮影：寺田裕一

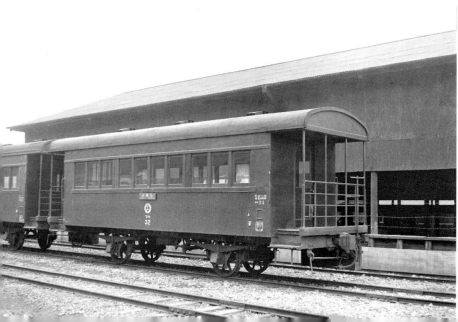

【フハ30形（32）】
戦前から使用していた2軸客車を鋼体化したもので、宮島にあった水野造船所の作品、切り妻オープンデッキの車両。
◎片上
昭和30（1955）年3月
撮影：江本廣一

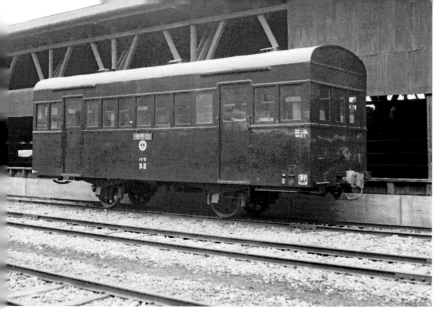

【フハ50形（52）】
２軸単車の鋼体化だが、車体は側面にドアが付き、端面は貫通路なしの窓付きである。この車両は汽車會社岡山製作所の作品という価値あるもの。
◎片上
昭和30（1955）年３月
撮影：江本廣一

【ワフ15（16）】
こちらは貨車の形式を持つ緩急車。この辺りの区分けは良く判らない。
◎片上
昭和37（1962）年８月
撮影：髙井薫平

【ニフ15形（18）】
手荷物用の客車という位置付けか、旅客列車の一端にこのような２軸手荷物専用の客車が連結されていた。
◎片上
昭和45（1970）年10月
撮影：田尻弘行

西大寺鉄道（両備バス西大寺鉄道）

　西大寺鉄道は戦後唯一残った３フィート（914ｍｍ）ゲージの鉄道である。かつて３フィートゲージの鉄道は九州の福岡県南部から佐賀県にかけて隆盛をきわめたが、戦後まで残ったのは遠く離れた岡山県の西大寺鉄道だけだったといわれる（北陸に馬鉄があった？）。

　ゲージの謎は横においても西大寺鉄道は地方の中小私鉄としては少し趣の異なる進化を遂げた鉄道のようだ。岡山市の名園、後楽園の近くを起点とし、一旦山陽本線の西大寺（現在の東岡山）に立ち寄ったのち、西大寺市に向かう。国鉄の西大寺駅に対峙して作られた駅の名前は財田であった。又この財田は西大寺鉄道全長11.4ｋｍのほぼ中間に位置しており、多くの列車がここで行き違った。終点の西大寺市にある西大寺観音院で毎年２月に開かれる会陽（通称裸祭り）には多くの人が押し掛けるために、全車両が動員されることでよく知られているが両端の後楽園、西大寺市の駅は車両の両側から乗降できるように頭端式のホームが配置されていた。たくさんあった蒸気機関車の活躍ぶりは岡山在住だった故牧野俊介氏が貴重な記録を残されておられる。

　西大寺鉄道は戦後１台の新車も作らなかったことで知られている。他の軽便鉄道とは異なり、９両もあった蒸気機関車に変わるディーゼル機関車は新造されなかった。気動車の両数が１両増えているのは調子の悪かったボギー式のガソリンカーの車体を分割して、２両の単端式ガソリンカーに作り直したためである。新車を作らなかったのは、西大寺鉄道に並行する国鉄赤穂線の計画があり、すでに工事も進んでいたこともあった。

　西大寺鉄道は現在も積極経営で知られる両備グループである。このグループの母体である両備バスはもともと西大寺鉄道の子会社だったが、両社は昭和30（1955）年に合併し、以後西大寺鉄道は「両備バス西大寺鉄道」となり、バス会社の経営する鉄道になっていた。相生から東に延びてきた国鉄赤穂線が、昭和37（1962）年９月１日についに西大寺に到達して全通した。新しく出来た近代的な鉄道にバトンを渡すように、その１週間後に西大寺鉄道は閉業となった。西大寺鉄道は、営業最終年まで黒字経営を続けた稀有な鉄道だった。

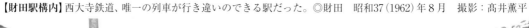

【財田駅構内】西大寺鉄道、唯一の列車が行き違いのできる駅だった。◎財田　昭和37（1962）年８月　撮影：髙井薫平

【後楽園駅】
西大寺鉄道の岡山側の起点は名
園後楽園に近いが財田から伸び
てきた軌道に百間川に鉄橋をか
けることができず、後楽園の北
側を起点とし、結局中途半端な
場所で終わっている。岡山電軌
番町線の電停には歩いて10分く
らいかかった。
◎後楽園
昭和30（1955）年頃
撮影：奥野利夫

【西大寺市駅】
走る車両に比べて立派なたたず
まい、「正しい運行」の看板が
かかるあたりが待合室と改札
口、2階の窓ガラスの具合から
この部分は吹き抜けだったかも
しれない。左手は本社事務棟に
なっていた。
◎西大寺市
昭和30（1955）年頃
撮影：奥野利夫

【キハ2】
小さなラジエターのついた3枚
窓の前面を正面2枚窓流線型に
改造した車両。側面には手を
加えず、ちぐはぐなスタイルに
なった。
◎西大寺市
昭和29（1954）年2月
撮影：江本廣一

【キハ3】
梅鉢製単端の公式的写真、エンジンは僅かにラジェターが出ている程度のキャブオーバータイプである。ご覧のように短い車体で、定員は少なく常にボギー客車を1両牽引していた。
◎西大寺市
昭和29（1954）年2月
撮影：江本廣一

【キハ5】
西大寺鉄道を代表する梅鉢鉄工所製の単端式ガソリンカー。キャブオーバータイプで、エンジンが狭い車体に入り込み、定員は20人と少ない。常に客車を1両牽引するのが前提で、後部には車掌が往来するための貫通扉がある。チエーンによる2軸駆動である。貫通路を持つ気動車は他に例の少なかった時代。
◎西大寺市
昭和30年頃
撮影：奥野利夫

【キハ5】
キハ5が小さな転車台に載っている。なお、キハ4と9という番号の車は忌み番号で存在しなかった。
◎西大寺市　昭和37（1962）年8月
撮影：髙井薫平

【キハ5の車内】
キハ5の車内と運転台：キハ5はキャブオーバータイプだからエンジンは車内にデーンと置かれている。見るとエンジンから長いチェンジレバーが立ち上がっている、運転手は左手の衝立の向こうに潜り込んで運転する。この車の定員は立ち席を入れてわずか20名である。
◎西大寺市　昭和30年頃
撮影：奥野利夫

【キハ8】
西大寺鉄道は戦後1両の新車も作らなかったが、1両を2両に改造したため、両数が増える結果となった。
◎西大寺市　昭和30年頃
撮影：奥野利夫

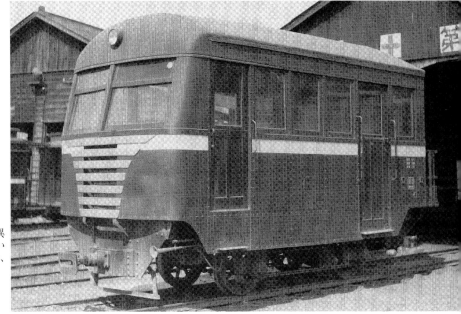

【キハ10】
種車の関係でキハ8と窓配置が異なる。キハ9が抜けているのはいわゆる忌み番号を避けたためで、キハ4も存在しない。
◎西大寺市
昭和33（1958）年7月
撮影：湯口徹

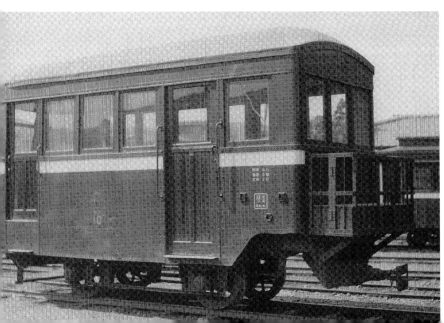

【キハ10】
元妻面のバケット側から見たキハ10。形式キハ、自重5頓、定員20と表記が読める。
◎西大寺市
昭和33（1958）年7月
撮影：湯口徹

【キハ3がハボを1両牽いて砂川鉄橋を渡る】西大寺鉄道の単端は定員が少なく、常に客車を1両連結していた。
◎西大寺市～広谷　昭和37（1962）年8月　撮影：髙井薫平

【給水中のキハ6】
折り返し時間に、ラジエーター
に冷却水を補充する。
◎後楽園
昭和37(1962)年2月
撮影：永瀬和彦

【キハ6】
日本車輌製のボギー車、同時期
に作られた川崎車輌製のキハ7
と共作のような形で生まれた、
収容力が増え、1両での列車設
定も可能になり、主力として活
躍した。
◎西大寺市
昭和37(1962)年8月
撮影：髙井薫平

【キハ6】
踏切で待っていたらオート三輪
がやってきて、目線を遮った。
しかし、今見てみるとこれも貴
重な昭和の記録だ。
◎西大寺市付近
昭和37(1962)年2月
撮影：永瀬和彦

【列車交換】ハボのデッキには2台の自転車が占領し、乗るのが不便そう、対向列車のキハ7の鮮魚台にも荷物が乗っている、軽便鉄道が地元住民の貴重な足だった時代。◎財田　昭和34（1959）年5月　撮影：髙井薫平

【後楽園終点に停車するキハ6】岡山市側の起点はとても辺鄙なところだった。後楽園の駅は年一度行われる奇祭のために乗客を整理する工夫が凝らされ、ホームはそれなりの設備が完備していた。◎後楽園　昭和37（1962）年8月　撮影：髙井薫平

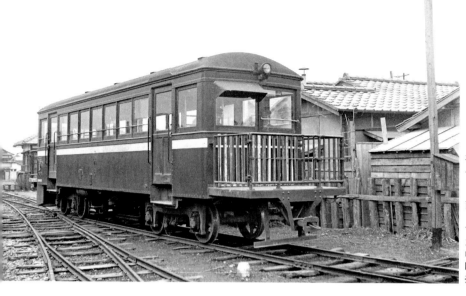

【キハ6】
通常キハ7とともに最も使用頻度の高い日車製のボギー車である。車体の前後の大きな鮮魚台（バッケット）が付いており、行商のおばさんたちもよく利用する。日車の標準型ガソリンカーであり、台車も日車が得意とした鋳鋼製である。
◎後楽園
昭和29（1954）年2月
撮影：江本廣一

【小さな転車台とキハ7】
西大寺に到着した気動車は一旦引き上げ線の奥にある小さな転車台付近で小休止する。キハ1など単端式は手前の転車台で向きを変える。
◎西大寺市
昭和37（1962）年8月
撮影：髙井薫平

【キハ7】
日本車輌製のキハ6と競作の形で生まれた川崎車輌製のガソリンカー。前作キハ100の失敗に懲りたのか、当時日本を代表する2社を選んでいる。ただ当時、川崎車輌は軽便鉄道向け気動車の製造時実績は少なかったはず。キハ7は当時流行りの流線型でキハ6とともに廃止の時まで第一線で活躍した。
◎西大寺市
昭和37（1962）年8月
撮影：髙井薫平

【キハ7を正面から見る】流線型に似つかわしくないバケットは、魚の行商のために付けられたとどこかで聞いた。鉄道によってはこれを鮮魚台と呼ぶ。正面から見ると保安性向上のため、前照灯が2つ追加されている。
◎西大寺市　昭和37（1962）年8月　撮影：髙井薫平

【キハ8】昔、西大寺鉄道にキハ100という梅鉢製の気動車がいたが、新機軸を盛り込んだ車両だった。しかし、使い物にならず、戦後、ついに車体を2つに分割して2両の単端式を登場させた。2つに分かれたキハ8，10は窓配置が異なることになった。
◎西大寺市　昭和37（1962）年8月　撮影：髙井薫平

【ハボ1（5）】
開業時に加藤鉄工所で造られたオープン
デッキ式客車、多分室内灯収納スペースと
思われる幅の狭いモニタールーフが特徴。
◎後楽園　昭和29（1954）11月
撮影：江本廣一

【ハボ11（11）】
ハボ1から少し遅れて増備された車両、製
造所が梅鉢鉄工所に変わり、モニタールー
フも少し屋根にフイットした感じ。
◎西大寺市　昭和30年頃
撮影：奥野利夫

【ワボ1（1）】
オープンデッキの緩急車、デッキから車内
には入れない。デッキはブレーキハンド
ルだけが付いている。
◎財田　昭和37（1962）年8月
撮影：田尻弘行

【トボ5（11）】
ブレーキハンドルのついたボギーの無蓋貨車。
◎財田　昭和37（1962）年8月
撮影：田尻弘行

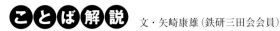

【軌間914mm（3フィート）】

西大寺鉄道は軌間914mm（＝3フィート）。軽便鉄道の軌間762mm（2フィート60インチ）と国鉄の1067mm（3フィート60インチ）のちょうど中間が914mmである。914mm軌間は日本ではあまり採用されなかったが早いところでは大宰府馬車鉄道など福岡県、佐賀県で明治末から大正時代にかけて開業した馬車鉄道や軌道で多く見られる。この他は熊本電鉄となる蒸気動力の菊池軌道、のちに北陸鉄道になる山中馬車鉄道が当初は914mm軌間であった。これらはいずれも改軌か、廃止になっている。

また現在国内で見られるのは青函トンネル記念館の竜飛斜坑線のケーブルカーや小岩井農場のトロ馬車などが914mmである。

以下914mm軌間を採用した九州の鉄道、軌道と海外での採用例のいくつかを挙げておく。

（914mm軌間を採用した九州の鉄道・軌道）

大宰府馬車鉄道、南筑馬車鉄道、筑後馬車鉄道、小倉軌道（のちの西鉄北方線）、津屋崎軌道、朝倉軌道、北筑軌道、柳川軌道、両筑軌道、鞍手軌道、黒木軌道、中央軌道、徳力軌道、大隈軌道、有徳軌道、川上軌道（のちに佐賀電気軌道）、肥筑軌道等々が存在したが改軌または廃止になっている。

（914mm軌間 海外の鉄道）

代表的なところでは米国コロラド州で、リオグランデ鉄道が軌間914mmでロッキー山脈を越えていた。軌間1600mmに統一されたアイルランドではナローゲージも多く見られたが今は保存鉄道だけである。英国のマン島やスペインのマヨルカ島では今も古典電車が914mm軌間で走っている。メキシコ他中南米には多く見られたが、グアテマラやエルサルバドル、コロンビアは現在でもこのゲージである。

【単端式ガソリンカー】

運転台が一つで、進行方向が原則として運転台方向だけの気動車。終点では蒸気機関車のように方向転換が必要であった。自動車の機関、動力伝達装置を使い、ゴムタイヤを鉄車輪に、鉄道用の車体をかぶせたものといえよう。小規模な作業所でも製造ができて安価で燃費がよいのがセールスポイントだった。

大正時代に軽便鉄道向きに登場、1920年代が最盛期であった。日本鉄道事業、丸山車輌といったメーカーがあったが昭和に入ってから「単端式ガソリンカー」は、ビッグメーカーの日本車両も参入した。日本車両は井笠鉄道に納め、運転経費も安価、頻繁運転が行われ大成功、好評だったため他社に広がった。とくに中国地方では井笠鉄道、鞆鉄道、西大寺鉄道等に見られ中国地方は単端式の宝庫であった。最近、阿佐海岸鉄道に登場したDMVも現代版単端式軌道自動車といえるかもしれない。

岡山臨港鉄道

今は瀬戸大橋線（正式には本四備讃線）と呼ばれるかつての国鉄宇野線が地上を走っていたころ、岡山の次の駅、大元の下りホームの反対側が岡山臨港鉄道の起点になっていた。岡山臨港鉄道は昭和26（1951）年開業の若い会社であった。事の起こりは太平洋戦争の末期に岡山市の海寄りにあった干潟を軍需工場用として開発したことだ。ここに進出する軍需企業の専用側線として工事が始まったが終戦により軍需企業は操業停止になり、唯一汽車會社の岡山製作所だけが残った。戦後すぐに汽車會社の専用鉄道として使用することになるが、なんとその後、汽車會社岡山製作所は閉鎖になる。しかし沿線には戦後他の企業も進出してきたために通勤の足および物資の輸送が必要になり、半ば放置された汽車會社の専用線を買収する形で、昭和26（1951）年に汽車會社を含んだ沿線企業や岡山県、岡山市も参加して地方鉄道「岡山臨港鉄道」が誕生する。

車両は手近なところから調達した。貨物輸送の主役たるディーゼル機関車はまだ汽車會社が開発途上

だった20トンの新車を配置し、予備の機関車としては片上鉄道からアメリカ・ボールドウィン製の1C1タンク機関車をそろえた。旅客輸送用として、国鉄から元中国鉄道のキハニ200、キハニ140の2両の払い下げを受けてキハ3001.2として使用した。客車も2両用意された。いずれも片上鉄道の気動車のエンジンを下ろしたものだがどの程度使用したかわからない。その後ディーゼル機関車は汽車會社の新造機が主力となり、気動車は他社で用途廃止になったものを再起させている。

岡山県下には、同じような経緯を辿った臨海鉄道、水島臨海鉄道がある。しかし岡山臨港鉄道は元々水島臨海鉄道に比べて貨物輸送量は小さく、旅客輸送量はさらに小さかった。国鉄は昭和59（1984）年2月、明治以来延々と続けてきた、ヤード継走による貨物輸送を廃止するという大改革を敢行。これにより、大元駅の貨物連絡輸送が廃止された。そうなると、岡山臨港鉄道はその使命を失うこととなり、その年末に廃止となった。

【キハ3000形（3002）】水路の田舟のむこう、のんびりと走るキハ3002。キハ3002は開業に合わせて投入された元中国鉄道の買収気動車。◎岡南泉田〜岡南新保　昭和38（1963）年12月　撮影：梅村正明

【DL形（101）】
101号ディーゼル機関車：開業時に投入された汽車會社製20トン機械式ディーゼル機関車、汽車會社としても初期の製品で試作的要素も強い。当時機関車は1両しかなく、予備として片上鉄道の蒸気機関車7号が待機していた。
◎南岡山
昭和43（1968）年8月
撮影：高橋槙一郎

【車庫内の101号機】
正面から見るとキャブの側面が傾斜しているのがわかる。エンジンは当時の国鉄キハ45000形に使われ始めたDMH17、150PHで、ジャックシャフトを介したサイドロッド駆動だった。
◎南岡山
昭和50（1975）年6月
撮影：今井啓輔

【DL形（102）】
昭和28（1953）年に投入された第2陣、変速機はトルクコンバータが採用され運転が容易になった。エンジンルームが大きくなり、なかなか貫禄のあるスタイルになった。
◎汽車会社前
昭和29（1954）年2月
撮影：江本廣一

【DL形（102）】
南岡山のヤードで入れ換えに励む102号機関車。
◎南岡山
昭和40（1965）年2月
撮影：今井啓輔

【DL形（103）】
昭和32（1957）年投入の第3弾、最後のB形機関車である。趣味的には個性のないスタイルである。
◎南岡山
昭和50（1975）年6月
撮影：今井啓輔

【DL形（105）】
私鉄に採用された最初のDD13形である。寺田裕一氏によれば当時国鉄向けに量産中だったDD13のうちの1両を回してもらったものだそうだ。最初連番の105号（104は忌み番号）だったが、のちにDD1351に改番された。
◎南岡山
昭和40（1965）年2月
撮影：今井啓輔

【DD13形（DD1351）】
DD1352が入線に合わせて105号から改められた、DD1351の牽く貨物列車。
◎南岡山
昭和53（1978）年8月
撮影：吉村光夫

【DD13形（DD1352）】
輸送量増加に伴い、江若鉄道から国鉄DD13形相当機を譲り受けた。
◎南岡山付近
昭和50（1975）年6月
撮影：今井啓輔

【DD13形（DD1352）】
昭和44（1969）年11月に廃止となった江若鉄道から譲り受けた昭和37（1962）年製国鉄DD13111号機以降と同じ仕様で造られている。岡山臨港鉄道では鉄道廃止の昭和59（1984）年12月まで主力機関車として活躍した。
◎南岡山
昭和57（1982）年3月
撮影：寺田裕一

【キハ3000形（3001）】
暑い日差しの中、国鉄宇野線乗換駅大元に向かうキハ3001。60年前の光景、このあたり岡山市は現在大変な変貌を遂げている。
◎南岡山
昭和37（1962）年8月
撮影：田尻弘行

【キハ3000形（3001）】
開業に合わせて国鉄から払い下げを受けた元中国鉄道キハニ200。中国鉄道は現在のJR西日本の津山線・吉備線であるが、多くの17mクラスのガソリンカーを抱えていた。キハニ200を名のるが車内に荷物室はない。
◎大元　昭和29（1954）年2月
撮影：江本廣一

【キハ3000形（3002）】
元中国鉄道のキハニ140、加藤車輌製で車体の一端に荷物室と鮮魚台が付いていた。岡山臨港鉄道開業時にはこの2両が旅客輸送に大活躍した。
◎南岡山
昭和29（1954）年2月
撮影：江本廣一

【キハ1000形（1003）】
常磐炭鉱の従業員輸送用に新造した国鉄キハ40000を近代化したような車両、常磐地方の地誌研究家小宅氏によると、車両はできたものの運転士がおらずしばらく放置されたことがある。余談だが筆者がたまたま、昭和30（1955）年秋に通りかかった常磐線の車窓で見たのはもっと簡易なレールバスだった。
◎南岡山
昭和40（1965）年2月
撮影：今井啓輔

【キハ1000形（1003）】
大きさが手ごろだったのか、よく使われていた。最初は上下2色塗のおとなしいものだったが、その後青帯が入って派手になった。
◎南岡山
昭和42（1967）年5月
撮影：今井啓輔

【キハ1000形（1003）】
宇野線からの乗り換え客を待つ。
◎大元
昭和37（1962）年8月
撮影：髙井薫平

【キハ5000形（5001）】
元江若鉄道キハ12、キハ5002に
なったキハ13と兄弟だが、江若
鉄道時代に更新工事と称する改
造工事を受けてみるも無残なス
タイルに近代化した。変速装置
は機械式のままで、その後水島
鉄道から元夕張鉄道の車両が
入ったため一線を退いた。
◎南岡山
昭和43（1968）年8月
撮影：高橋誠一郎

【キハ5000形（5002）】
場内信号機は懐かしい腕木式で
ある。岡山港に通じる道路は整
備されつつあった。
◎岡南元町
昭和50（1975）年6月
撮影：今井啓輔

【キハ5000形（5002）】
元江若鉄道キハ13、昭和44
（1969）年湖西線開通に合わせて
廃止された江若鉄道からやって
来た大型気動車、独特の流線型
で人気があったが、変速装置は
機械式だった。その後水島臨海
鉄道から元夕張鉄道の気動車が
入線したため、廃止を待たずに
一足早く引退した。
◎南岡山
昭和50（1975）年6月
撮影：今井啓輔

【キハ7000形（7002）】
車種統一で余剰になった水島臨海
鉄道からやって来た元夕張鉄道の
キハ252。炭礦華やかなりし頃、転
換式クロスシートを備え、終着か
らは札幌行の直行バスと結んで急
行列車に使用した車両の成れの果
てだ。夕張では固定編成で使用し
たので連結面の片隅に小さな運転
台が設けられていたが、岡山でそ
の運転台が大いに役立った。
◎岡南泉田〜岡南福田
昭和59（1984）年9月
撮影：寺田裕一

【フハ102】
片上鉄道フハ102を借入した時の写
真。3年弱在籍したが、片上鉄道へ
返却後、和歌山鉄道に移籍し、電車
用制御車としてクハ802を名乗った。
◎岡山港　昭和29（1954）年2月
撮影：江本廣一

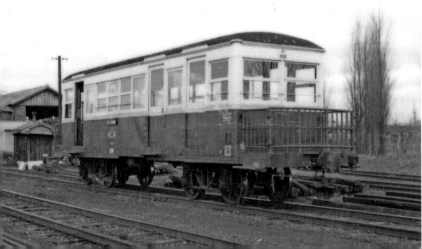

【ハフ300形（301）】
昭和29（1954）年に片上鉄道から
やって来た元ガソリンカー。最
初から動力車として使用する気
はなかったようだが、客車として
気動車に牽引されるシーンは見
られなかった。
◎南岡山
昭和37（1962）年8月
撮影：髙井薫平

【ハフ300形（301）】
ほとんど庫の奥にいた。走った写真は見たことがなかったが、いつもきれいに整備されていた。
◎南岡山　昭和40（1965）年2月
撮影：今井啓輔

【ワフ500形（502＋501）】
営業距離は短かったが岡山臨港鉄道の貨物列車のしんがりには、木造だが立派な車掌車が連結されていた。
◎南岡山
昭和40（1965）年2月
撮影：今井啓輔

【ワフ1500形（1501）】
この貨車の前身は、鉄道省大井工場で昭和3（1928）年に製作された半鋼製車運車クム1形で、活魚車ナ1形に改造された後、昭和37（1962）年に国鉄より譲り受けた。転入時、大鉄車両工業で有蓋緩急車に改造され、貨物列車に連結され使用された。
◎南岡山
昭和50（1975）年6月
撮影：今井啓輔

下津井電鉄

　瀬戸大橋が計画され、建設が本格化したころ、事情は知らないが、下津井電鉄は急に活気ついていた。児島から下津井に至る区間は鷲羽山の中腹に線路は敷かれていて、車窓から瀬戸内海を望む絶好の眺望であり、ここに瀬戸大橋が出来上がればこれを見る観光客の増加が期待できた。どなたのアドバイスかは知らぬが、ここに観光電車を走らせようというアイデアがもちあがり、昭和63（1988）年に「メリーベル号」と称する展望電車を登場させ、陸地から見る瀬戸大橋観光に希望を託したが、計画は見事に失敗し、平成元（1990）年末には廃止に追い込まれる。この間、増発のための行き違い設備の復元、終点下津井駅の改善も行われて、下松工業高校所有の小型蒸気機関車（下工弁慶号）の運転なども行われた。

　下津井電鉄はかつて四国に渡る重要な航路であった下津井・丸亀間の渡船コースで他のコースよりも優位にあり、下津井の駅は改札口から屋根付きの通路が船着き場まで結ばれていた。またこのコースは金比羅詣でににぎわったが、国鉄宇野線の開通と同時に宇野・高松間の航路が完成すると、下津井までの鉄道建設の機運が持ちあがり宇野線の茶屋町からこの地方の有力集落の児島を経て下津井に至る21ｋｍの軽便鉄道が全通する。この時軌間が1067㎜にならなかったのは鷲羽山を迂回する区間がなかなかの難所だったからと聞く。

　車両は当初蒸気機関車による運行だったが、昭和初期に早くもガソリンカーを導入した。しかも一気の増備だった。児島の町は繊維産業が盛んであった。戦時中から戦後にかけて、燃料事情が悪化し、当時例の多かった電化に踏み切る。すでに大型ガソリンカーを6両も所有していたので、これを電車に改造することになった。しかもこれまでの軽便電車に前例のなかった総括制御方式を採用した。問題の貨物輸送であるが、4個モーターの改造電車で十分蒸気機関車の代役は努められるとのことで、電車の牽く貨物列車が走るようになった。電車化の時連結器は簡易型自連に置き換わったが、貨車はこれまでのバッファーと螺旋連結器の組合わせのままだったので、これを牽引するモハ50の6両は通常の連結器と両方の連結装置を持っていた。

【下津井をあとにする】モハ52を先頭に鷲羽山に向けて登り勾配にかかる。
◎東下津井〜下津井　昭和37（1962）年8月　撮影：髙井薫平

【貨物列車】下津井電鉄には蒸機全廃後機関車がなく、電化後には気動車を電動車化したモハ50が牽引した。モハ50には貨車に合わせてバッファーとリンク式連結器が付いていた。貨物列車は混合列車の形で1日2往復設定されていた。
◎東下津井〜下津井　昭和37（1962）年8月　撮影：髙井薫平

【モハ102とモハ52】モハ102は戦後新造車第2陣、当時のナニワ工機で生まれた。Hゴムを多用したモダンなスタイルでだが、正面2枚窓が押し開く構造になっているのはいかにも軽便風だ。
◎茶屋町　昭和29（1954）年8月　撮影：吉村光夫

【モハ54形（65）】
モハ55の仲間だがなぜかモハ65
を名乗る謎の車。
◎下津井
昭和37（1962）年8月
撮影：田尻弘行

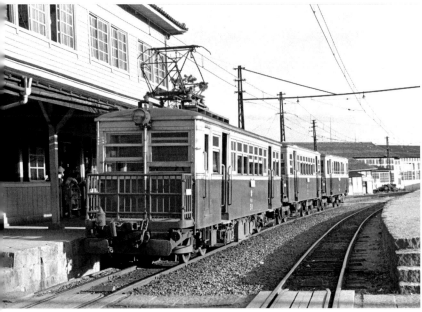

【モハ50を先頭にした茶屋町行き】
気動車改造のトレーラー2両が後
ろに連結されている。
◎下津井
昭和37（1962）8月
撮影：髙井薫平

【モハ55＋クハ6 ＋クハ22】いつもガソリンカー改造車両を中心に編成を組むモハ55だが、この日は新造間もないクハ22を最後尾に連結していた。◎下津井　昭和31（1956）年7月　撮影：吉村光夫

【列車の行き違い】左はクハ23、右のクハ6はガソリンカーカハ6を制御車化した車両、この頃、列車の車掌は若い女性の仕事だった。◎鷲羽山　昭和45（1970）年10月　撮影：髙井薫平

【モハ55とモハ52】
下津井電鉄名物のバケット電車の並びだが、後に近代化が進んで車体の載せ替えが進んで消滅する。
◎下津井　昭和37（1962）年8月
撮影：田尻弘行

【クハ1（5）】
電化の時少し小型の気動車は制御車に改造された。
◎茶屋町
昭和37（1962）年8月
撮影：髙井薫平

【クハ9形（9）】
電化の時、制御車が不足したのでたまたま残っていた？単端式ガソリンカーカハ1、3を背中合わせに接合（この時窓2枚分を足している）台車も自社で改造し、制御車に作り上げた傑作である。
◎下津井
昭和37（1962）年8月
撮影：髙井薫平

【クハ9をしんがりに鷲羽山の勾配に挑戦する】◎東下津井〜下津井　昭和37（1962）年8月　撮影：髙井薫平

【モハ101形（101）】電化工事が進んでいる頃新造された唯一の電車である。クハ21と編成を組み、僕の知るかぎり、762mmの軽便電車ではわが国最初の総括制御機器を搭載した電車である。◎下津井　昭和37（1962）年8月　撮影：髙井薫平

【クハ22＋クハ6＋モハ55】増備車はナニワ工機製の窓周りにHゴムを多用したモダンなスタイルになった。新造された第2陣はガソリンカー改造グループに制御方式をそろえたので、新旧入り混じった編成が楽しめた。
◎下津井　昭和31（1956）年7月　撮影：吉村光夫

【クハ24形（24）】昭和36（1961）年、久々に登場した貫通式の電車。モハ103と編成を組む。その後、部分廃止後のワンマン化対応として、客用扉を車端に移設した。◎下津井　昭和49（1974）年9月　撮影：髙井薫平

【モハ102形（102）】
ナニワ工機で生まれたモハ102とクハ23のコンビは、中間に栗原電鉄から来たサハ3を挟んでいた。
◎鷲羽山
昭和37（1962）年8月
撮影：髙井薫平

【サハ1形（2）】
改軌された栗原電鉄からやって来た。直接制御の電動車だったが下津井電鉄では電装を解除し、3両編成の中間車として使用した。
◎下津井
昭和49（1974）年9月
撮影：髙井薫平

【モハ103形（103）】
ワンマン対応改造前のモハ103。
◎茶屋町
昭和45（1970）年10月
撮影：髙井薫平

【瀬戸大橋をバックにクハ24+モハ103が行く】完成間近い瀬戸大橋を観光資源に生かそうと下津井電鉄は活気つく。そしてメ
リーベルの投入に舵を切る。◎鷲羽山～下津井　昭和63（1988）年4月　撮影：寺田裕一

【メリーベル号（モハ2001＋サハ2201＋クハ2101）】観光鉄道として脱皮を図った下津井電鉄の「メリーベル」、オープンデッキ
スタイルの3両編成で登場したが、期待したほどの利用者は伸びず、やがて中間のサハを外して2両編成で使用された。
◎下津井　昭和63（1988）年4月　撮影：寺田裕一

【モハ110】
ガソリンカー改造のバケット付
電車モハ50形の一部は車体更
新でモハ100形に統合された。
モハ110は貨車も牽引するため
バッファーと螺旋式連結器が残
された。廃車後は、車体が鷲羽
山駅の駅舎に転用された。
◎下津井
昭和45（1970）年10月
撮影：髙井薫平

【モハ1001形（1001）】
昭和47（1972）年の路線短縮時
多くの車両が淘汰されたが、単
車運転の車両がなくなったの
で、クハ23の車体とモハ52の電
気品を組み合せて単行運転のワ
ンマンカーとして登場させた。
◎下津井
昭和49（1974）年9月
撮影：髙井薫平

【モハ1001形（1001）】
その後、この車両は「赤いクレ
パス号」として車体を子供たち
に開放、いわゆる「落書き電車」
となった（カラーページ参照）。
◎下津井
昭和49（1974）年9月
撮影：髙井薫平

【廃車体】
開業に合わせて大阪の清水鉄工所で製造したやや小型の木造ボギー客車だが、電化完成の時淘汰されたようだ。
◎下津井
昭和45（1970）年10月
撮影：髙井薫平

【ホハフ30】
昭和26（1951）年に廃止された赤穂鉄道からやって来たオープンデッキのボギー客車、たまたま連結器が同じバッファーと螺旋式連結器だったのも譲受に便利だった。
◎下津井
昭和34（1959）年12月
撮影：髙井薫平

【貨車色々 手前からホワ12＋ホワ13＋ホワ5＋ホワ2・・・】
下津井電鉄の貨車は開業以来のバッファーと螺旋式連結器を装備し、牽引にあたるのはもっぱら自動連結器とリンク式連結器を持つモハ50形があたった。◎茶屋町　昭和45（1970）年10月　撮影：髙井薫平

【モハ103＋サハ2＋クハ24】昭和36（1961）年にナニワ工機で生まれた新造組だが、茶屋町〜児島間廃止の後ワンマン運転のために扉の移設工事が行われた。◎鷲羽山〜東下津井　昭和49（1974）年9月　撮影：髙井薫平

【ホワ2】
開業の時に用意された有蓋貨
車、ボギー車は軽便鉄道で例が
多い。連結器はバッファー付き
の螺旋式。
◎下津井
昭和42（1967）年5月
撮影：今井啓輔

【ホカフ9】
開業時から活躍した車掌室付き
有蓋貨車。現在も保存車両とし
て残る。
◎下津井
昭和45（1970）年10月
撮影：髙井薫平

【ホトフ6形（6）】
正式な貨物列車はなかったが、
きちんとした貨物ホームも残
り、貨車も適宜使用されていた。
◎下津井
昭和45（1970）年10月
撮影：髙井薫平

備南電気鉄道（玉野市営電鉄）

　備南電気鉄道は昭和28年に宇野線宇野駅から造船の町、玉野市玉に至る4.7kmの路線だ。元々は、三井造船所の工具輸送を目的として戦時中に工事が始まったのだが、終戦で工事中止。艦船の製造が中止となった三井造船所で、今度は戦災車の復旧工事や鉄道車両の新造をすることとなり、その輸送用にこの専用線を活用する計画が浮上したが、諸般の事情で立ち消えとなった。その後地元の代議士が尽力して専用線の路盤を流用して開通をしたという難産の鉄道であった。1500Vの電気鉄道で、将来は水島までの延長の計画があり、宇野〜水島31.4kmの施設工事認可を得てスタート、いわば宇野〜玉までの3.5kmは部分開業であった。

　鉄道模型趣味（TMS）77号（昭和30年1月号）に吉村光夫さんの訪問リポートがあり「ポイント一つ 信号なし 電車はたった3両」というタイトルが今も頭のどこかにある。本書で使用した写真の何枚かはTMSに載っていた懐かしいものだ。

　用意された電車は日立笠戸製で十和田観光電鉄のモハ2400形とよく似ている。かつて終戦直後に計画され、幻に終わった蔵王高速電鉄向けにデザインされ、日立ですでに完成に近かった3両を備南電気鉄道が引き取ったという話を聞いたことを思い出した。当時、まだ備南電鉄は開業前だったため3両の電車は宇野駅構内で2年ばかり留置されていたという。

　しかし、乗客の伸びは期待したほどでなく、昭和35年8月に繁華街の近くまで若干路線を延長したものの営業成績は好転せず、2年後には玉野市に経営を移管、珍しい自治体経営の電気鉄道になった。市営になってから玉〜玉遊園2.0kmを延長、やや経営を持ち直すが、抜本的な経費削減のため、電気鉄道での存続を諦め、昭和39年10月に気動車の運転を開始、この年の12月24日に電車の運転を終了した。投入した気動車4両はみな他からの中古車ばかりである。その後も経営努力は続くが、昭和47年3月いっぱいで創業19年の幕を閉じた。

【ピカピカの新車だった頃】古いTMS記事のキャッチフレーズは確か、「ポイントひとつ 信号なし 電車3台」だった。
◎玉　昭和29（1954）年8月　撮影：吉村光夫

【モハ100形（101）】
前年12月に走ることをやめた3
両の電車はまだ車庫にいた。ま
だパンタを上げたままのものも
見られた。
◎造船所前
昭和40（1965）年2月
撮影：今井啓輔

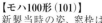

【モハ100形（101）】
新製当時の姿、窓枠はニス塗仕
上げでなかなか粋な電車だった。
◎天狗山トンネル？
昭和29（1954）年8月
撮影：吉村光夫

【玉駅舎】
昭和28（1953）年備南電気鉄道開業当時の終着駅だったが、
昭和35（1960）年に玉遊園地前まで1km延長されている。ま
た当初の玉駅は三井造船所前に改称、玉駅はその後線路が
200mほど先に延びたときそちらに移った。
◎玉　昭和29（1954）年8月　撮影：吉村光夫

【モハ100形（103）】
開業後8年がたち、すでに経営も
玉野市に移っている。市の方針
か、電車の塗装は国電の153系を
意識したものに変わり、グッと田
舎電車の雰囲気が強くなった。
◎宇野
昭和37（1962）年8月
撮影：高井薫平

【クハ200形（201）】
乗客の増加を予想してか昭和
37（1962）年6月、野上電気鉄道
のクハ102を譲り受けてクハ201
としたが使用されることは少な
かったようだ。
◎造船所前
昭和42（1967）年1月
撮影：田尻弘行

【キハ100形（104）】
電車から気動車に切り替えが終
わって間もないころ、遠くに見
えるモハ100はパンタを上げて
何かやっている。
◎造船所前
昭和40（1965）年2月
撮影：今井啓輔

【キハ100形（101）】
電化で余剰になった三岐鉄道
からやって来た。元国鉄キハ
41097だが、エンジンを三岐時
代にDMH17に交換し、さらに
玉野市営に転入の際、トルクコ
ンバータを装備した。
◎玉比咩神社前〜玉
昭和43（1968）年8月
撮影：高橋慎一郎

【キハ100形 (103)】
白砂川に沿って走る。玉野市営
の線路の多くは川に沿ったコン
クリ桁の上付設された箇所が多
かった。
◎造船所前
昭和42 (1967) 年5月
撮影：今井啓輔

【キハ100形 (102)】
昭和39 (1964) 年3月、営業をやめた
九州の熊延鉄道からやって来た戦後
生まれの気動車。製造は帝国車輛、
当時、帝国車輛は国鉄気動車の指定
メーカーだったが、なかなか個性的
車両だった。
◎造船所前
昭和42 (1967) 年5月
撮影：今井啓輔

【キハ100形 (104)】
キハ104は熊延鉄道からの譲受だ
が、熊延鉄道の前は島原鉄道で活
躍した。島原鉄道の大型車導入
ではじき出され、熊延にやって来
た。キハ102、103とともに玉野市
入りに際し、トルクコンバータを
装備した。これはこの手の元ガ
ソリンカーでは珍しいことだっ
た。
◎造船所前付近
昭和40 (1965) 年8月
撮影：吉村光夫

倉敷市交通局（水島臨海鉄道）

　地方都市の交通局というのも珍しいが、市営バスを運用していた自治体はほかにもあるかもしれない。同じ岡山県の新興私鉄である備南電鉄でスタートしたものの、3年後に玉野市交通局に経営が移っている。倉敷市交通局水島鉄道は昭和27（1952）年水島地区で展開する専用側線（元は戦時中に開業した三菱重工の航空機工場への専用線）を市営にしたものである。起点の社倉敷（現在の倉敷市）は国鉄倉敷駅の貨物ホームだったとおぼしきあたり、倉敷の駅から少し歩くところにあり、ここは現在もあまり違っ

ていない。なお、現在はJR倉敷駅から連絡通路で結ばれている。

　昭和47（1972）年に当時の国鉄と倉敷市の出資で、水島臨海鉄道が誕生し、水島地区の貨物輸送と、倉敷から水島までの旅客運輸も引き継がれた。引継ぎ当初はどこかのんびりとした地方私鉄だったが、岡山地区の臨海部の企業移転などもあって、水島地区の発展とともに輸送量が増加してわが国を代表する臨港鉄道の一つとして今日に至っている。

【水島機関庫全景】
水島駅から少し歩くと車庫がある。車庫には左から元国鉄キハ17形キハ351、同じくキハ07形キハ320、夕張鉄道からやって来たキハ303、301、右手はDD50形を名乗るDL達である。
◎水島機関区　昭和53（1978）年5月
撮影：田中義人

【倉敷市駅舎】
国鉄の倉敷駅から南の方にとぼとぼ歩いていったら、古い駅舎につく。ここが始発駅で、国鉄倉敷駅構内の広島寄りのはずれらしい。観光地倉敷市とは全く関係ないという風情だったが、最近少し改善されたらしい。
◎倉敷市　昭和50（1975）年6月
撮影：今井啓輔

倉敷市交通局水島鉄道の機関車

　戦後（昭和27年）開業の水島鉄道は開業時より車両集めに苦慮していた。これはまだ戦後のどさくさの時代、多くの鉄道が悩んでいたことだった。とくに水島鉄道は今後発展が期待される水島工業地帯の輸送手段を一手に担っていた。

　最初に投入されたのは5両のタンク機関車で、1-B-1が3両、Cタンク機関車が2両である。このうち八幡製鉄所から来た1両はその後返却された。

　ディーゼル機関車はまだ開発途上のころで、昭和28、9年に川崎車輌製のC型30トン機関車が入り、その後、50トンクラスのディーゼル機関車が日立と川崎車輌から入線している。その数は7両を数えた。その後、社線の貨物列車がJR線に直接直通することになって、DE10と同一設計機のDE70を導入し、さらに2021年電気式ディーゼル機関車DD200-601号機を製造した。

【1号機関車】
汽車會社製の1-B-1タンク機関車、元胆振縦貫鉄道4号で、水島臨港鉄道開業に合わせて、はるばる北海道からやって来た。蒸気機関車は開業に合わせて5両がかき集められた。
◎倉敷市
昭和29（1954）年12月
撮影：江本廣一

【5号機関車】
水島鉄道開業に合わせて集められたのは1-B-1の37トン、いわゆるA8タイプ3両とダブス製のCタンク機だったが、最後まで残ったのはA8だった。写真の5号機は元国鉄225で中国鉄道からの買収機関車。
◎水島機関区
昭和28（1953）年頃
撮影：芝野史郎

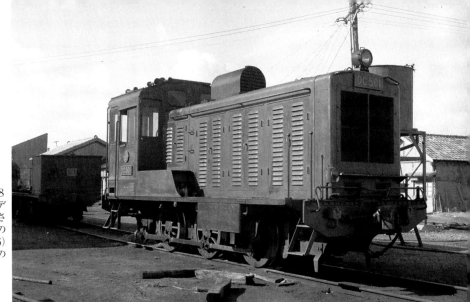

【DC501】
川崎車輌が昭和28（1953）年 8
月に製造した機械式の30トンデ
イーゼル機関車。かなり大げさ
な躯体の持ち主だが、その後の
新鋭機に押されて昭和41（1966）
年に別府鉄道に譲渡され同社の
DC302となった。
◎水島機関庫
昭和29（1954）年12月
撮影：江本廣一

【DC501とDC502】
DC502は同じ川崎車輌の昭和31
（1956）年製だがその後の新鋭
機に押し出されて昭和41（1966）
年に遠く茨城交通湊線に移っ
た。
◎水島
昭和35（1960）年 3 月
撮影：髙井薫平

【DD501左・DD505右】
日立製作所と川崎重工で生まれ
た50トン、凸型ディーゼル機関
車である。DE70（国鉄DE10類
似）が入るまで、この50トン機
関車が主力であった。
◎水島
昭和49（1974）年 9 月
撮影：髙井薫平

【DD500形（DD503）】
昭和33（1958）年、日立製作所製
の45トン機関車。
◎水島
昭和50（1975）年6月
撮影：今井啓輔

【DD500形（DD504）】
昭和36（1961）年、川崎車輛製の
50トン機関車。
◎水島
昭和49（1974）年9月
撮影：田尻弘行

【DD505の牽く列車】現在本線を走るのはJRと同じ新鋭機だけになり、社形機関車の影はうすくなった。
◎弥生　昭和42（1967）年5月　撮影：今井啓輔

【DD500形（DD505）】
昭和37（1962）年、川崎車輌製の
機関車、一時期、倉敷貨物ター
ミナルの入換えを行っていたこ
とがあった。
◎水島
昭和49（1974）年9月
撮影：田尻弘行

【DD500形（DD506）】
昭和41（1966）年日立製作所製
の50トン機関車、現在も残る。
◎水島
昭和50（1975）年6月
撮影：今井啓輔

【DE70形（DE701）】
昭和46（1971）年に川崎重工で
生まれた。国鉄DE11相当機で
国鉄の保安装置も搭載して、倉
敷から山陽本線に乗り入れて岡
山貨物ターミナルまで直行す
る。なお、この機関車の全般検
査は自社で行わず、JR貨物で
行っている。1形式1両のため、
別に部品取り用としてJR四国
からDE10を1両購入した。
◎水島
昭和49（1974）年9月
撮影：田尻弘行

【キハ305形（305）】
旅客営業に際し、最初に国鉄から払下げを
受けた元中国鉄道の気動車、前後で扉の位
置が違っている。その後、気動車が整備さ
れるまでキハ310とともに頑張っていた。
◎倉敷市　昭和41（1966）年2月
撮影：今井啓輔

【キハ305とキハ312】
キハ312は昭和35（1960）年に
国鉄から払下げを受けたキハ
0432である。
◎水島
昭和42（1967）年5月
撮影：今井啓輔

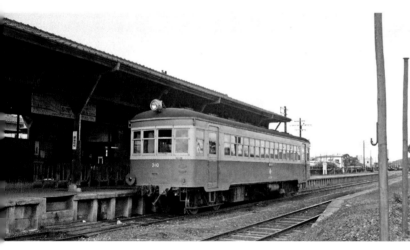

【キハ310（310）】
車体は国鉄キハ41000形に似ているが、元
中国鉄道キハニ201という買収気動車。
◎水島　昭和41（1966）年2月
撮影：今井啓輔

【キハ310に牽引されるホフ301】
ホフ301は元芸備鉄道の買収気動車だが、水
島では車体の大改造を行いキハ301となっ
たが早くも昭和33（1958）年にはエンジンを
下ろして多客時には気動車にけん引されっ
ていた。
◎弥生　昭和42（1967）5月
撮影：今井啓輔

【キハ311形（311）】
元国鉄キハ0411、倉敷に来てから前照灯を窓下に移して2灯になった。
◎倉敷市
昭和50（1975）年6月
撮影：今井啓輔

【キハ302】
夕張鉄道からはるばるやって来た。中間にナハニフ153を挟んだ3両編成で使用された。車内はビニール張りの転換クロスシートがそのまま使用されていた。連結面側の片隅小運転台と前照灯が残る。窓のない部分にはかつて便所があった。
◎水島
昭和49（1974）年9月
撮影：髙井薫平

【キハ304他の気動車列車】
かつてこの気動車はこのような3両編成で、夕張炭鉱で大活躍した。倉敷にやってきてからは、まだ足の便悪かった水島地区の通勤輸送に活躍した。
◎倉敷市
昭和49（1974）年9月
撮影：今井啓輔

【キハ302の連結面寄りを見る】
夕張鉄道時代DTDの固定編成で使用されたキハ300だが、構内運転などのため、小さな運転台が片隅に作られていた。この小運転台はその後のキハ300形では有効に機能した。なお、運転台反対側に窓がないのは夕張時代、ここに便所の設備があったためで、もちろん水島では撤去したが窓は付けられなかった。
◎水島
昭和49(1974)年9月
撮影：田尻弘行

【キハ320】
もと国鉄キハ07202で国鉄時代とあまり変わっていない。総括制御化は国鉄時代にすでに済んでいた。
◎水島
昭和49(1974)年9月
撮影：田尻弘行

【キハ321】
昭和44(1969)年に同和鉱業片上鉄道からやって来た。片上鉄道時代に前照灯が2等に改造されており、キハ320とスタイルがやや異なる。ここまでがいわば戦前設計の気動車だが、国鉄からキハ35（キハ10系）が入って昭和55年までに全廃された。
◎水島
昭和39(1974)年9月
撮影：田尻弘行

【キハ35形（352）】
昭和51（1976）年から数次にわたり、国鉄のキハ17系を7両譲受け。キハ351〜357として就役した。この7両の入線により、これまでの多彩だった気動車群はかなり淘汰された。ただ、昭和61（1986）年からキハ20系の導入が始まり、置き換わっていく。
◎倉敷市
昭和51（1976）年9月
撮影：田尻弘行

【キハ20形（201〜212）】
昭和61（1986）年から平成3（1991）年までに投入された国鉄キハ20系。回送後、国鉄時代の姿のまま留置され改造を待っていた。
◎水島貨物ターミナル
昭和62（1987）年3月
撮影：髙井薫平

【オハ3122他】
昭和36（1961）年、国鉄からダブルルーフ17mクラスの古い客車4両を譲受けた。この頃、水島鉄道ではラッシュの対応に苦慮してようだ。気動車をかき集め、ついに国電まで引き込んでいた。オハ31形の出入り口付近はそのまま、トイレなど撤去し、車内はロングシートに改造されていた。
◎水島
昭和41（1966）年2月
撮影：今井啓輔

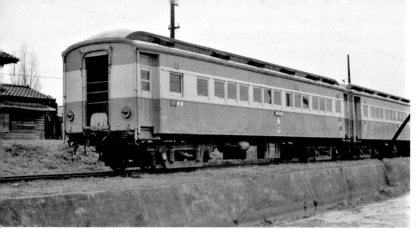

【オハフ3011】
国鉄から譲渡された4両のうち、1両は車
掌室を持つオハフ30形だった。
◎水島　昭和41 (1966) 年2月
撮影：今井啓輔

【ナハフ153】
夕張鉄道からキハ301と一緒にやって来
た。夕張時代に引き通し回路を設けて気
動車列車に組み込まれていた。車内の転
換式クロスシートもそのままだった。
◎水島　昭和49 (1974) 年9月
撮影：田尻弘行

【ハ52】
専用鉄道時代から引き継いだ2軸客車、元
五日市鉄道の車である。
◎水島　昭和41 (1966) 年2月
撮影：今井啓輔

【ハ61】
旅客営業開始に際、専用線時代から国鉄か
ら借りていた車両をそのまま引き取ったも
のだが、その出自は明らかでない。
◎水島
昭和41 (1966) 年2月
撮影：今井啓輔

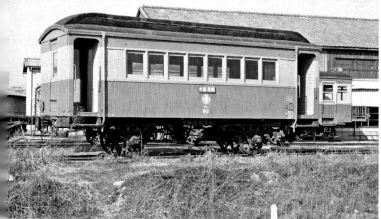

【フハ92】
大正13（1924）年日本車輌東京支店製の2
軸客車、日車が特に関東地方の私鉄向けに
作った標準型といえる。この車も五日市
鉄道から5両の仲間とやって来た。その
後車両の近代化が進み最後までこのフハ
92が残っていた。
◎水島　昭和41（1966）年2月
撮影：今井啓輔

【ハ92】
ハ92の端面まだ2軸客車が旅客列車に使
用されていたころ、手動ブレーキのハンド
ルが車端妻板に設けた半円形の箱の中に
収められている。
◎水島　昭和42（1967）年5月
撮影：今井啓輔

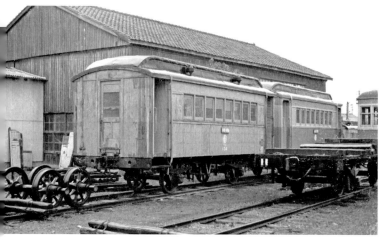

【フハ154】
元五日市鉄道の車両で、この写真を撮った
昭和41（1966）年に廃車になっている。
◎水島　昭和41（1966）年2月
撮影：今井啓輔

【ホフ301＋キハ310】
ホフ301は地方鉄道開業に合わせて国鉄か
ら譲受けた元芸備鉄道のガソリンカー。
ディーゼルエンジン架装が困難として、客
車化された。使いまわしがよかったのでキ
ハ305や310のトレーラとして活躍した。
◎弥生　昭和42（1967）年5月
撮影：今井啓輔

【ハ51廃車体】
妻板は改造され事務所として使われている。
◎水島
昭和41（1966）年2月
撮影：今井啓輔

【クハ16425】
昭和50（1975）年の夏、西に下る車窓で妙なものが目をかすめた。17m級の国電が留置されていた。僕の見たのは1両だったが、その後、訪問された今井啓輔さんはクハ16418と2両そろって撮影している。どうも客車として使用したい意向があったようだが、解体されたようだ。
◎倉敷市
昭和50（1975）年6月
撮影：今井啓輔

【ワフ16】
5トン積みの小さな全鋼製の緩急車、車体に社紋と「倉敷交通」という謎の字体が躍る。昭和27（1952）年に水島工業都市開発から倉敷市に譲渡され、倉敷市交通局線になったが、これを縮めて「倉敷交通」か？倉敷駅構内線直通運転承認車の記載がある。
◎倉敷市
昭和34（1959）年12月
撮影：田尻弘行

井笠鉄道

　何が起きたのか詳しくは知らないが井笠鉄道は何年か前に解散して存続会社もない。その代わり、沿線に残る駅を使って元社員が個人で始めたという記念館は残っているし、車両たちも一時西武鉄道山口線で活躍した。その流れから客車はかつての色彩を取り戻して、遠く北海道の「丸瀬布森林公園いこいの森」で蒸気機関車に牽かれて健在だし、かの羅須地人鉄道協会の手による「成田ゆめ牧場まきば線」では軌間を610mmに変えた1両が蒸気機関車にけん引されている。動態保存車両だけでなく、静態保存車両も岡山県下にたくさん残っている

　かつて笠岡で山陽本線の列車を降りた第一印象は構内の山側に留置されたナローの車両の圧倒的多さだった。ぼくが井笠鉄道を訪問した時すでに蒸気機関車の運転はやめていたが、それに代わるディーゼル機関車の導入計画はなく、それでも結構あった貨物輸送は必須だったので気動車が貨車を牽く貨物列車の設定があった。たまたま出くわしたのは、完成ほやほやのホジ1が重連で5、6両の有蓋貨車を牽引する姿だった。

　車庫は次の鬮場（クジバ）にあり、歩いて行った。庫の中には単端式ガソリンカー、ジ5が止まっていた。めったに走らないだろうがピカピカに磨き上げられ、これぞ僕がまともに見た日車の単端だった。

隣に1号機関車がいた。あとはあちらのクラの中だと教えられ桜の古木の下に半分崩れかけたような機関庫があり、かなりの機関車が押し込められていたが、危険だということで中に入れてもらえなかった。外からお尻を見せていたのは7号と8号だった。

　井笠鉄道はのどかな平野をのびのび走っていた。鬮場を出て5つ目の北川に着くと矢掛線の矢掛行きのジ14が待っていて、各列車接続すると見た。さらに4つ目の駅が終着井原である。駅に着く前に左手から神辺線の線路が近づいてきて並走して井原につく。ここで神辺線に乗り換えれば国鉄福塩線の神辺に行く。見事な鉄道路線のネットワークが762mm軌間で造られていた稀有なケースである。井原の駅構内にも様々な車両が群れていた。その後10何年ののち井原に行くとずいぶん様子が違っていた。駅舎は新しくなり、もっと変わったのは駅前の景色、駅を出てみると目の前に真新しい高架橋が完成に近づいていた。井笠鉄道は、昭和42（1967）年に支線の矢掛線、神辺線が廃止となり、昭和46（1971）年に本線も廃止となり井笠鉄道は全廃となった。しかし、井笠鉄道の生まれ変わりともいえる国鉄井原線の建設が始まり、国鉄改革に伴う中断もあったが、無事に平成11年に第三セクター井原鉄道が開通した。

【鬮場車庫】笠岡を出て最初の駅鬮場（ぐじば）は難読駅だ。ここに機関庫や修理工場が集中しているが、構内はそんなに広くないし、廃車になった機関車たちも保存してあったから、通常使用される気動車や客車は笠岡と井原に留置されていた。
◎鬮場　昭和41（1966）年4月　撮影：髙井薫平

【1号機関車】開業以来活躍したドイツ・コッペル製のBタンク機関車、休車中に西武鉄道に貸し出されて山口線で同時に譲渡された客車を牽き、終了後は新山の記念館に保管されている。◎鬮場　昭和30（1955）年3月　撮影：江本廣一

【7号機関車が牽く列車】大正11（1922）年に増備されたコッペル製初のCタンク機関車6号に続いて大正14（1925）年に購入した機関車。湯口徹さんによれば開業時から欲しかったCタンク機は予算の関係であきらめ、1、2号はBタンク機関車だった。
◎笠岡　昭和29（1954）年5月　撮影：湯口徹

【3号機関車と8号機関車】
3号は開業に合わせて準備されたドイツ・コッペル製Bタンク機関車のうちの1両、8号は大正10（1921）年に日本車輌で造られた14トンという大型、元大隅鉄道の買収機関車で戦後井笠入りした。
◎鬮場
昭和29（1954）年5月
撮影：湯口徹

【10号機関車】
戦後増備された立山重工製の規格形機関車。
◎鬮場
昭和30（1955）年3月
撮影：江本廣一

【7号機関車】
ドイツ・コッペル製のCタンク機関車。開業から10年がたち1～3号に比べ一回り大型になった。
◎鬮場
昭和30（1955）年3月
撮影：江本廣一

【ホジ1～3】
昭和30（1955）年ごろ、Hゴム、正面2枚窓の新しいディーゼルカーが日本車輌を中心にあちこちの軽便鉄道に登場しているがこの車もその一例であろう。変速装置はまだ機械式だった。のちに2両を増備している。
◎鬮場
昭和32（1957）年3月
撮影：髙井薫平

【貨物列車を牽く】
現場の人にせかされホームに出てみると、ホジ1、3の重連の牽く貨物列車が通過するところだった。
◎鬮場
昭和32（1957）年3月
撮影：髙井薫平

【貨物列車通過】
汽笛とゴロゴロという音で表に出たらホジ1の重連が牽く貨物列車の通過だった。当時井笠鉄道には結構貨物輸送があり、蒸気機関車を止めてしまったので、貨車の牽引は気動車の仕事で、通常は客車に増結、ほかに貨物列車のスジも設定されていた。
◎鬮場
昭和32（1957）年3月
撮影：髙井薫平

【ホジ1＋ホハ10＋ホハ14】ホジが木造のボギー客車を1～2両牽引するスタイルが井笠鉄道の日常だった。
◎新山～北川　昭和39（1964）7月　撮影：高橋慎一郎

【ホジ3＋ホハ1】対向列車のホジはボギー客車1両を連れていた。
◎下北川～新山　昭和39（1964）7月　撮影：高橋慎一郎

【北川駅】
矢掛線に乗り換える北川につく
と矢掛行のホジ7が客車を1両
連れて待機していた。
◎北川
昭和45（1970）年10月
撮影：湯口徹

【ホジ7】
戦時中、客車化されていたが昭
和25（1950）年に気動車に復帰
している。ホジ1、2、3が入
るまでエースとして活躍した。
◎笠岡
昭和39（1964）年7月
撮影：荻原二郎

【ホジ9】
戦前の井笠鉄道を代表するガソ
リンカーだったが、戦後ディー
ゼル化された時、台車を鋳鋼製
に交換された。
◎笠岡
昭和39（1964）年7月
撮影：荻原二郎

【ホジ12】
ボギー車で出入り口が片側1枚というのは例が少ないのではないだろうか。車体が短いので台車が鮮魚台の下まではみ出している。最初から支線用として生まれたようで、主に神辺支線で活躍した。
◎井原
昭和30(1955)年3月
撮影：江本廣一

【ホジ102】
井笠鉄道の沿線には農産地帯が広がっていて、鉄道に頼る貨物輸送も多く、定期貨物列車のほか日常の旅客列車もよく混合列車となった。
◎鬮 昭和32(1957)3月
撮影：高井薫平

【ホジ101がホワフ5を牽く】
◎北川
昭和39(1964)年7月
撮影：荻原二郎

【ジ5】
僕が最初に見た日車の単端であり、この車以後こんなに美しい、単端に出会ったことはない。仲間の改造工事が行われたなか、その対象から外れたのか、ジ5は闘場の車庫の奥に鎮座していた。その時の記憶をたどればピカピカに磨かれていた。そしてその後どうなったか知らない。
◎闘場
昭和33（1958）年3月
撮影：湯口徹

【ジ10】
元々ジ5と同じ車体だったが、キャブオーバータイプに改造された。なお、この車は元三幡鉄道の車両だった。ぼくが最初に訪問した時はホジ1～3が入って活躍を始めたころで、単端式を含め小型2軸車の活躍は少なくなっていた。
◎井原
昭和32（1957）年3月
撮影：髙井薫平

【ジ11】
ジ10と同じ三幡鉄道からの引継ぎ車両。ボンネットタイプをキャブオーバータイプに改造。客用の折り戸も引き戸式に変えている。方向板を見ると井原と神辺間で使用していたようだ。
◎井原
昭和30（1955）年3月
撮影：江本廣一

ジ14～ジ16

昭和3（1928）年、日本車輌製の両運転式の2軸ガソリンカー、ジ14～16は同型であるが、ジ14、15は神高鉄道が、両備鉄道から引き継いだもの、ジ16は神高鉄道オリジナルで、神高鉄道昭和15（1940）年に井笠鉄道に統合され、同社の神辺線になった。これまでの単端式に比べ終端駅での方向転換の必要もなくなり、支線で活躍した。

【ジ14】
◎井原　昭和32（1957）年3月
撮影：髙井薫平

【ジ15】
◎井原
昭和32（1957）年3月
撮影：髙井薫平

【ジ16】◎矢掛　昭和39（1964）年7月　撮影：荻原二郎

【1号形（ホハ1）】
大正3（1914）年に日本車輌で作ったオープンデッキのボギー客車。井笠鉄道の客車は気動車に牽かせる際、走行抵抗軽減のため、昭和24（1949）年頃、軸受けをボールベアリングに交換している。ホハ1は現在も記念館に保存されている。
◎井原
昭和39（1964）年7月
撮影：荻原二郎

【2号形（ホハ5）】
同じ日本車輌製だが屋根がモニタルーフタイプに変わっている。同時期に二通りの客車をなぜ作ったか興味深い。
◎笠岡
昭和30（1955）年3月
撮影：江本廣一

【3号形（ホハ9）】
こちらはオープンデッキタイプになっている。写真の白帯付きの塗装は昭和32（1957）年頃まで続いた。
◎井原
昭和30（1955）年3月
撮影：江本廣一

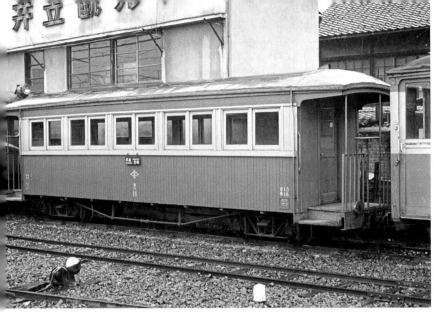

【5号形（ホハ11）】
大正11（1922）年に生れた11、12号は屋根が薄いシングルルーフ、オープンデッキスタイルである。
◎井原
昭和41（1966）年4月
撮影：髙井薫平

【6号形（ホハ14）】
大正14（1925）年、日車製でこの形式から出入り台に引き戸式の扉が付いた。
◎笠岡
昭和45（1970）年10月
撮影：田尻弘行

【17号形（ホハ18）】
神高鉄道からの引継ぎ車両、その前は両備鉄道（現在の福塩線）の車だった。
◎井原
昭和30（1955）年3月
撮影：江本廣一

【7号形（ハ15）】
小さな日車の単端式のエンジンを撤去して小さ
な客車にした。せっかくのガソリンカーだった
が、将来の燃料危機を見越してか、新造僅か4年
目に客車化した。
◎笠岡　昭和30（1955）年3月
撮影：江本廣一

【7号形（ハ15）】
上の写真と同じ車両だが、左右で扉の位置が異
なるのがわかる。
◎鬮場　昭和32（1957）年3月
撮影：髙井薫平

【ハ17】
ジ5と同じ日車タイプの単端式のエンジン撤去
車両。車体の裾が少し狭くなっている。
◎井原　昭和32（1957）年3月
撮影：湯口　徹

【ハ18】
もと三幡鉄道引継ぎのフジ2がルーツ、車体もエ
ンジンを下ろしただけで手を入れていない様子
だ。
◎鬮場　昭和39（1964）年7月
撮影：荻原二郎

【ホワ4】
開業に合わせて日本車輌で作ったボギー有蓋貨車。ブレーキハンドルのため一端にデッキがある。
◎笠岡　昭和41（1966）年4月
撮影：髙井薫平

【ホワ7】
無蓋貨車を自社で有蓋貨車に改造した車両。
◎笠岡　昭和41（1966）年4月
撮影：髙井薫平

【ホワフ5】
日本車輌で開業当時に作ったボギー貨車。
◎井原　昭和30（1955）年3月
撮影：江本廣一

【ホト3】
国鉄線から積み替えられたのだろう肥料の入ったドラム缶が重そうである。この積車をホジ1が重連で運ぶのだろう。
◎笠岡　昭和41（1966）年4月
撮影：髙井薫平

【神辺近く】8620の牽く福塩線の貨物列車と行違う神高線のホジ12。
◎神辺～湯野　昭和33（1958）年7月　撮影：湯口徹

【ホジ7＋ホハ1】新車が揃うまで、梅鉢鉄工所の作ったホジ7はメインラインの主役だった。
◎吉田村～新山　昭和34（1959）年3月　撮影：湯口徹

尾道鉄道

　山陽本線の尾道駅にひっそりと現れて、いつの間にか消えていった鉄道という印象が強いが、かつては遠大な計画があり、瀬戸内の尾道から中国山地のふもとに位置する重要都市三次を目指す計画で、大正初期にその一部の免許を取得した尾道軽便鉄道が前身である。軽便鉄道は大正7（1918）年に設立されるが、建設予定地通過にはかなりの勾配区間があることを理由に、また国鉄線との貨車の直通を考えて、1067㎜の電気鉄道による建設に変更したため、社名も尾道鉄道に変更した。とりあえず目指した市の手前、諸原駅はスイッチバックであり、途中部分開業した石畦（いしぐろ）からはトンネルが続く。大正14（1925）年11月、石畦駅までが開業するが国鉄の尾道駅に入れず、国鉄駅手前400メートルに西尾道駅を設けていた。国鉄駅に乗り入れたのは昭和8（1933）年

3月で、あの山陽本線のホームの山側に色々な電車の並ぶ光景が出現した。市から先は最初三次を目指す期待もあったものの上下までの計画に見直され、それも両備軽便鉄道（のちの福塩線）との存在もあって市以遠の延伸の夢は絶たれてしまう。

　最盛期の路線は尾道～石畦～市　17.1ｋｍであったが、戦後世の中が落ち着いてくると利用客が減少して行く。昭和21（1946）年に発生した逸走による脱線転覆事故も戦後の復興に大きなダメージを与えることになる。またバスの進出もあり、昭和39（1964）年8月1日鉄道事業を廃止する。

　尾道鉄道の車両の形式呼称は少し変わっていて電動車は「デキ」、附随車は「キ」である。デキはデンドウキャクシャに由来している。

【三美園～三成間を行くデキ21】デキ21は創業以来の木造単車デキ1を自社工場で鋼体化、さらに車体延長してボギー車になった車両。張り上げ屋根の周囲にリベットの跡が残り、独特の電車に仕上がっている。
◎三美園～三成　撮影年月不詳　河本泰行所蔵

【キ51形（52Ⅱ）】開業時から使用していた電動車デキ4の電装解除車。車両が皆ボギー車に変わった後も、附随車として時々
走っていたらしい。◎三成　昭和38（1963）年4月　撮影：今井啓輔

【三成車庫におけるデキ16とデキ45】いつも車庫の半分のスペースは作りかけや所帯不明の車両が詰めているのだが、今日の
三成車庫は本来の車庫の機能を取り戻した風情だった。デキ45は名鉄からの応援車両、デキ16は舶来の台車を履いた三成生
まれ。◎三成　昭和38（1963）4月　撮影：今井啓輔

【デキ11廃車体】
開業当時の車だが、最初は電動
貨車デワ101～103だった車両、
思ったほど貨物は多くなくデワ
103（電装解除してワ201）を三
成庫で旅客用電動車に改造し
た車両。屋根は丸屋根に、窓は
これまでの車両に比べ一つ減
り、その分窓が少し大きくなっ
ている。すでに使命を終え三成
の構内にあった姿からは、元電
動貨車の片鱗はない。
◎三成
昭和38（1963）年4月
撮影：今井啓輔

【デキ15形（15）】
近江クハ21、22（1）の台枠を
使って自社工場で昭和29（1954）
年に作った。電機品はデキ5、
6から転用、台車はヨーロッパ
の登山電車に見られるドイツ
製のリンケホフマン製であっ
た。カーブを描いた正面の雨樋、
ちょっと広めの側窓、ニス塗の
客用扉などこの車の設計者はた
だものではないと思う。
◎三成　撮影年月不詳
河本奉行所蔵

【デキ15形（16）】
デキ15がパンタグラフなのに対
しデキ16はビューゲルを使用し
ていた。
◎尾道
昭和32（1962）年3月
撮影：田尻弘行

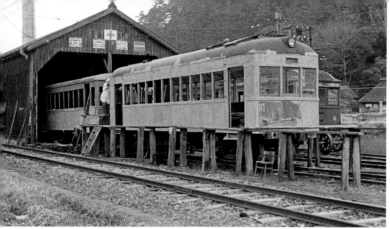

【改造中のデキ21】
訪問した三成車庫の屋外で車体延長工事が行われていた。車体延長工事は終わり、これから内装と電装工事が始まる。よく見ると作業をしているのは女性である。
◎三成　昭和35(1960)年3月
撮影：髙井薫平

【デキ21形(21)】
開業時から使用していたデキ1はオープンデッキの単車だったが、事故で大破、水野造船所で半鋼製の車体に生まれ変わり、デキ21に変更、その後、昭和32(1957)年に車体延長工事を三成車庫で実施、ボギー車に生まれ変わった。随所に単車時代の小さな鋲が目立つ。
◎尾道　昭和38(1963)年4月
撮影：今井啓輔

【デキ25形(25)】
水間鉄道モハ55を譲り受けたものだが、故障が多く1年ほどたって電装解除してトレーラになった。窓の大きな独特の雰囲気の車両だった。
◎三成　昭和32(1957)年3月
撮影：田尻弘行

【デキ25形(25)】
デキ25は水間鉄道と車両交換で入手した車両。尾道からは大きすぎて持て余していた元宇部電気鉄道デハニ101、301と交換で入手したもの、戦後生まれの新車だったが調子が悪く、すぐにトレーラになった。水間時代からついていた車体裾の飾り板（?）なくなっている。
◎尾道　昭和38(1963)年3月
撮影：荻原二郎

【デキ31形(31)】
昭和34(1959)年自社工場の新
車、廃線が昭和39(1964)年だか
ら在籍期間はわずか5年。
◎木梨口～遊亀橋
河本泰行所蔵

【デキ31形(32)】
三成工場最後の作品である。台
車は和歌山鉄道モハ501、2の
ものと推定されている。モー
ターは手持ちの単車からの転用
か。これだけの車両を作る技術
力は自社に求めるのは難しく、
この頃出張工事専門の技術集団
があったわけで、その後、彼ら
がどうなっていったか調べてみ
たいテーマである。
◎石畦
昭和38(1963)年3月
撮影：荻原二郎

【デキ35形(35)】
元宇部電気鉄道の買収国電、デ
ハ201だが尾道鉄道では一番の
大型車、尾道鉄道では他にも宇
部電気鉄道のデハニ301の払い
下げを受けているが大きすぎて
使用できず、水間鉄道に転売、
代わりに水間鉄道では小型だっ
たモハ55が尾道にやってきてデ
キ25になった。
◎尾道
昭和38(1963)3月
撮影：荻原二郎

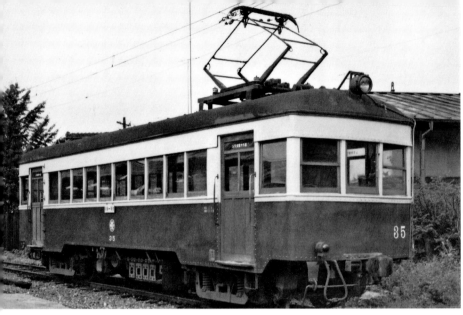

【デキ35形（35）】
昇圧前の宇部電気鉄道の車両でデハニ101、デハ201、デハニ301が昭和25（1950）年に国鉄から払い下げを受けた。しかし、デハニ101、301の2両は尾道鉄道では大きすぎて水間電鉄に転売、デハ201だけが尾道に残ってデキ35になった。
◎河本泰行所蔵

【デキ45形（45）】
昭和22（1947）年に名古屋鉄道のモ458を譲り受けたもの、戦後すぐ車両不足で苦しむ地方の中小私鉄に大手の私鉄から規格型車両の分配の見返りに地方私鉄に供出された車両の一例。名鉄では両数の少ない、あるいは傍系会社の引継ぎ車を供出車両に充てているが、これは他の大手でも同様だった。本来は木造車だが昭和29（1954）年に自社で簡易鋼体化工事を実施した。
◎尾道
昭和32（1957）年3月
撮影：田尻弘行

【キ51形（51Ⅱ）】
近江鉄道のクハ21で、昭和22（1947）年日本鉄道自動車が作った近代的な小型電車で、他に北陸鉄道のモハ1000形がある。乗務員扉も4枚残っており、日本鉄道自動車のレデイメードだった。
◎三成
河本泰行所蔵

【入替作業中のキ51（Ⅱ）】
朝のラッシュ時間帯が終わると
列車は電動車の単行運転にな
る。写真は尾道駅の側線に押し
込まれているところ。ここで夕
方まで一休みする。
◎尾道
昭和38（1963）年4月
撮影：今井啓輔

【キ61形（61）】
元芸備鉄道のガソリンカーだが
国有化後廃車となり、八日市鉄
道に払下げられた車両。八日市
鉄道はその後近江鉄道になる
が、すでにトレーラになってい
たものを譲り受けた。
◎三成
河本泰行所蔵

【キ61形（61）】
昭和32（1957）年2月の石畑～
市間が廃止後、石畑が終端駅と
なり、ラッシュ時の増結用に付
随車キ61が留置されていた。
◎石畑
昭和38（1963）年3月
撮影：荻原二郎

陰陽連絡鉄道

　日本列島は、その成り立ちから列島中央に山地を控える。難儀な山越えだが、有史以来多くの人間や産物が山を越え行き来してきた。中国地方は特にこれを「陰陽連絡」と称される。ここでは、「中国山地を越えて、瀬戸内海（山陽）側と日本海（山陰）側を結ぶルート」を陰陽連絡と定義し、それにまつわる鉄道について紹介したい。

　中国地方の本格的な鉄道の開通は、明治34（1901）年。私鉄の山陽鉄道により、貿易港を控える神戸と大陸への玄関口の下関が結ばれた。中国地方の交通の近代化が始まった。輝く二本のレールが瀬戸内海側を横断したことで、日本海側や山地に住まう人々がこれに鉄道を繋げたいと思ったのは至極当然であった。

　まずは官営鉄道の動きを記す。山陽鉄道の延伸に伴い、各地の有力者による鉄道誘致の熱は大いに高まったが、これを明治政府は2つのルートに絞り込んだ。「鳥取〜智頭〜佐用〜姫路」ルート。もう一つは「米子〜根雨〜津山〜岡山」のルートである。この時点ではまだ現在の山陰本線は部分開通すらしていないが、すでに陰陽連絡の構想が含まれたのは興味深い。これは、彼らの目的地が、大貿易港の神戸や、大商都の大阪だからだ。近代以前は、馬の背に載せて山を越えるか、廻船で日本海〜瀬戸内海を通って輸送をしていた。

　しかしここで、待ったがかかる。明治33（1900）年に清国で発生した義和団事件の結果、満州へロシアの大軍が居座り、日露関係が急激に悪化した。明治政府は来る戦争に備えて、山陰の鉄道を工事期間が長い陰陽連絡ルートを一旦凍結し、京都から北西に延びてきた線路に繋ぎ、また帝国海軍の鎮守府のある舞鶴とも繋ぐ方針に急遽変更した。舞鶴と呉の二大鎮守府が鉄路で結ばれ、更に日本海側の聯隊も速やかに大陸へ送ることができるためだ。

　こうして、陰陽連絡ルートはお預けとなってしまった。一方、これとは別の動きが私鉄によりすでに始まっていた。時計の針を10年ほど巻き戻す。明治29（1896）年に設立された中国鉄道（現津山線）は、先に示した「米子〜根雨〜津山〜岡山」ルートの免許を一挙に取得して、2年後には岡山〜津山（現在の津山口）までをこれまた一気に開通させた。これで次は山を越えて米子へ向かうかと思いきや、中国鉄道はその残存区間の免許を返上。中国鉄道の敷設の理由が、岡山県の南北輸送ルートを、近代以前の河川輸送を置き換えるためで、津山までの開通によりその所期の目標を達したからだ。

快速「ちどり」はヘッドマークを付けたC56がオロハ30を含む3両の客車を牽引した。
◎出雲坂根　昭和32（1957）年4月　撮影：上野巌

次の動きも私鉄である。明治43（1910）年に設立された芸備軽便鉄道（2年後に芸備鉄道へ社名変更、現芸備線）は広島〜三次の免許を取得し、年号が変わり大正4（1915）年に営業を開始した。芸備鉄道の目的は、その名「安芸と備後」からすると、実は陰陽連絡を目的とした鉄道ではない。その後、芸備鉄道は徐々に線路を東へ伸ばしていったが、備後庄原以東は、今度は国鉄の庄原線、三神線として備中神代まで建設が進んだ。本稿に取り上げた理由は、この芸備鉄道に連絡せんと日本海側から鉄道建設が開始されたためである。その名は、大社宮島鉄道。出雲大社と安芸宮島を結ぼうという野心溢れる名前である。すでに開通していた芸備鉄道の三次まで線路を伸ばす目的で、大正15（1926）年に会社が設立。なんと本社所在地は出雲でも安芸でも中国地方ですらなく、東京有楽町だった。株主には日本窒素肥料の野口遵や、東武鉄道の根津嘉一郎などの、当時の財界の大物も名を連ね、その計画は順風満帆と思えた。

ところが、その矢先の昭和2（1927）年に、国鉄（鉄道省）により陰陽連絡ルートの一番乗りとなる現在の伯備線、米子〜倉敷が全通。さらに、同年に発生した金融恐慌に端を発する昭和初期の大不況により、大社宮島鉄道は資金調達が不調になった。何とか出雲今市（現在の出雲市）から出雲須佐までを開業したものの、その後は延伸工事に着工できなかった。その間に、出雲今市から目と鼻の先にある宍道

から木次まで南下していた簸上鉄道（現在の木次線）を買収した国鉄が、そのまま備後落合までを昭和12（1937）年に開通させた。これによって、大社宮島鉄道の陰陽連絡ルートはその存在価値を失い、翌年には残存区間の免許を失効し、出雲鉄道と名を改め、戦後に一畑電気鉄道に買収された。

昭和初期、鉄道会社は投機対象となることから、通過予定地域や免許などが覚束ないにもかかわらず、大風呂敷を広げたような、広範囲を謳った社名を付けたものが全国に散見されたが、仮に恐慌がなければ大社宮島鉄道は三次に辿り着けたと思われる。

広範囲を謳った社名の私鉄としては、広浜鉄道（現可部線）がある。明治42（1909）年に大日本軌道広島支社により横川〜祇園（戦時中に廃止）を762mmゲージで開通。その後可部への延長、1067mmゲージへの改軌、数度の経営企業の変更を経たのち、昭和6（1931）年に広浜鉄道となった。社名は、広島と山陰本線の浜田を結ぶという意味合いだが、これは単なる意気込みだけとなった。広浜鉄道は路線譲受後すぐに可部以北の延伸免許申請を却下されている。実は国鉄がすでに別枠で可部〜浜田の路線建設を目論んでいたからだ。2年後の昭和8（1933）年には、可部〜本郷（後の戸河内付近の地名）と、山陰本線下府〜石見今福が国鉄により着工。これで広浜鉄道は頭を押さえられる形となり、昭和11（1936）年に国鉄可部線として買収され、その夢は国鉄に託され

快速「ちどり」は昭和34（1959）年、キハ55による4両編成のディーゼル準急列車に変わり、その後、急行列車に格上げされた。夜行列車もそのまま残り、行灯タイプのヘッドマークで人気を呼んだ。◎出雲坂根　昭和42（1967）年3月　撮影：堀川正弘

ることとなった。

こうして、私鉄による陰陽連絡の計画はすべて幻と終わり、国鉄によるものとなった。

閑話休題、ここで防石鉄道（防府と石見を結ぶという意味）に触れる。本稿の定義からは少し外れるが、三田尻（現在の防府）から中国山地の西端をかすめて津和野、石見益田（現在の益田）までを計画して大正3（1914）年に設立されたが、同年に欧州で始まった第一次世界大戦による資材高騰による建設費の増大に耐えられず、着工が伸び伸びとなった挙句、途中の堀までの開業に終わった。その間に、小郡（現在の新山口）〜益田の山口線が大正12（1923）年に全通、この陰陽連絡路線も国鉄線が結んだ。

以上は戦前の動きであるが、戦後も陰陽連絡路線の建設は進んだ。しかし、昭和30年代より始まったモータリゼーションにより、徐々に陰陽連絡鉄道建設の意義が薄れていく。戦後開業した岩日線の岩国から日原までを予定した岩日北線、戦前から着工していた可部線の三段峡から浜田を予定した今福線はすべてその目的地に到らなかった。唯一開業にこぎつけた三江線も、すでに陰陽連絡という使命はとうの昔に潰えて、急行や快速なども走らない、単なるローカル線として生涯を終えた。

そんな中、平成6（1994）年に智頭急行が開業した。山陽本線の上郡から姫新線の佐用を経由して因美線の智頭をほぼ一直線に結ぶ路線だ。覚えているだろうか？これはまさに明治政府がまとめ上げた2つの陰陽連絡線の一つ「鳥取〜智頭〜佐用〜姫路」ルートである。安全保障上の理由により、一旦は取り下げられ、更には陰陽連絡線の一番乗りを伯備線に越され、ずっと雌伏の期間を経てきた智頭ルートだが、昭和41（1966）年に約70年越しに着工された。その後何度か計画変更があり、国鉄改革による工事中断を挟むも、鳥取県がその工事を引継ぎ開業に至ったのだ。今では大阪圏内と鳥取県を結ぶ極めて重要な路線に成長している。

陰陽連絡の夢を見て、多くの私鉄および国鉄路線がその険峻を越えんと挑んだが、多くの鉄道がその夢を果たすことが出来ず歴史の彼方に消えていった。幸いにも開通に漕ぎつけた路線すら、自動車社会となった今日、既にその使命を終えて専らローカル運用に徹することとなり、その将来が覚束ない路線すら出て来てしまった。そんな中、高速バスネットワークにも十分勝負し得る路線が伯備線と智頭急行である。このルートが、100年以上前に策定された2つのルートとほぼ一致するとは、歴史の不思議な巡りあわせを感じずにはいられない。

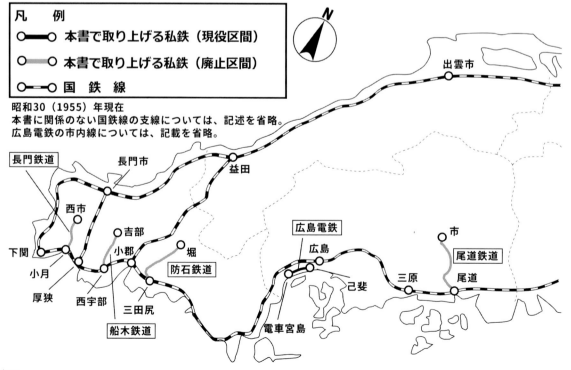

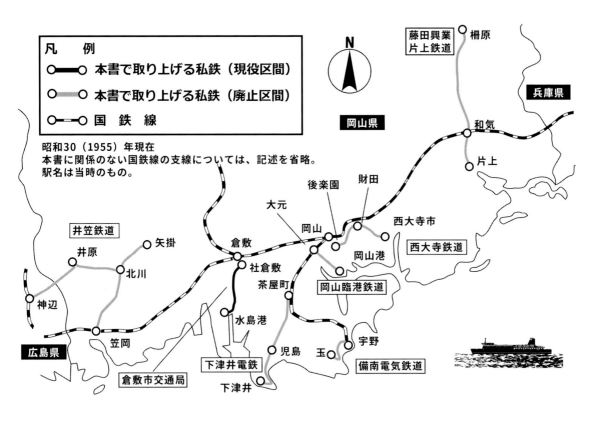

凡　例
⭕━⭕　本書で取り上げる私鉄（現役区間）
⭕▦⭕　本書で取り上げる私鉄（廃止区間）
⭕┅⭕　国　鉄　線

昭和30（1955）年現在
本書に関係のない国鉄線の支線については、記述を省略。
駅名は当時のもの。

N

岡山県

藤田興業
片上鉄道

柵原

兵庫県

和気

片上

後楽園

財田

大元

西大寺市

岡山

西大寺鉄道

井笠鉄道

矢掛

倉敷

岡山港

井原

北川

社倉敷

岡山臨港鉄道

茶屋町

水島港

神辺

児島

玉

宇野

広島県

笠岡

下津井電鉄

備南電気鉄道

倉敷市交通局

下津井

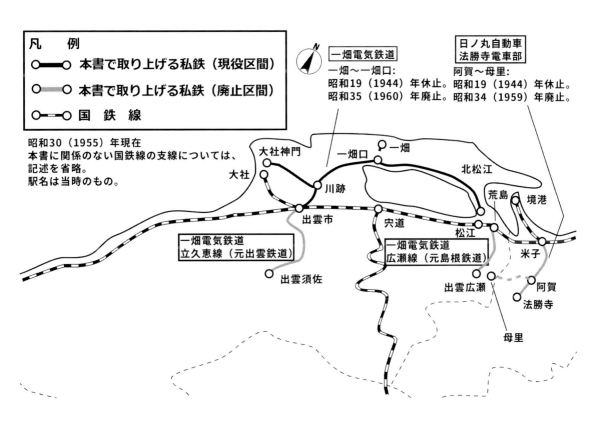

凡　例
⭕━⭕　本書で取り上げる私鉄（現役区間）
⭕▦⭕　本書で取り上げる私鉄（廃止区間）
⭕┅⭕　国　鉄　線

昭和30（1955）年現在
本書に関係のない国鉄線の支線については、
記述を省略。
駅名は当時のもの。

N

一畑電気鉄道
一畑〜一畑口：
昭和19（1944）年休止。
昭和35（1960）年廃止。

日ノ丸自動車
法勝寺電車部
阿賀〜母里：
昭和19（1944）年休止。
昭和34（1959）年廃止。

大社神門

一畑口

一畑

北松江

大社

川跡

荒島

境港

出雲市

宍道

松江

米子

一畑電気鉄道
立久恵線（元出雲鉄道）

出雲須佐

一畑電気鉄道
広瀬線（元島根鉄道）

出雲広瀬

阿賀

法勝寺

母里

139

凡　例
- ○━○　陰陽連絡鉄道（現役区間）
- ○▬○　陰陽連絡鉄道（廃止区間）
- ○┅┅○　陰陽連絡鉄道（工事線）
- ○╼╼○　陰陽連絡鉄道以外の国鉄線

昭和50（1975）年現在
本書に関係のない国鉄線の支線については、記述を省略。
駅名は当時のもの。

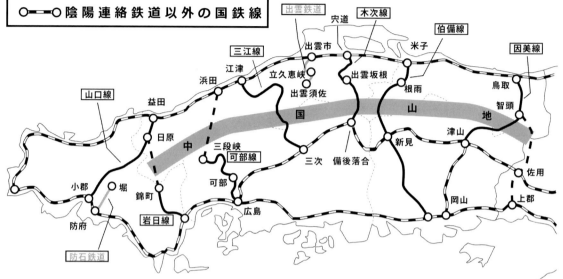

陰陽連絡鉄道の歴史年表

太字：陰陽ルート開通を示す　※部分開通については、一部省略

年	国鉄 路線名	区間	状態	私鉄 路線名	区間	状態
1898				中国鉄道（現津山線）	岡山～津山（現津山口）	開通
				芸備鉄道（現芸備線）	広島～三次	開通
1909				大日本軌道広島支社（現可部線）	横川～祇園	開通 ※762mm
1911				大日本軌道広島支社（現可部線）	横川～可部	開通 ※762mm
1913	山口線	小郡（現新山口）～山口	開通			
1916				簸上鉄道（現木次線）	宍道～木次	開通
1919	伯備北線	伯耆大山～伯耆溝口	開通	防石鉄道	三田尻（現防府）～奈美（後の上和字）	開通
	因美線	鳥取～用瀬	開通			
1920				防石鉄道	三田尻（現防府）～堀	全線開通
1923	作備線（現姫新線）	津山～美作追分	開通	中国鉄道（現津山線）	津山口～津山	全線開通
	山口線	**小郡（現新山口）～石見益田（現益田）**	**全線開通**	芸備鉄道（現芸備）	広島～備後庄原	開通
				広島電気（現可部線）	横川～可部	1067mmに改軌
1928	**伯備線**	**倉敷～伯耆大山**	**全線開通**			
	因美線	**鳥取～津山**	**全線開通**			
1930	三江北線	石見江津～川戸	開通			
1931				広浜鉄道（現可部線）	横川～可部	広島電気より譲受
1932				大社宮島鉄道	出雲今市（現出雲市）～出雲須佐	全線開通
1933	庄原線（現芸備線）	備後十日市～備後落合	開通			
	三神線（現芸備線）	備後落合～備中神代	開通			
1934	木次線	宍道～八川	簸上鉄道買収・開通			
1936	姫新線	姫路～新見	全線開通			
	可部線	横川～可部	広浜鉄道買収			
1937	**芸備線**	**広島～備中神代**	**芸備鉄道買収・全線開通**			
	木次線	**宍道～備後落合**	**全線開通**			
	三江北線	石見江津～浜原	開通			
1938				出雲鉄道	出雲今市（現出雲市）～出雲須佐	大社宮島鉄道を改称
1944	津山線	岡山～津山	中国鉄道買収			
1954	可部線	横川～加計	開通	一畑電気鉄道立久恵線	出雲今市（現出雲市）～出雲須佐	出雲鉄道買収
	三江南線	三次～式敷	開通			
1960	岩日線	川西～河山	開通			
1963	岩日線	川西～錦町	開通			
	三江南線	三次～口羽	開通			
1964				防石鉄道	防府～堀	全線廃止
1965				一畑電気鉄道立久恵線	出雲市～出雲須佐	全線廃止
1966	智頭線	上郡～智頭	工事開始			
1967	岩日北線	錦町～日原	工事開始			
1969	可部線	横川～三段峡	開通			
1974	今福線	三段峡～浜田	工事開始			
1975	**三江線**	**江津～三次**	**全線開通**			
1980	今福線・岩日北線・智頭線	国鉄改革に伴い工事中止				
1987				智頭急行	上郡～智頭	工事再開
1994				**智頭急行**	**上郡～智頭**	**全線開通**
2003	可部線	可部～三段峡	廃止			
2018	三江線	江津～三次	全線廃止			

広島電鉄宮島線

　広島電鉄は明治43（1910）年設立された広島電気軌道により大正元（1912）年に広島駅前から紙屋町を経由して御幸橋までの区間と、八丁堀から白島までの区間で電車運転を開始した。大正6（1917）年に広島瓦斯と合併、広島瓦斯電軌となった。電力会社との連携は数多いが瓦斯会社との連携は少ない気がする（他に例がない）。瓦斯会社からの分離は昭和17（1942）年である。なお宮島線の前身となる己斐（現在の西広島）〜草津間は大正14（1925）年に完成している。現在、市内線は現在6路線19.0km、宮島線は16.1kmに及ぶ。

　車両は開業以来鉄道線独自の発展を遂げ、高いホームの完全な鉄道線であった。しかし己斐での市内線との乗り換えのわずらわしさはあり、特に戦後宮島の観光地としての価値が高まると市内からの直通運転が望まれるようになり、昭和33（1958）年4月から専用車両による市内直通運転が開始された。この時の乗り入れ専用車両は市内線車両を基準に作られたので、宮島線内の乗降には専用の低いホームが必要になり、結果として各駅のホームは高低差の違うホームが作られるようになった。その後宮島線専用車両が淘汰された現在は低いホームに統一されている。なお、古い写真に宮島線の車両が広島市内に乗り入れている写真を見たことがあるが良く判らない。宮島線専用車両としての最後の新車は昭和30（1955）年投入の1060形だと思うがその後は、阪急からの中古車で間に合わせている。

　直通運転が増えると連接車を中心に直通用の新車導入が続き、連結車から連接車、低床車、世界標準の超低床連接車をドイツから輸入したりしている。

【西広島構内】己斐という呼称は市内線の「己斐電停」に起因するようで、鉄道線の駅は広電西広島駅であった。広電を冠するのは国鉄（JR）西広島駅に対峙しているためだ。平成13（2001）年1月に市内線の己斐電停と鉄道線の西広島駅が一つになり、広電西広島になっている。それでも己斐の名を懐かしんで西広島（己斐）の表示がよく見られる。写真は鉄道線専用だった西広島駅にて。◎西広島　昭和35（1960）年3月　撮影：髙井薫平

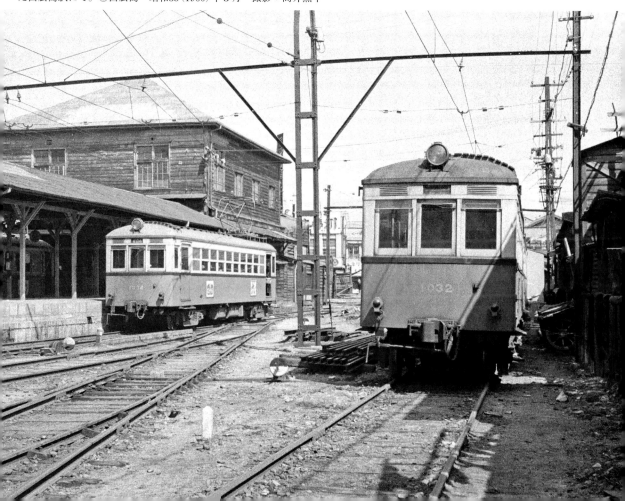

【モハ1012による急行電車】近年見かけなくなった宮島線の急行電車。◎昭和35（1960）年3月　撮影：髙井薫平

【荒手車庫】
鉄道線の車庫だが市内線から工作車3号が転属した。奥の黒い車両は鮮魚輸送車もワ101である。早朝の鮮魚輸送に活躍したという。
◎荒手車庫
昭和35（1960）年3月
撮影：髙井薫平

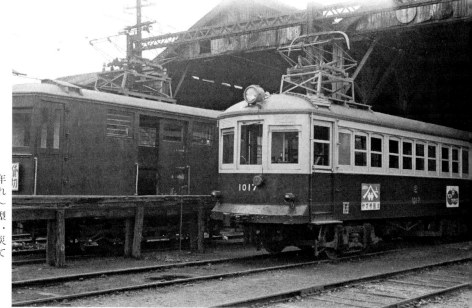

【モハ1010形（1017）】
C2両に続いて大正12（1923）年に増備された8両で、改番されるまでC形2両からの連番3〜10を名乗った。車長11mの小型車で直接制御、台車はアメリカ・ブリル製の舶来品である。火災で8号が2号とともに罹災してモハ1040として復活している。
◎荒手車庫
昭和43（1968）年5月
撮影：髙井薫平

【モハ1010形（1017）】
パンタグラフをやぐらの上に乗せるのは多分市内線との兼ね合いだろう。市内線の車両と続けて付けられたC型〜F型は分かりにくかったのか昭和13（1938）年に形式称号変更を行い、1000形、1010形、1020形に分けられた。
◎荒手車庫
昭和43（1968）年5月
撮影：髙井薫平

【モハ1010形（1014）】
1010形のうち4両は昭和32（1957）年に間接制御方式に改造、同時に客用扉を中央寄りに移動して当時流行り出した市内電車の前中扉式に改造、同時に2両編成で使用されるようになった。
◎荒手車庫
昭和35（1960）年3月
撮影：髙井薫平

【モハ1020形（1022）】
間接制御に改造されなかった1022は単行運転で使用されていたが、市内線直通の2000、2500形が進出し、昭和39（1964）年ごろに一線を退いた。
◎宮島口
昭和35（1960）年3月
撮影：髙井薫平

【モハ1030形（1035）】
（当初H形）は昭和5（1930）年に登場した初の半鋼製車、ただ写真のモハ1035は車庫火災で焼失、戦後に車体を作り直している。
◎井ノ口
昭和48（1973）年8月
撮影：髙橋槇一郎

【モハ1030形（1034）】
昭和5（1930）年川崎車輛と藤永田造船所で生まれた初の半鋼製車両。ただ戦後輸送力増強のため車体を2m延長する工事を行って写真のような姿になった。
◎西広島
昭和35（1960）年3月
撮影：高井薫平

【市内線を行くモハ1031】
なぜこの電車がここにいるのか、試運転か、相互乗り入れのテストだったのか分からないが、広島市内線に乗り入れたモハ1031号。
◎広島市内
撮影年月日不明
撮影：江本廣一

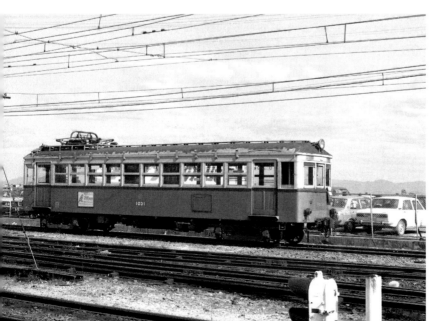

【モハ1030形（1031）】
宮島口の側線で待機中の1031、1030形は車体延長工事の時、パンタグラフはやぐらに乗せず、直接屋根に取り付けられた。
◎宮島口
昭和48（1973）年8月
撮影：高橋槇一郎

【モハ1040形（1041）】
車庫火災で焼失したＣ形２号とＤ形８号の復旧車として、昭和14（1939）年に流線形の1040形２両が（写真中参照）生まれたが、これを２両連結して昭和32（1957）年10月に連接車1041、2が誕生した。
◎昭和35（1960）年３月
撮影：髙井薫平

【モハ1040形（1042）】
宮島口で広島に帰る観光客を待つ。この写真撮影の数か月後には、連接車両に改造する大手術を控えているとは知る由もない。
◎宮島口
昭和32（1957）年２月
撮影：上野巖

【モハ1040形（1042）】
こちらの車両にはパンタグラフは付いていない。まだ連接車の車号命名方式ははっきり決まっていない時代。
◎昭和35（1960）年３月
撮影：髙井薫平

【宮島行モハ1051がトンネルに入る】◎昭和35(1960)年3月　撮影：髙井薫平

【モハ1050形 (1054)】
京阪電気鉄道の100形の台車、電気品を使って昭和28 (1953) 年にナニワ工機で4両が作られた。オレンジ色とクリーム色の塗分けで、窓下に濃いエンジ色の帯が印象的だった。路面電車では定番になった前中扉式のドア配置、Hゴム支持の側窓も当時としては新鮮だったが、惜しむらくは台車は古いブリルだった。
◎荒手車庫
昭和35 (1960) 年3月
撮影：髙井薫平

【1060形 (1061)】
昭和29 (1954) 年に登場した広島電鉄久々の新車で、しかも鉄道線専用としては最後の新車でもあった。モハ1050形のスタイルを継承しつつ、車体幅を少し広げてステップを廃止、屋根も金属製のいわゆる全金構造である。台車も新型で初めて平行カルダン駆動を採用している。
◎広電五日市
昭和45 (1972) 年3月
撮影：荻原二郎

【モハ1070形 (1071)】
昭和42 (1967) 年に導入された元阪急500形、8両である。ドア位置をずらす改造で、2両編成で扉が片側3か所になった。その後市内からの直通車が増え、昭和62 (1987) 年から翌年にかけて廃車された。
◎昭和48 (1973) 年8月
撮影：高橋槙一郎

【モハ1080形（1081）】
昭和52（1977）年、阪急電鉄210を譲り受けたもの、阪急でも戦後唯一の支線向け新車であり異端的な存在だったが、広島電鉄では1070形同様の改造が行われた。
◎高須
昭和60（1985）年3月
撮影：荻原俊夫

【2000形（2005）】
ナニワ工機で造られた3両に続いて6両が自社工場で生まれた。出来栄えは専業メーカーで製作したものと遜色はなく、広島電鉄技術陣の技術の高さを象徴する車両であった。市内線車両のスタイルだが、性能は鉄道線を走る能力を備えていた。のちに1両を除いて2両固定編成化が行われ、広島市内を連結した電車が走るきっかけになった。
◎昭和43（1968）年5月
撮影：高井薫平

【モハ2003+モハ2004】
単車運転の2000形は9両あったが2001を除いた8両が連結面の運転台を撤去して2両連結に改造、広島市内直通用になった。その後、連結した車内を行き来できる連接車が増え、運用から外れた。
◎昭和43（1968）年3月
撮影：高橋慎一郎

【モハ3000形
(3004A_3004C_3004B)】
昭和51 (1976) 年から西日本鉄
道福岡市内線の1100、1200、
1300形2車体連接車12編成を譲
り受け、3車体連接車8編成に
組み替え、走り装置もカルダン
方式を吊りかけ式に統一、市内
直通用として使用した。その後
直通用車両の増備が進んで、現
在は市内線で使用。
◎高須
昭和60 (1985) 年3月
撮影：荻原敏夫

【2510形 (2513+2514)】
2500形は単車運転のデザインを
連接車に置き換えたもので、ナ
ニワ工機で2編成、自社工場で
3編成が作られた。その後、車
両不足が生じ、大阪市電の1600
形4両を譲り受け、2500形に準
じた連接車に改造ののち、投入
した。
◎昭和48 (1973) 年8月
撮影：高橋慎一郎

【荷電モワ101】
大正生まれの荷電で、宮島地区
から市内までの鮮魚輸送に使用
されたという。
◎荒手車庫
昭和35 (1960) 年3月
撮影：高井薫平

鞆鉄道

　昭和29（1954）年まで存在し、この本の対象から外れてしまった鞆鉄道を紹介する。

　鞆鉄道は福山～鞆（12.5ｋｍ）を結ぶ軌間762ｍｍの軽便鉄道で大正2（1913）に野上～鞆を部分開業し翌年に福山町（国鉄福山駅の少し手前）まで開業した。その後、国鉄福山駅前の家屋立ち退き等を待ち、昭和4（1929）年にようやく福山駅までが全通する。途中に12の駅があった。途中最大の難所は芦田川を渡る区間で、大正8（1919）年に芦田川鉄橋が水害で流失してしまう。その後、昭和3（1928）に芦田川改修に伴い線路付け替えを行っている。

　鞆鉄道の特徴的な点としては、納涼列車がある。鞆は景勝地として知られ、1915（大正4）年からは夏期にボギー無蓋貨車を改造した納涼列車を運転したといわれる。この措置は昭和11（1936）年に両備軽便鉄道（現在の福塩線）から客車が導入されるまで続いた。ちなみにこの改造は当初無認可で、監督官庁の監査で発覚したため後追いで改造申請を出したという。

　しかし利用者のバスへの移動が明らかになり、中国地方では先陣を切る形で昭和29（1954）年3月1日全線線廃止してバス転換を実行する。

　今福山の駅に降り立ち辺りを見回しても、ここから名勝鞆の浦まで軽便鉄道があったことなど誰も知らないと思う。それでも駅前に出てみると鞆行きのボンネットバスが止まっていたのにはちょっとうれしくなる。

　鞆鉄道の名前を知ったのは古い鉄道模型趣味誌に鹿島雅美さんの訪問記を見たのが最初だった。当時ぼくは東京から名古屋までしか乗ったこともなく、福山は手の届かない場所で、見たいと思いつつ気が付いたときには、鞆鉄道はなくなっており、残った3両の気動車が遠く静岡鉄道駿遠線に復帰したのを追いかけるのが精一杯だった。たくさんあったという蒸気機関車も車庫に並んで朽ち果てそうになっているのを関西在住の趣味の諸先輩が訪問されている。

　機関車は開業時雨宮とドイツのコッペル製のBタ

ンク機がそれぞれ2両、ボギー客車6両、それにボギー貨車が9両、2軸貨車が4両いた、その後、蒸気機関車は戦時中に日本製鉄釜石専用線から15トンクラスが転入した。同型機は、戦後の混乱期に各地の軽便鉄道に導入された。しかし、主力は3両のガソリンカーであった。

　ガソリンカーは2両の単端式（キハ1、2）と松井車両製木造ボギー車のキハ3、そのあと日車で生まれた片ボギー式のキハ4と5が主力だった。製造年度の違いかキハ4が正面3枚窓、キハ5は2枚窓で、前後に鮮魚台が設けられていた。鮮魚台とは、いわゆるバケットで、柵状の荷物置き場のことで地方私鉄のガソリンカーによく見かけた。とくに瀬戸内の町から乗り込む鮮魚の行商人の人たちにとって、車両の前後に設けた荷物置き場は貴重な存在で、俗に「鮮魚台」と呼ばれた。

　バスで鞆まで乗ってみる。芦田川の水害で線路が付け替えられたあたり、きれいに整地されその痕跡は見つからないが、水呑薬師あたりを過ぎる当たれ、駅の後だったような風景が点在した。「鞆の浦」というバス停あたりがかつての鞆鉄道の終点である。沿線には全線にわたって鞆鉄道の遺構が見られるようだ。

【キハ1】
日本車輌製の単端式ガソリンカー。エンジは最初フォードだったがいすゞのものに交換、これに伴ってラジエーターグリルがずいぶんいかついものに変わっている。写真ではわからないが扉は折り戸から引き戸に改造されている。
◎三ノ丸　昭和29（1954）年5月
撮影：湯口徹

【C 108】
戦後すぐに投入された立山重機工業製の機関車。鞆鉄道では開業以来5両の雨宮とコッペルのBタンク機関車が使用されてきたがすべて売却し、代わりにこのC 108と釜石から15トンCタンク機2両を導入している。
◎鞆
昭和29（1954）年5月
撮影：湯口徹

【キハ3】
昭和3（1928）年、松井製の木造鋼板張り木造ガソリンカー、この車は湯口徹氏によればわが国初のボギー式ガソリンカーで松井車両としては7作目であった。鞆鉄道廃止後に静岡鉄道駿遠線でキハD11として再起した。
◎鞆
昭和29（1954）年5月
撮影：湯口徹

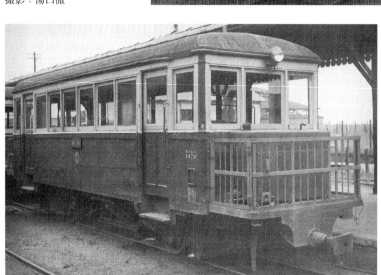

【キハ4】
昭和5（1930）年に増備された片ボギー式ガソリンカー、翌年キハ5も増備、こちらは正面2枚窓だった。この方ボギーの2両の気動車はその後キハ3と同じく、静岡鉄道駿遠線に転じに転じキハC13、C12になった。
◎鞆
昭和29（1954）年5月
撮影：湯口徹

防石鉄道

　防石鉄道には2回立ち寄っただけである。しかも同じころ立ち寄った船木鉄道とかなりの部分が混同している。というのはこの二つの会社の主力はともに元中国鉄道や芸備鉄道のいわゆる買収気動車であり、同じような気動車らしい青とクリーム色の塗分けだったので、時が移って益々区別がつかなくなっていた。

　防石鉄道は山陽本線の三田尻（現防府）から堀まで18.8kmの地方鉄道であるが、鉄道名が明かすように「石」、すなわち津和野を抜けて石見の国を目指す遠大な計画のもとに作られたが、国鉄山口線の開業もあって挫折したものである。そのため旅客輸送はそもそも振るわず、早くも戦前の昭和13（1938）年には廃止申請が提出されている。しかし風雲急を告げる時局柄、並行するバス運行がままならなくなることが予想されたことで、翌年には鉄道省に却下されている。終着駅となった堀はかつて林業で栄えた人口1万人を超える徳地町にあったが、その後過疎化が進み、鉄道廃止の後、ずいぶん経ってから山口市に編入されている。

　三田尻駅の駅舎は自社バスの乗り場を兼ねていて防石バス乗り場と併記されていた。

　車庫は三田尻の次駅周防宮市にあり、ここにすべてがそろっていたので、用が足りてしまったつもりで確か終点まで乗らなかったのは後の祭りであった。

　路線名のように、三田尻が防府に改称されて間もなく、昭和39（1964）年に全線廃止となった。

【三田尻駅舎】
国鉄の駅の裏側にあった防石鐡道の三田尻駅舎。駅の看板には鉄道とバスが並んで書いてある。たぶん待合室は共通、のどかな時代である。
◎三田尻
昭和37（1962）年3月
撮影：荻原二郎

【堀駅舎】
かなり大きな建物である。駅業務以外どんな用途に使われたかわからない。
◎堀
昭和37（1962）3月
撮影：荻原二郎

【2号機関車】
国鉄形式10形と同設計の元川越
鉄道（現西武鉄道）の機関車。
◎周防宮市
昭和33（1958）年3月
撮影：湯口徹

【DB201】
昭和27（1952）年に登場した産
業用タイプの加藤製のディーゼ
ル機関車、産業用機関車が地方
鉄道の本務機を務めたのは例が
少ない。産業用の標準機だから
駆動はチエーンによるもので、
エンジンは日野自動車の80PS、
けん引力は255ｔであった。運
転席も狭くて低い、地方鉄道の
機関車としてはみすぼらしい
が、それでも1日1往復設定さ
れた貨物列車に使用された。
◎周防大宮
昭和44（1969）年4月
撮影：荻原俊夫

【DB201の後ろ姿】
後ろから見ても連結器が随分立
派に見える。貨車を連結すると
その小ささが際立っていた。
◎周防宮市
昭和44（1969）年4月
撮影：荻原俊夫

【DB201】
貨車を牽いて防府駅で待機中。
◎防府
昭和39（1964）年2月
撮影：梅村正明

【DB201の牽く貨物列車】
まるで工場の引き込み線のような光景だが、立派な本線を行く貨物列車である。
◎防府～周防宮市
昭和39（1964）年2月
撮影：梅村正明

【キハニ101】
元中国鉄道キハニ172、運転台に付けられたひさしは中国鉄道時代からのもの、鉄道廃止まで旅客輸送の主力だった、廃線後東濃鉄道（笠原線）に譲渡とされた。
◎周防宮市
昭和38（1963）年8月
撮影：荻原二郎

【キハニ101】
こちら側には鮮魚台はついていない。
◎周防宮市
昭和38（1963）年4月
撮影：荻原二郎

【キハニ102】
元芸備鉄道の買収気動車でキハユニ16という合造車だった。防石鉄道廃止後九州の島原鉄道に譲渡されトレーラになり、最後はユニ211という郵便荷物車になった。
◎三田尻
昭和34（1959）年3月
撮影者：梅村正明

【キハ103】
元長門鉄道キハ10、中国鉄道キハニ210、中国鉄道ではキハニを名乗ったが、荷物用のスペースは見当たらず、国鉄キハ41000と同型であった。どこで取り付けたか立派な排障器が付いている。
◎周防大宮
昭和33（1958）年3月
撮影：湯口徹

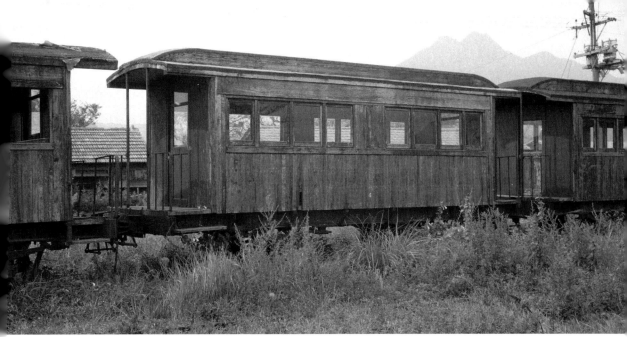

【ハ4】
ハ1と同じく開業時に作られたオープンデッキの2軸客車で、小ぶりな車両だった。
◎周防宮市
昭和38（1963）年8月
撮影：荻原二郎

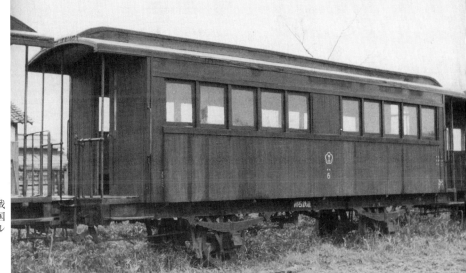

【ハ6】
防石鉄道オリジナルでなく。戦後、国鉄から入ってきた元中国鉄道の客車、全長も1.5メートルほど伸びて、定員も増えた。
◎周防宮市
昭和33（1958）年3月
撮影：湯口徹

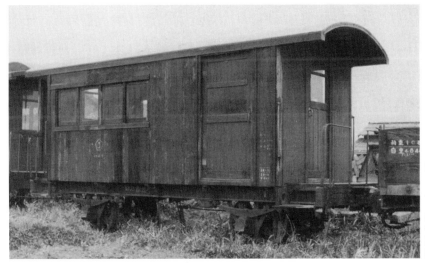

【ハニフ1】
開業時枝光鉄工所で造られた小さな緩急車、荷物重量300kg、定員20人の小型車で2両作られた。屋根もシングルルーフの切妻である。
◎周防宮市
昭和33（1958）年3月
撮影：湯口徹

【2号機関車と二軸客車廃車群】
防府駅の隣駅、周防宮市駅の構内に並べられた2号と客車群。保存というよりこの写真の撮影時は放置の感があった。2号は国鉄形式10形と同設計の元川越鉄道（現西武鉄道）の機関車。後ろに連なる客車群もすでに昭和31（1956）年頃から，使用頻度は少なくなったが、廃線まで車籍を有していた。2号機関車の次位からハ6、ハ1、ハ3、ハ4、ハニフ1の廃車体が並ぶ。
◎周防宮市
昭和44（1969）年4月
撮影：荻原俊夫

【ハニフ2廃車体】
◎周防宮市
昭和44（1969）年4月
撮影：荻原俊夫

【ハ5廃車体】
◎周防宮市
昭和38（1963）年8月
撮影：荻原二郎

船木鉄道

　船木鉄道の見学はほんの立ち寄った感じだった。西宇部（現宇部）の駅に着いて国鉄駅の端っこにどこかで見かけた気動車が停まっていた。しばらくすると蒸気機関車が突然単機で現れた。貨物がなくて単機でやって来たのかわからなかったが、やがて時間が来たのかキャブに機関士以外にも何人か乗り込んで、単機で出発していったから、貨物列車のスジで走っていたのだろうとあとから思った。当時は何事が起きたのかもわからなかった。それから、少し遅れてキハニ51に乗り込んで後を追うことにした。

　船木鉄道は、山陽道の宿場町として近世まで栄えた船木町が、山陽本線のルートから外れてしまったため、これと結ぶことを目的とした鉄道だ。最初、大正5（1916）年に宇部〜船木町4.9kmを762mmの軽便鉄道として開業し、大正12（1923）年に1067mm軌間に改軌、区間も延長して船木町〜万倉〜吉部の全線

17.7kmが開通する。しかし、戦時中に不要不急路線として昭和19（1944）年に万倉〜吉部間が営業休止となり、復活することはなかった。沿線はこれといった特徴もない平凡な路線だったが、船木に近づくころ、小規模な炭鉱がいくつか線路に沿ってあり、国鉄の石炭車が数両停車していた。石炭輸送を想定したためか船木鉄道にはかつて数両の蒸気機関車が在籍した。しかし、動力近代化は国鉄から古い気動車の払い下げを受けただけで、ディーゼル機関車の導入はなかった。蒸気機関車ものべ10両ほど在籍したがその在籍期間は短く、中古機関車の使いまわしが得意だった。

　船木鉄道は自社バスを運行していたことから鉄道の見切りが早く、昭和36（1961）年に残存区間も廃止となった。

【宗方駅到着】西宇部から約20分、列車は宗方に着く。ホームは1面、線路1本、辺りは何もない。
◎宗方　昭和36（1961）年2月　撮影：荻原二郎

【列車時刻表】
宗方には手書きの時刻表があった。なお、その下の表記は「宗方停留所」とあった。
◎宗方
昭和36（1961）年2月
撮影：荻原二郎

【102号機】
西宇部の駅で待っていたら102のナンバープレートを付けたCタンクが、単機でやってきて構内を走り回った後、単機で出発していった。102号は昭和17（1942）年松井製で元長門鉄道のC241であるが、初代は立山製のCタンク機だった。
◎西宇部
昭和34（1959）年3月
撮影：髙井薫平

【102号機】
船木鉄道で使用した機関車の寿命は短かったようだ。他に調子のよさそうな機関車があれば、譲り受けて使用した。最後に貨物輸送を担ったのは昭和31（1956）年に廃業した長門鉄道の機関車だった。
◎西宇部
昭和34（1959）年3月
撮影：髙井薫平

【103号機】
開業に合わせて投入した3
両の蒸気機関車のうちで
自重31トンと一番大型で、
しかも1、2号機が雨宮製
だったのに対してドイツ製
の舶来品である。
◎船木町
昭和30（1955）年3月
撮影：湯口徹

【103号機】
ドイツ・コッペル製の機関車は
何種類かに標準化されていた
が、これもその一つ。沿線で点
在した小規模炭礦からの石炭
輸送が主な仕事で、長く昭和30
（1955）年頃まで使用された。
◎船木町
昭和30（1955）年3月
撮影：湯口徹

【105号機】
元宇部鉄道の買収機関車で、国
鉄形式3455である。廃車後古巣
のそばに払い下げられた次第
で、軸配置1-C-1,自重45トンと
船木鉄道では最大の機関車だっ
た。
◎船木町
昭和28（1953）年
撮影：藤田幸一

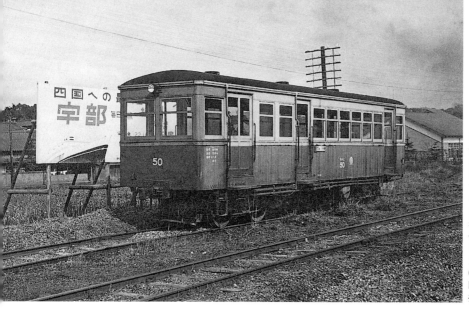

【キハニ50】
元佐久鉄道のキホハニ52が前身、日本車輌が昭和5 (1930) 年に作ったガソリンカー。国有化でキハニ40702になったが戦時中のガソリン不足で使われなくなっていたものを昭和17 (1942) 年に購入、しばらく客車として使用したのち、昭和27 (1952) 年にディーゼルカーとして復帰した。
◎万倉
昭和34 (1959) 年3月
撮影：髙井薫平

【船木町駅舎】
人影も少ない中間の主要駅、ポストの上の路線看板は鉄道に接続してここを発着するバス路線の案内だろうか。
◎船木町
昭和36 (1961) 年2月
撮影：荻原二郎

【キハニ50】
とにかくお客を運ぶ気動車は2両しかなく、主役のキハニ51に代わって古い旧佐久鉄道のガソリンカーも出場した。
◎船木町
昭和36 (1961) 年8月
撮影：和久田康雄

【101号とキハニ51】101号は2代目で、初代の元成田鉄道の機関車は3年ほど在籍した。この2代目101号は元長門鉄道の C241、昭和17（1942）年松井製の機関車で102号と兄弟である。右側のキハニ51はこの船木鉄道の旅客輸送をほぼ一身に受け 持っていたディーゼルカー。◎万倉　昭和34（1959）年3月　撮影：髙井薫平

【キハニ51】よく考えた窓配置だった。手前側、ステップのついたドアが乗客用でドアから左右窓5つ分が客室と運転室、後 ろ寄りの2つの扉はステップがないから手荷物と郵便用であろう。もっとも船木鉄道では、区分なく乗客は乗降したのだろ う。
◎西宇部　昭和36（1961）年2月　撮影：荻原二郎

【キハニ51】
元芸備鉄道キハユニ17（国鉄キ
ハユニ40921）で防石鐵道キハ
102と兄弟である。
◎西宇部
昭和36（1961）2月
撮影：荻原二郎

【ハ7】
元中国鉄道の2軸木造客車、こ
の写真撮影時すでに荒廃が始
まっていた。
◎船木町
昭和30（1955）年3月
撮影：湯口徹

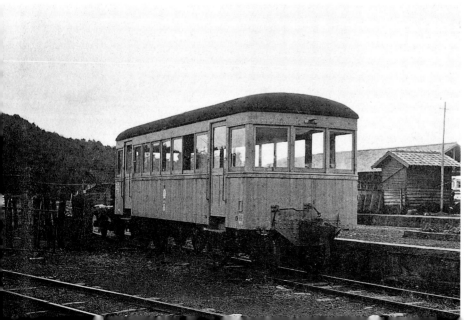

【ハ8】
九州の雲仙鉄道のガソリンカー
だが、客車として使用していた。
多客時の気動車に牽かれたとい
う話も耳にしていない。
◎万倉
昭和34（1959）年3月
撮影：髙井薫平

長門鉄道

　実は長門鉄道には行ったことがない。ただ中学からの友人が下関の名士の末裔で、同じ鉄研仲間だったので話には聞いていた。しかし、本人は猛烈な九軌ファン（西日本鉄道北九州軌道線）で、如何に九軌の電車の走りっぷりがすごいかという話に明け暮れた。1度お世話になった下関のお宅で初めて食べたフグの味のおかげもあり、明日からの鉄道巡りも怠惰に流されてしまった。また、長門鉄道の出る小月も辺鄙なところのように思えて足が遠のいてしまった。そのため、本書における写真は手元に残った友人の紙焼きと、湯口徹さんの作品によることになった。

　長門鉄道はかつてポーター製のかわいらしいC型タンク機関車を使って小月～西市間の18.2kmが大正7（1918）年に開業した。可愛らしいポーターというのは長州鉄道の、のちに国有化されて1045形式となった機関車と同型機で、主任技術者が両社共通の人だったことに由来するらしい。101.102と名付けられた1045形式の同型機はその後101が大津の東洋レーヨン（現東レ）滋賀工場に移り、塀越しに1度出会ったことがあるが、廃車後は宝塚ファミリーランド、加悦SLの広場と保存場所を転々とし、最近地元に戻ったと聞く。

　昭和3（1928）年に早くもガソリンカーを導入した。戦時中の昭和17（1942）年11月に山陽電気軌道と合併したが昭和24（1949）年に分離独立を果たした。101.102に代わる動力車として、戦時設計のC型タンク機関車のほか、昭和27（1952）年に軸配置DBの、エンジンを2台積んだディーゼル機関車を経験の少ない高田機工に発注している。気動車は自社発注のほか2両の国鉄払い下げ車で、客車は一風変わった小さなボギー車がいた。同じ山口県の船木鉄道や隣県の防石鉄道よりも輸送量は多かったが、自社バスを走らせていたことから鉄道への見切りは早く、昭和31（1956）年5月に廃止となった。その後バス会社として頑張ったが、地元の大手バス会社の一員になった。

【C231の牽く貨物列車】C231は戦後、立山重工で生まれた言わゆる戦時設計の標準型機関車。列車は混合で後ろの方にガソリンカーのエンジンを降ろした客車が1両連結されている。
◎小月　昭和30（1955）年3月　撮影：宮澤孝一

【102号機】
蒸気を噴き上げ機関車本体がよく見えない。ポーターが生きていたころの貴重なシーン、
◎小月
昭和25（1950）年頃
撮影：荒井文治

【C231号の牽く列車】
C231は戦後立山重工で生まれた標準機で、新製当時はポーター101、102の後を継いで103を名乗っていたが、C231に改番されている。長門鉄道にはその後色々な蒸気機関車が入線するが、このC231は最後の自社発注蒸機だった。
◎小月
昭和30（1955）年8月
撮影：河村安彦

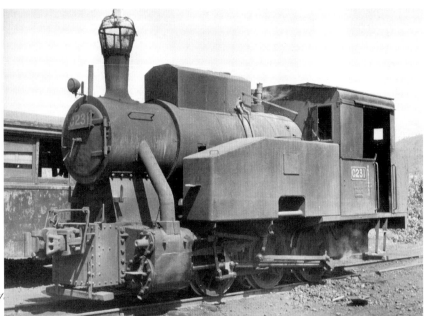

【C231号機】
昭和22（1947）年、立山重工業製のCタンク機関車。形態的には国鉄B20形によく似ている。合理化のため導入した高田機工製のDB171が期待外れだったので、営業最終年の昭和31（1956）年3月いっぱい、一線で活躍した。
◎小月
昭和30（1955）年3月
撮影：湯口徹

【C241号機】
戦時中海軍の光工廠で働いていた昭和17
(1942)年、松井製のCタンク機関車、DB171導
入で余剰になり、船木鉄道に移った。
◎小月
昭和30(1955)年3月
撮影：湯口徹

【C242号機】
戦後海軍の光工廠にいた機関車
の払い下げを受けた。松井製の
Cタンク機関車で、船木鉄道に
昭和31年譲渡された。
◎小月
昭和30(1955)年3月
撮影：湯口徹

【DB171】
昭和29(1954)年に投入された
高田機工製のB形ディーゼル機
関車、当時大型のディーゼルエ
ンジンが開発途上で、そのため、
トラック用のエンジンを2基
搭載、それぞれの変速機を介し
て2軸に駆動するという前例の
ないメカニズムの持ち主であっ
た。鉄道廃止後、どこからも引
き取り手はなかった、
◎小月
昭和34(1959)年3月
撮影：湯口徹

【キハ11】昭和24（1949）年9月国鉄で廃車になっていたキハ42017の払い下げを受け、ディーゼルカーとして復活、キハ11とした。鉄道廃止後、江若鉄道に譲渡、さらに関東鉄道に移り、車体更新工事を受け、平成半ばまで活躍するなどけっこう長寿な車両だった。
◎小月　昭和30（1955）年3月　撮影：湯口徹

【キハ11】
昭和24（1949）年の入線以来、主力として活躍した。大きな改造設けず、長門時代はおとなしくしていた。
◎小月
昭和30（1955）年8月
撮影：河村安彦

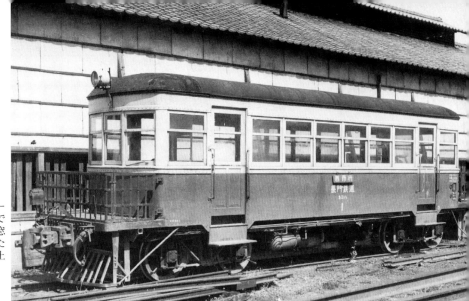

【キコハ1】
加藤車輛製の小型ガソリンカーである。比較的きついカーブで前面をまとめ、2段上昇式の窓の採用などなかなか垢抜けしたデザインだった。長門鉄道廃止後は江若鉄道に移籍した。
◎小月
昭和30（1955）年3月
撮影：湯口徹

【コハ1】
長門鉄道の主任技術者は関連会社である長州鉄道と兼ねていた。そのため、長州鉄道と共通の小型ボギー客車が投入された。
◎小月
昭和34（1959）年3月
撮影：湯口徹

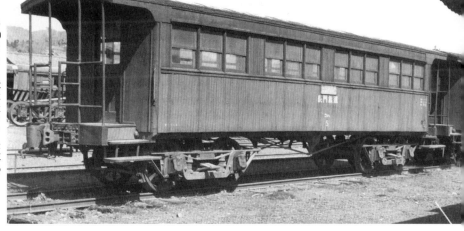

【コハ5】
関連の深かった長州鉄道のホハ3である。長州鉄道では同型10両を揃えていたが、国有後あまりに小さすぎてすぐ廃車になっている。ホハ5はそのうちの1両で長門鉄道入りしたが、製造年は2年早い。車体の大きさは762mm軌間の客車並み、台車はきゃしゃなイコライザ付きのアメリカの電車で見たようなタイプ、とにかく異端な車両だったが、ポーターのCタンク機関車が牽引したら結構様になったのだろう。
◎小月
昭和30（1955）年3月
撮影：湯口徹

一畑電気鉄道（北松江線・大社線）

松江に足を踏み入れたのは昭和33（1958）年の春、鉄道研究会春旅行の途中だった。確か富山集合、金沢、加悦鉄道を回り、山陰を回って下関解散の旅だった。この日松崎で1泊、駅前に出ていた宿の番頭に連れていかれたのは立派な温泉旅館だった。宿賃の交渉を確か300円から始めた記憶がある。翌日法勝寺電車、広瀬電車を見て本命の一畑電鉄を訪問した。一畑電鉄の松江側の乗り場は国鉄駅から結構歩いた。当時の一畑電鉄の松江駅は北松江といい、どちらかといえば町の中心から外れで、温泉もなかったと記憶している。そのまま雲州平田まで行き、車庫を訪問した。今では考えられないアポなし訪問、しかも15、6人の学生の訪問だったが、実に親切に対応していただいた。構内撮影の後、川跡でいったん下車して出雲今市に向かった。

一畑電鉄は大正3（1914）年の開業である。沿線に出雲大社、一畑薬師、それに宍道湖と乗客の集客には期待に満ちてスポットがあった。だから蒸気鉄道でスタートしたものの昭和5（1930）年には電気鉄道に変貌している。しかも投入した電車は有力メーカーの一級品であった。急行列車の設定も早い。

しかし、沿線の名所旧跡があまりに有名だったためか、宍道湖北岸の開発に伴い、道路網の整備が早く進んで、昭和47（1972）年をピークに利用者が減少していく。これに伴って労使間の関係がまずくなり、当時国労、動労が行った車両へのスローガン大書をまねた行為まで行われた。あの車両に対する落書きが行われた唯一の私鉄になった。鉄道の存続も議論され国からの補助金打ち切りなど噂される中、西武鉄道から改造によるクロスシートカーや20m車両も入り、そのあと、京王帝都電鉄、南海電鉄から中古車両を入れて冷房化が完成、さらに平成16（2004）年から新性能電車を東急の中古車で進め、さらに平成28（2016）年にはデハニ50以来の完全な新車となった単車運転に適した新造車まで投入している。

【宍道湖の入り江に沿って走る、デハ1とデハ20による列車】2台の電動車がパンタグラフを全部上げているのも地方私鉄では珍しい光景かも？◎津ノ森～高宮 昭和39（1964）年3月　撮影：今井啓輔

【ED22形（ED221）】
一畑電気鉄道は開業の時、期待を込めて日本車輌に発注したデキ1があったが、昭和11（1936）年に三河鉄道（名鉄の一部になる）に売却してしまい、戦後、信濃鉄道の買収機関車を西武鉄道、近江鉄道を経て、昭和35（1960）年に導入した。その後、貨物輸送の廃止に伴い昭和48（1973）年弘南鉄道に譲渡され現役で使用されている。
◎雲州平田
昭和40（1965）年2月
撮影：田尻弘行

【デハ1形（3）】
2度目の平田車庫見学、突然の訪問だったが、車庫内はきれいに整備されごみのない清潔な環境に驚いた記憶がある。
◎雲州平田
昭和32（1957）年3月
撮影：髙井薫平

【デハ1形（6）】
デハ1形の一党にはトレーラがなかったので、最初は他から来た木造車、その後は西武鉄道から来た元クハ1230形を相棒とした。
◎雲州平田
昭和37（1962）年2月
撮影：田尻弘行

【デハ1形（7）】
昭和2（1927）年、日本車輌が製造したデハ1〜5の仲間は、他にデハニ50形4両とクハ14という制御車があったが、後に電動車に改造、デハ1の続き番号（デハ4は忌み番号で欠番）のデハ7になった。
◎大社神門
昭和29（1954）年5月
撮影：江本廣一

【デハ20形（23）】
臨時の貨物列車は開業時以来単行運転可能な旧型車が貨物輸送に駆り出されることがあった。
◎雲州平田
昭和40（1965）年2月
撮影：田尻弘行

【デハ20形（22）】
観光客対応のため、開業時つくられたデハ1、2、5、デハニ51を自社で2扉、クロスシートに改造したもので、改造とは思えぬ立派な仕上がりだった。ドアは手動式のままであった。
◎雲州平田
昭和40（1965）年2月
撮影：髙井薫平

【デハ20形（23）】宍道湖沿いの直線区間を松江温泉街行きのデハ23がやって来た。
◎昭和40（1965）年2月　撮影：田尻弘行

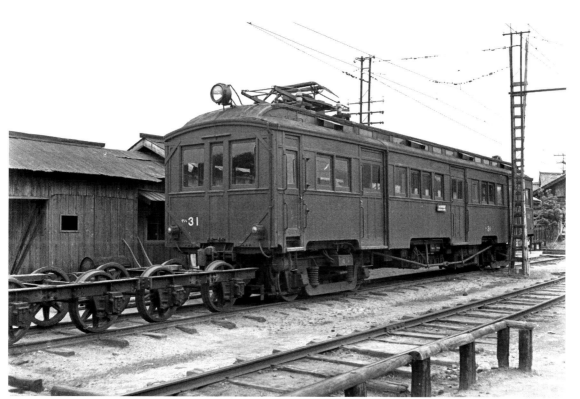

【デハ30形（31）木造時代】国鉄のモハ1047の払い下げを受け、後に鋼体化工事を実施し、デハニ31となった。
◎雲州平田　昭和29（1954）年5月　撮影：江本廣一

【デハニ30形（31）】
国鉄払下げの木造車をナニワ工機で鋼体化改造した。制御器が異なるため他車両とは連結できなかった。
◎雲州平田
昭和32（1957）年3月
撮影：田尻弘行

【デハニ30形（31）】
3扉時代のデハ31、貨車を牽いて貨物列車の運用であろう。木造車体をナニワ工機で昭和30（1955）年に鋼体化した車両。鋼体化当初車体の1端に荷物室を設け、デハニ31を名乗ったが、昭和43（1968）年に荷物室を撤去してデハ31になった。もっとも他の車両と連結できないので、デハになったのちも貨物担当だった。
◎一畑口
昭和40（1965）年2月
撮影：田尻弘行

【デハ30形（31）二扉改造後】
昭和43（1968）年の改造時、3扉を2扉自動扉に改造、制御装置も西武鉄道から来た60、70形2扉グループの増結用になっていた。増結の仕事がない時にはやはり貨物列車にも使用された。
◎雲州平田
昭和40（1965）年4月
撮影：高井薫平

【デハニ50形(52)】
オレンジ色に白帯を巻いていた
時代、今日の運用は貨物の機関
車代用だ。
◎秋鹿
昭和40(1965)年2月
撮影：田尻弘行

【デハニ50形(53)】
登場当時を彷彿とさせる焦げ茶
色塗装の時代、本当に電車らし
い電車だと思う。
◎雲州平田
昭和32(1957)年3月
撮影：髙井薫平

【デハニ50(54)】
木造のクハ109を挟んだ3両編
成。
◎川跡
昭和34(1959)年12月
撮影：田尻弘行

【クハ100形 (102)】
元吉野鉄道（近鉄南大阪線の一部）のホハ11形を昭和9（1934）年に譲り受けデハ1形、デハニ51形のトレーラに充当した。木造車だったので、西武鉄道からのクハと置き換わって昭和35（1960）年に廃車になった。
◎雲州平田
昭和32（1957）年3月
撮影：田尻弘行

【クハ100 (103)】
西武鉄道のクハ1231形を譲り受け、デハ1系の制御車に投入して従来の木造制御車を一掃した。扉はデハ1に合わせて手動式であった。
◎雲州平田
昭和40（1965）年2月
撮影：髙井薫平

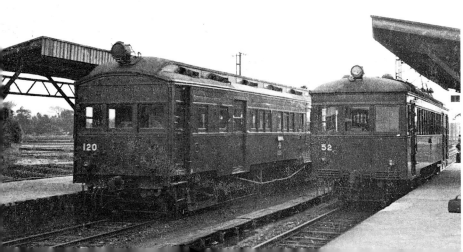

【クハ120形 (120)】
元国鉄ナハ22033を戦後払い下げてもらい、自社工場で電車に改造した。昔の出入り台を運転室とし（多分扉はそのまま）、客室部に乗降口を2カ所設けた。
◎川跡
昭和32（1957）年3月
撮影：髙井薫平

【クハ100形（109）】
国鉄から古い木造客車の払い下げを受け制御車に改造したもの。シングルルーフの2扉車で窓は二つずつ配置されなかなか趣があった。一畑電気鉄道の国鉄木造客車改造の制御車はバラエテイに富んでおり、中でもクハ110は種車の関係で当初3軸ボギーだったがのちに台車を交換している。
◎雲州平田
昭和32（1957）年3月
撮影：田尻弘行

【クハ100（クハ104）】
西武鉄道のクハ1230形は使いやすい車両だったのか、西武鉄道の国電化のあおりで皆地方に流れた。この車もその一つ。
◎雲州平田
昭和40（1965）年2月
撮影：髙井薫平

【デハ1形（6）】
そろそろ引退の声が聞こえるデハ1形のうち、デハ3とデハ6が大社線のワンマン対応として自動扉化、乗務員扉増設などの改造を施した車両。
◎川跡
昭和48（1973）年10月
撮影：髙橋慎一郎

【クハ161】
国鉄スハ12と顔を合わせたデハ61＋クハ161昭和35（1960）年、西武鉄道モハ221、クハ1221（元西武モハ250）を6両購入して急行用とした車両。入線に際して2扉化、車内クロスシート化を西武所沢工場で行って入線した。
◎電鉄出雲市
昭和40（1965）年4月
撮影：髙井薫平

【宍道湖に沿って走るデハ70系】
70系は60系に続いて登場した元西武鉄道モハ301形である。
◎昭和40（1965）年2月
撮影：髙井薫平

【デハ60系の特急列車】
西武鉄道のモハ251形を種車とするクロスシートの特急用車両。一畑電気鉄道の近代化に一役かった。
◎昭和40（1965）年4月
撮影：髙井薫平

【デハ81】昭和57（1982）年当地で行われたくにびき国体用に、導入した西武鉄道451系である。一畑電鉄にとっては最初の20m級車両になった。一畑電鉄にはこのあと西武鉄道から551系など20mm車が多く導入されたが、冷房装置がないなどの理由で、その後は京王帝都電鉄、南海電鉄の車両が入るようになった。◎電鉄出雲市：昭和40（1965）年4月　撮影：高井薫平

【デハ81＋クハ181】西武鉄道からの車両の導入は、この車が最後になった。西武鉄道はまだ20m4扉車の製造に踏み切れない時代の20m3扉である。◎大寺　平成7（1994）年2月　撮影：荻原俊夫

一畑電気鉄道立久恵線（元出雲鉄道）

　立久恵峡というのは出雲市の山の方にある風光明媚な峡谷らしい。確かに初めて出雲市から乗ったディーゼルカーは神戸川（かんどかわ）の右岸をじりじりと登っていた。ただ編成はというと2両編成のディーゼルカーの先頭車からはエンジン音は聞こえなかった。総括制御のできない機械式の気動車だったので後ろの車にも機関士が乗務していたように覚えている。

　出雲鉄道から島根県私鉄の雄であった一畑電気鉄道に吸収されて数年しかたっていないころで、一畑のにおいはなかった。もともと立久恵線は最初、本社を東京有楽町に置く大社宮島鉄道という陰陽の景勝地と信仰の地を結ぶ遠大な計画で計画された鉄道で、大正13（1924）年、出雲今市から三次まで91.7kmの免許が下りている。本社が東京に置かれたのもこの鉄道の将来に期待が込められていた。昭和7（1932）年、出雲今市〜出雲須佐18.7kmが開業するがこの先まで進まず、昭和13（1938）年には、出雲須佐〜三次73.0km免許失効してしまう。そして会社名も　出雲鉄道に改称する。一畑電気鉄道に吸収されたのは昭和29（1954）年である。

　初期の目的地まで達していなかったのは致命的で、沿線人口も少なく経営は苦しかったが、そんな中、昭和39（1964）年7月、集中豪雨により朝山〜桜間の道床が流出、渡りに船とこの区間の復旧工事を行わず昭和40（1965）年2月18日に廃線になった。

【キハニ1とキハ5 がワム？ワフ21？を1両牽いて神戸川を渡る】貨物量も少なく、DB201も故障がちで、このような列車が走った。◎出雲須佐付近　昭和39（1964）年2月　撮影：梅村正明

【103号機】
昭和30（1955）年 5 月に
最後の 1 両（省230）が廃
車になった。昭和27年
に投入した汽車會社製の
DB201の性能がなかなか
安定せず、しばらく予備
機として待機していた。
◎出雲須佐
昭和30（1955）年 3 月
撮影：湯口徹

【DB200形（201）】
蒸気機関車に変わる切り札とし
て昭和26（1951）年に購入した
汽車會社製20トン機関車だが、
ディーゼル機関車黎明期の製品
で故障も多かったようだ。それ
でも貨物輸送のほか混合列車と
して客車も牽引した。立久恵線
廃止後、本線の雲州平田駅の入
換えになったと聞いた。
◎出雲市
昭和39（1964）年 2 月
撮影：梅村正明

【DB201の牽く混合列車】
オーバーヒート対策なのかルー
バーが全開されている。
◎出雲今市
昭和29（1954）年 5 月
撮影：江本廣一

【出雲須佐駅に停車中のキハ2、3】
神戸川を上りきったところが終点出雲須佐だった。将来先への進捗を期待した仮の終点だったが、一見して山の中、立派な駅前店舗があるわけではなかった。山のローカル線用に作られた元国鉄キハ40000形がよく似合った。
◎出雲須佐
昭和29 (1954) 年12月
撮影：髙井薫平

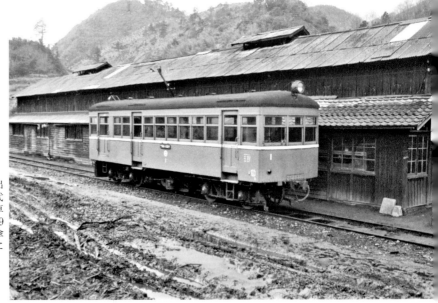

【キハニ1形（1）】
最後までエンジン付き残った出雲鉄道の生き残り、戦時中は代燃ガス発生装置を付けて気動車として頑張ってきた。昭和29 (1954) 年12月一畑電気鉄道の傘下に入り、車体の色も一畑色に変更した。
◎出雲須佐
昭和39 (1964) 年2月
撮影：梅村正明

【キハニ1形（1）】
出雲市駅のホームに据え付けられたキハニ11、国鉄からの転入車と伍して最後の時まで活躍した。
◎出雲市
昭和39 (1964) 年2月
撮影：梅村正明

【キハニ1形（1）】1両だけ生え抜きの気動車がディーゼルカーとして残っていた。戦後ディーゼル化の際にはDMF13を架装した。全長12m程度の小型車の割には大出力であるが、貨車やトレーラの牽引も考えていたようだ。
◎出雲市～古志　昭和39（1964）年3月　撮影：今井啓輔

【キハ1形（2）】地方の山のローカル線向けに開発された国鉄キハ40000形は出雲須佐の構内がよく似合った。廃止後有田鉄道に移った。◎出雲須佐　昭和34（1959）年12月　撮影：髙井薫平

【キハ1形（2）】
出雲市におけるキハ2、今日は
増結もなく単車運転、お客がた
くさん載っている。
◎出雲市
昭和36（1961）年8月
撮影：村松功

【キハ1形（5）】
土砂に乗り上げて廃車になった
キハ3の代替として、国鉄キハ
0429の払い下げを受けてキハ5
としてしばらく使用した。エン
ジンはキハ3のものを転用し
た。鉄道廃止後、有田鉄道に転
出した。
◎出雲須佐
昭和39（1964）年2月
撮影：梅村正明

【キハ1形（5）】
国鉄キハ04であるが、立久恵線
ではキハ1のグループにまとめ
られていたようだ。
◎出雲須佐
昭和39（1964）年2月
撮影：梅村正明

【ハニ11】
新鋭DL201の牽く列車、2両目
はキハニ1らしい。
◎出雲今市
昭和29（1954）5月
撮影：江本廣一

【ハニ11】
この車両には確かエンジンは付
いていなかったと思う。ハニ11
が示す通りに客車であるが、前
照灯が付いており、床下には警
笛笛笛もある。やがて時間が来る
と機関手が乗り込み、汽笛一声
出発した。後ろにはキハ40000
改めキハ3が付いている。
◎出雲市
昭和34（1959）年12月
撮影：高井薫平

【ハニ11】
出雲須佐で出発を待つ、出雲市
行き列車ハニ11は客車として山
を下る。
◎出雲須佐
昭和34（1959）年12月
撮影：高井薫平

一畑電気鉄道広瀬線（元島根鉄道）

広瀬という集落は現在安来市の一画に位置するが、かつては松江藩の支藩のような存在で月山富田城の城址は国の史跡に指定されているとのことだが、当時は全く興味なかった。広瀬電車は電動車が4両しかないこれまで僕が出会った地方のトロリーラインの中で最も黄昏れた電車の一つだった。しかし、昭和3（1928）年7月開業に合わせて、投入されたのは他社の中古ではなくて東京のメーカーが作ったピカピカの新車だった。この小さな電鉄は戦時中、

これまた鳥取県の黄昏トロリーラインの伯陽電鉄（その後の日ノ丸自動車法勝寺電鉄）と県を跨いで合併、鉄道名を山陰中央鉄道と名乗った。

戦後の昭和23（1948）年には、再び分離されて島根鉄道となったのも束の間、昭和29（1954）年12月一畑電気鉄道に吸収され「一畑電気鉄道広瀬線」を名乗った。しかし路線としての経営不振は続き、昭和35（1960）年6月廃止された。

【デハ1とデハ6】先を急ぐ旅で実は途中の飯梨までしか乗っていない。唯一の交換可能駅でやって来たデハ1に乗り換えて荒島に戻った。◎飯梨　昭和32（1957）年3月　撮影：髙井薫平

【デハ1】
開業に合わせて東京の蒲田車両から電動車2両、附随車2両を購入した。地方の弱小私鉄には珍しく新車の採用である。これには当時の蒲田車両の営業戦略にも関係があるようだ。この頃、蒲田車両はよく似た単車を3両、秋田県の雄勝鉄道にも売り込んでいる。
◎出雲広瀬
昭和29(1954)年5月
撮影：江本廣一

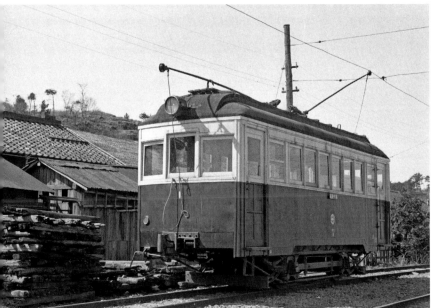

【デハ1】
蒲田車両の電車は運転台中央窓が少し大きく、立って運転する運転士に親切な設計になっている。蒲田車両は地方の中小私鉄に積極的な営業を展開したようだ。その方法は良く判らないが割賦販売だったようだ。蒲田車両がその後どうなったかはまだ解明していないが、どなたかご教示いただけると幸いである。
◎荒島
昭和32(1957)年3月
撮影：田尻弘行

【サハ3】
開業に合わせて導入した蒲田車両製の附随車。車体はデハ1、2とほぼ同じだが、台車は2軸貨車と同じようなものになっている。鉄道廃止後、日ノ丸自動車法勝寺線と北丹鉄道へ移っていった。
◎荒島
昭和29(1954)年3月
撮影：江本廣一

【デハ5】
電動車2両では緊急時に間に合わないので、名鉄から購入した中古車である。
◎出雲広瀬
昭和29（1954）年5月
撮影：江本廣一

【デハ6】
ポールを付けた元名鉄からの供出車輌、元尾西の鉄道の仲間は、戦後地方の中小私鉄の車両不足の救世主だった。
◎荒島
昭和30（1955）年3月
撮影：湯口徹

【デハ6】
山陰中央時代に名古屋鉄道モ102を譲り受けた車両、元尾西鉄道のデホ102で、そのころ同じ会社だった法勝寺電鉄にはデホ103が入り、デハ6（のちのデハ205）になっている。広瀬電鉄のデハ6は広瀬電鉄としては最初で最後のボギー車だった。
◎飯梨　昭和32（1957）年3月
撮影：髙井薫平

日ノ丸自動車法勝寺電車部法勝寺電鉄線

日ノ丸自動車というバス会社は今も健在で東京まで鳥取や米子から夜行直行バスを走らせる会社だが、かつては米子の駅裏から出る田舎電車を経営していた。米子市から法勝寺までの10駅　12.4ｋｍのトロリーラインである。

米子市駅は国鉄の米子駅からかなり離れていた、最初の訪問の時、ガタピシと引き戸を開けるとその先がホームと車庫になっていた。鉄道が廃止になった後、大手の自動車会社の販売拠点になったというが、電車の工場はそのまま自動車の整備工場になったと聞く。

2度目の訪問の時、雪の朝だったが、しばらく待っていると4両編成の通勤列車が到着、車内は満員だった。

法勝寺電鉄はのちに一時期経営を共にした広瀬電鉄と異なり、すべて他社から導入した車両で賄っていたようだ。2度目の訪問の時終点の法勝寺まで乗ったか記憶があいまいである。ただ下車した駅から米子方向に小雪の降る中を撮りながら歩いたこと

だけはしっかり覚えている。すでに単車の電動車は1線を退いており、主体は東京や名古屋からやって来た木造のボギー車で、中には木製の車体の上から鋼板を打ち付けた車もあった。

ほかに米子起点、10.7kmの阿賀から分岐して母里（ほり）間で5.5kmの支線があった。この支線は戦時中の不要不急路線撤去の流れで、昭和19（1944）年に開業14年で廃止されている。

会社は.法勝寺鉄道→伯陽電鉄→山陽中央鉄道→日の丸自動車と時の流れに沿うように変遷を続けたが変わったのは名前だけで、鉄道自体の実態は変わらなかった。県を跨いで島根県の広瀬電鉄と合併した時名乗った伯陽の陽は山陽地区までの延伸を期待したのかもしれなかった。その後、昭和28（1953）年に日ノ丸自動車に吸収されたが、昭和42（1967）年5月廃止となった。鳥取県における唯一の私鉄だった。（昭和13年に廃止となった米子電車軌道は軌道法により路面電車）

【雪の大山をバックに走るデハ201】◎大袋〜手間　昭和39（1964）年3月　撮影：笠木健

【電3】開業時用意された3両の電動車の一つ、最初の訪問の時残っていたが一線を退いているような風情だった。昭和33（1958）年にデハ209となったが同年廃車となった。
◎米子市　昭和32（1957）3月　撮影：髙井薫平

【デハ4】
元東京の池上電気鉄道の車両、昭和5（1930）年に法勝寺線にやって来た。後にデハ201に改番、鉄道線廃止まで活躍した。
◎米子市　昭和32（1957）年3月　撮影：髙井薫平

【デハ201＋フ50】
この編成を組む2両は貴重品だ。電動車デハ20は、元東京の池上電鉄（現東急池上線）開業時の車両。付随車フ50は、明治時代に関西鉄道がイギリスから輸入した車両で、共に記念物として地元に残る。
◎米子市〜安養寺
昭和39（1964）年3月
撮影：今井啓輔

【デハ201】
法勝寺電車は全線を2閉塞に分け、この手間駅で電車は行き違いしていた。デハ201は元デハ4である。
◎手間
昭和37（1962）年3月
撮影：大野眞一

【天ぷら鋼体化したデハ201】
木造外板に鋼板を張り付けたいわゆる「天ぷら」と言われる簡易鋼体化の姿。側引き戸窓もHゴム支持に改造されている。
◎米子市
昭和40（1965）年2月
撮影：田尻弘行

【デハ5】東京急行電鉄池上線の前身である池上電気鉄道からやって来た。大きな手も加えられず最後まで活躍し、現在も法勝寺の町に保存されている。◎米子市　昭和29（1954）年5月　撮影：江本廣一

【デハ203】デハ5は昭和33（1958）年の改番でモハ203になったが、大きな変化はなく法勝寺電車の主力だった。
◎手間　昭和40（1965）年2月　撮影：田尻弘行

【雪原を行くデハ203】雪の中で待っていたらデハ203が単行で現れた。朝のラッシュが終わると単行運転に変わっていた。
◎大国～法勝寺　昭和32（1957）年３月　撮影：髙井薫平

【法勝寺川を渡るデハ203＋フ50】◎大袋～手間　昭和40（1965）年２月　撮影：髙井薫平

【デハ6】
名古屋鉄道からやって来た。かつて戦時中の昭和19（1944）年、日の丸自動車が島根県の広瀬電鉄と合併し、山陰中央鉄道を名乗っていた時代、名古屋鉄道から2両の車両供給を受けて、両線に分けて配置した1両。広瀬電鉄デハ6とは兄弟である。
◎米子市
昭和32（1957）3月
撮影：髙井薫平

【デハ205】
改番によってモハ205になったデハ6は、自社工場で木造の車体に鋼板を張る簡易鋼体化工事がなされ、のっぺりした感じになった。
◎米子市
昭和37（1962）年3月
撮影：大野眞一

【デハ205】
モハ205はモハ207とともに主電動機の出力が大きく、貨車の牽引もできる貴重な存在であった。
◎米子市
昭和39（1964）年3月
撮影：今井啓輔

【デハ207】修理中の光景、屋根もない野天で木製のやぐらに組んで車体を持ち上げる車両修繕の光景は、かつてあちこちの地方私鉄で見られた。◎米子市　昭和37（1962）年3月　撮影：大野眞一

【デハ207】東京急行電鉄の前身目黒蒲田電鉄のモハ1だが、法勝寺電車の一員になる前は静岡鉄道静岡清水線で活躍した。◎米子市　昭和38（1963）年3月　撮影：下島啓亨

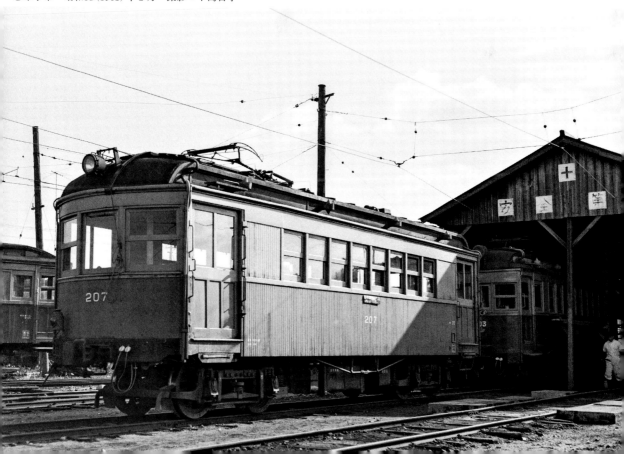

【朝の通勤電車】法勝寺方面から米子市に通う通勤、通学客のために朝1本、4両編成の列車が走った。今日の編成は前から
デハ201、デハ207、フ53、フ52である。窓ガラス越しに車内はうかがえず、かなり混んでいるように見える。
◎米子市付近　昭和40（1965）年2月　撮影：田尻弘行

【デハ205＋ワ4＋フ50の混合列車】最後に連結されたフ50はいわくありげな古典客車だ。
◎米子市〜安養寺　昭和39（1964）年3月　撮影：今井啓輔

【フ50】
この車の前身は関西鉄道が明治22年開業時に導入したイギリス・バーミンガム車両工場製の超古典客車。3か所の扉跡からコンパートメント方式の車体だったことが分かる。大改造されているが、明治期の二軸客車として貴重な存在。現在、米子市内に保存されている。
◎手間
昭和40（1965）年2月
撮影：髙井薫平

【フ51】
ダブルルーフの断面を見せる古典客車。愛知電気鉄道の附64で引き継いだ名古屋鉄道からやって来た。車体は出入り口の変更など大改造されている。
◎米子市駅
昭和29（1954）年5月
撮影：江本廣一

【フ52】
戦後の増備車だが謎多き車両だという。買収後、紀勢南線となった新宮鉄道で製作されたと思われる。出入口は引き戸式に改造されたものだろう。
◎米子市
昭和39（1964）年3月
撮影：今井啓輔

【フ53】
名古屋鉄道からやって来た元愛知電気鉄道の電1で、法勝寺電鉄開業当時は電動車だった。その後、ボギーの電動車が増えて昭和29(1954)年にトレーラに改造された。
◎米子市
昭和40(1965)年2月
撮影：田尻弘行

【フ55】
元広瀬電鉄のサハ3で、昭和35(1960)年6月の広瀬線廃止で失業し、法勝寺線にやって来た。
◎米子市
昭和40(1965)年2月
撮影：田尻弘行

【米子市駅舎】
入口の引戸をあけて中に入ると正面に改札口の木製のラッチを通り、その先に車庫とホームがあり、雪に埋もれて小さな電車が見えた。
◎米子市駅
昭和40(1965)年2月
撮影：髙井薫平

中国地方の私鉄沿線の地図 　陸軍参謀本部陸地測量部発行「1/50000地形図」

（解説・矢崎康雄）

【片上鉄道　昭和7（1932）年】全線33.8kmのうち海側の片上から途中益原付近まで11kmあまりの部分地図である。地図の右下、片上湾に面して片上鉄道の起点片上駅があるが駅名の記載はない。今は片上の北側には赤穂線と新幹線が通っている。山陽本線とは和気が接続駅で片上鉄道の線路は山陽本線の南側、和気を出ると山陽本線をオーバークロスして北に向かう。そのあとは吉井川に沿って、硫化鉄鉱鉱山の柵原へ向かっていた。

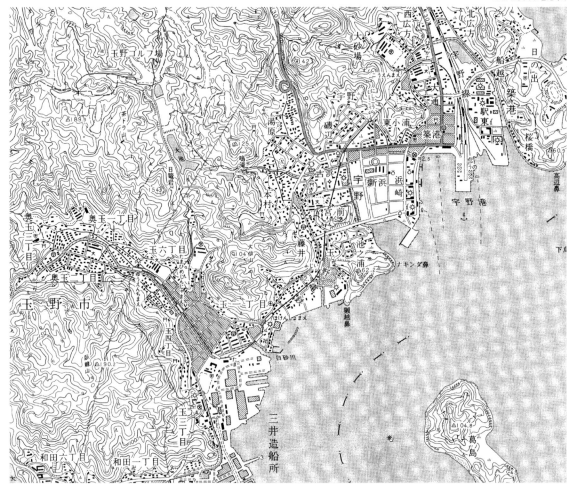

※1/25000地形図

【玉野市電気鉄道　昭和45（1970）年】宇高連絡船の乗換駅、宇野の北側のホームから出ていた。地図には玉野電鉄と表記され
ている。路線は宇野の市街地北側を回り東へ抜けている。たま駅の南には三井造船所があり、もともとのここへの専用鉄道
であったものを有効活用しようとした路線であることが線形からもわかる。保健所前や玉の前後に駅とおなじ記号であらわ
されているが列車交換の設備のあった所と考えられる。現在、廃線跡はほとんどが自転車道として整備されている。

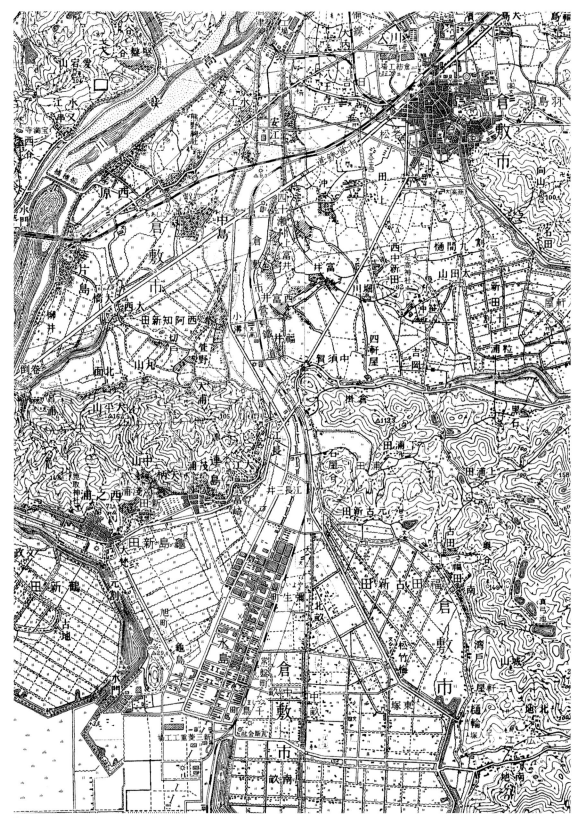

【水島臨海鉄道（倉敷市営鉄道）】水島臨海鉄道は 昭和18（1943）年に三菱重工専用線として開業、昭和27（1952）年に倉敷市営鉄道になった。旅客営業は昭和23（1948）年に開始した。この地図では水島から先の新三菱重工業工場に通じる線が出ているが、三菱自工前や倉敷貨物ターミナルへの線路はまだできていない。沿線の平地はまだ水田も多く、都市化はまだ進んでいなかった。

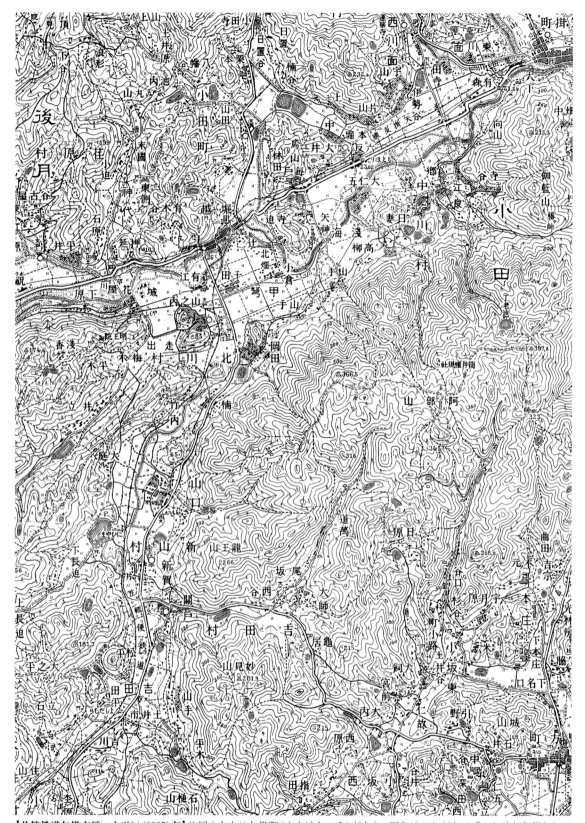

【井笠鉄道矢掛支線　大正14（1925）年】地図の右上に矢掛町（やかけちょう）があり、駅名はひらがなで「やかけ」と記されている。矢掛町はもと山陽道の宿場町、今は第三セクターである井原鉄道の駅がある。矢掛支線は笠岡～井原の本線と北川で分岐していた。笠岡から来た本線は北川を出ると左、すなわち西方向へカーブして井原へ向かっている。その下には井笠軽便鉄道と表示されているが井原笠岡軽便鉄道は大正4（1915）年に井笠鉄道に改称されている。

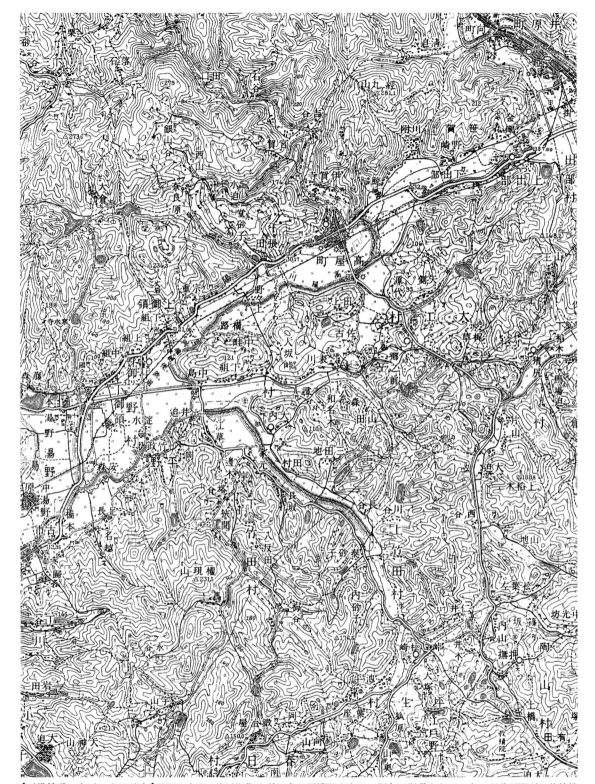

【両備鉄道　大正14（1925）年】地図の右上、井原町街はずれ南に頭端駅がある。駅名は記載されていないが井原駅だ。井笠鉄
道井原駅は笠岡からの本線が東から、西側からは神辺からの線が入ってくる。神辺からの線には両備軽便鉄道と表記されて
いるが、大正15（1926）年にすでに両備鉄道に改称されている。両備とは備前（岡山県）備後（広島県）の意味。両備軽便鉄道
は福山～府中を大正3（1914）年に開通させた会社であったがこの部分は国に買収され福塩南線になった。支線の神辺から井
原に向かう支線は、高屋までは大正11（1922）年に開通、昭和8（1933）年には国有化されず神高鉄道として残り、昭和15（1940）
年井笠鉄道に吸収合併された。高屋～井原は井笠鉄道の手により大正14（1925）年に開通している。地図にも示されている通
り、高屋は山陽道の宿場町であった。

【広島瓦斯電軌　昭和7（1932）年】宮島線が全線開業した昭和6（1931）年の翌年の地図である。前年までは現在の東阿品の400m広島寄りにあった新宮島（全線開業で廃止）が終点で宮島へはここから連絡船が通っていた。現在の宮島口は山陽本線、つまり汽車の駅が単に宮島、電車の駅が電車宮島である。宮島線の駅数は現在では数駅増加している。沿線の海岸の埋め立てもまだ少なく、電車から海が見えるところも多かった。

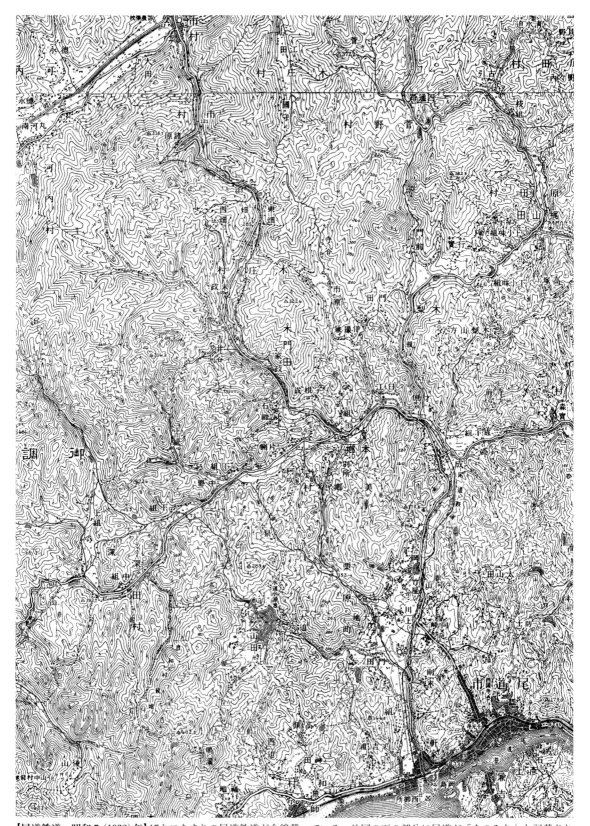

【尾道鉄道　昭和7（1932）年】17キロあまりの尾道鉄道が全線載っている。地図の下の部分に尾道が「をのみち」と記載されている。末期のころ、尾道鉄道は山陽本線の尾道駅の北側のホームから西に向かい出発、山陽本線と別れ北に向かっていたが1932（昭和7）年のこの地図ではまだ国鉄の駅まで乗り入れておらずカーブしたところで止まっている。山陽新幹線の新尾道は尾道鉄道と交差する付近にできている。終点市（いち）の手前の駅諸原でスイッチバックしているのがわかる。

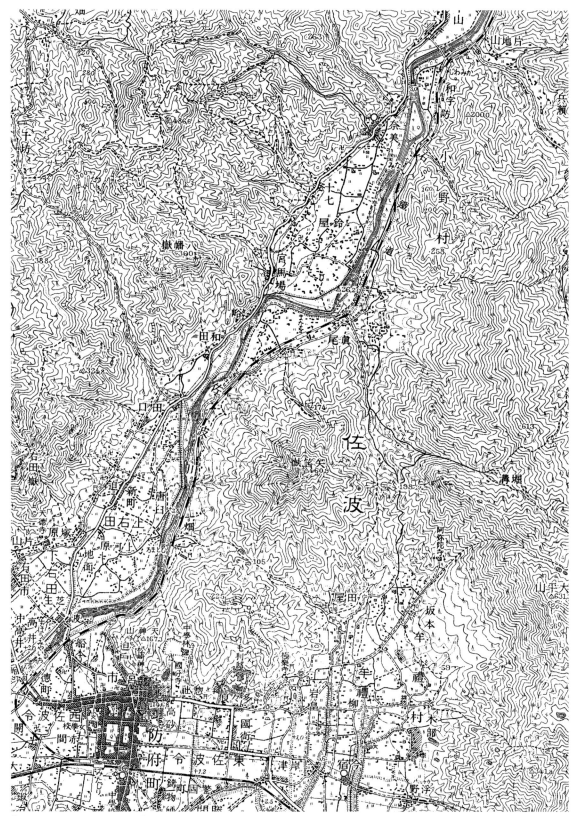

【防石鉄道　昭和2（1927）年】地図の左下の方に山陽本線が東西に走り三田尻駅があるが昭和37（1962）年に防府に改名されている。この町は瀬戸内海航路の良港で古くから栄えてきたところであった。防石鉄道は防府を出ると佐渡川に沿って北上した。防府と岩見を結ぶという目標は山口線に先を越され、途中堀までの18.8kmで止まってしまった。この地図は途中の上和字までである。

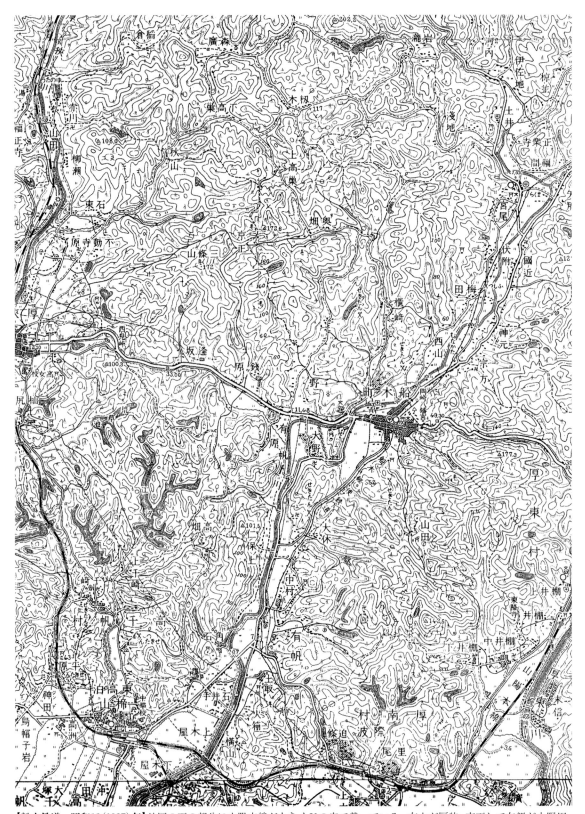

【船木鉄道　昭和12（1937）年】地図の下の部分に山陽本線が大きくＵの字で載っている。左上が厚狭、南下して左側が小野田、東側に宇部駅がある。宇部から西へ向かって出ていく路線をみると船木軽便鉄道の表記があるが、大正8（1919）年すでに船木鉄道に改称、3年後には1067mmに改軌されている。路線は船木町を通り北へ伸びている。船木町は山陽道の宿場町で明治時代は山口県厚狭郡の政治経済の中心地であった。しかし鉄道を通すことに反対し山陽本線は南を通った。今は山陽新幹線がこの地区の南を通過している。山陽本線への連絡や沿線の小さな炭鉱の石炭輸送を船木鉄道が担っていた。

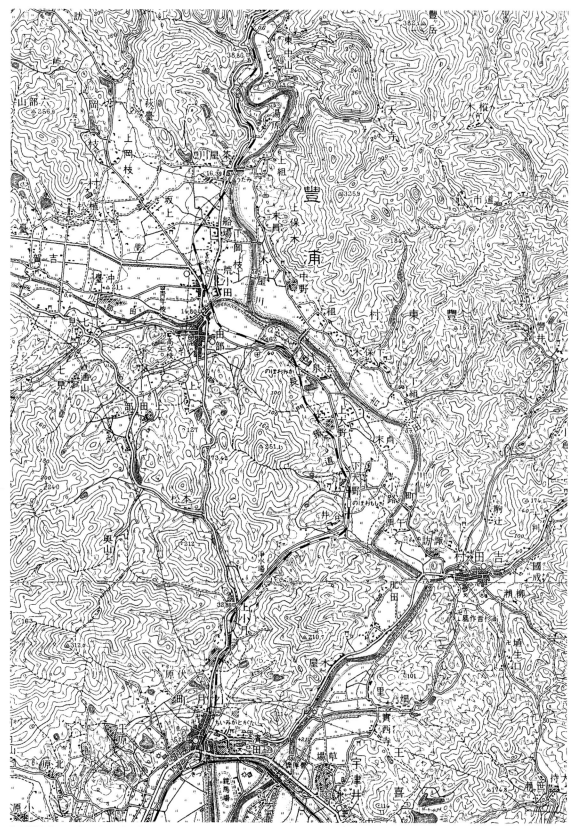

【長門鉄道　昭和7（1932）年】地図の下にひらがなで「をづき」山陽本線の小月がある。地図からも長門鉄道は駅の北東側から出ていたことがわかる。小月は今では下関市の市内である。長門鉄道はここから北へ進んだ。この地図では込堂までが入っている。終点は西市（にしいち）で貨物列車はここからの木材を運んだ。

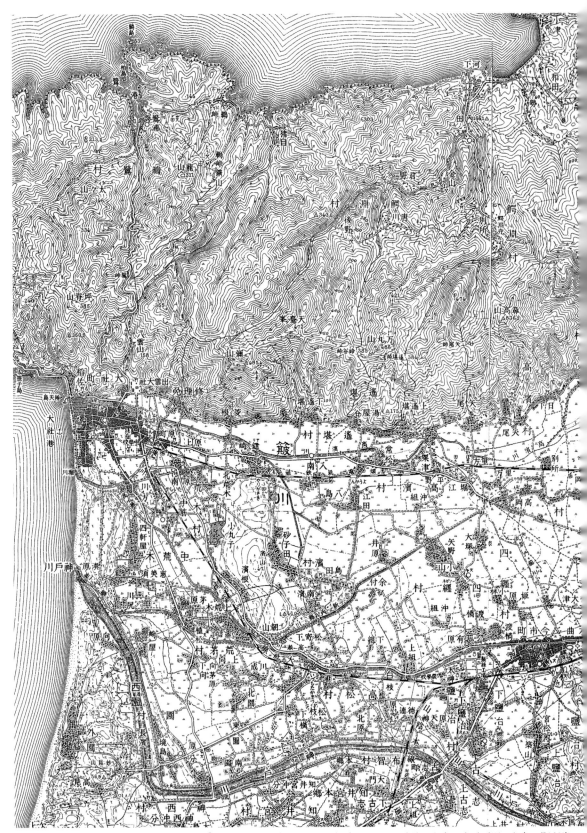

【一畑電気鉄道 西側区間 昭和7（1932）年】地図の東、右手に宍道湖、左手、西側に日本海、中央が出雲平野、中央の町が出雲今市、今の出雲市である。一畑電鉄の路線は今と同じで出雲今市（現在の出雲市）から北東に出ていく。川跡（かはと）からの一畑の大社線の駅名は大社神門、出雲大社前に改称されたのは昭和45（1970）年。この地図では国鉄大社線も健在であった

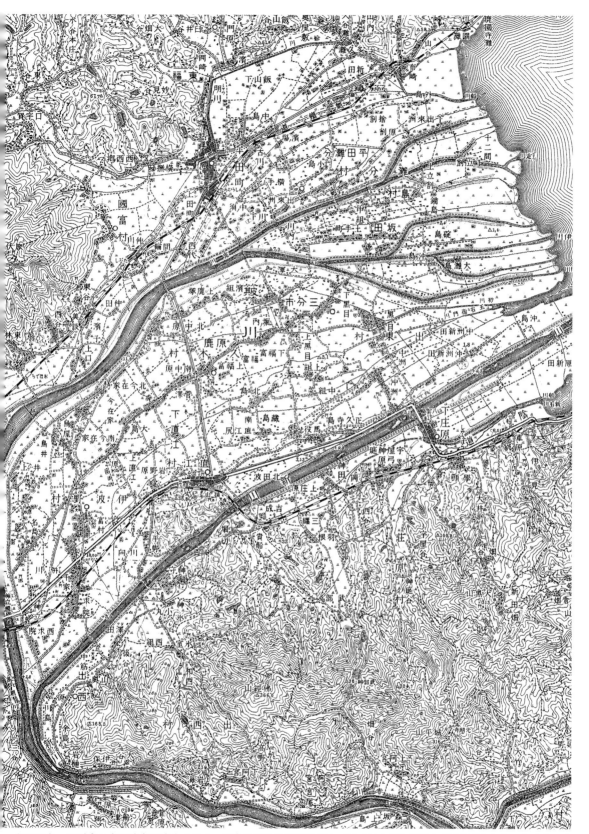

がJRになって平成2（1990）年に廃止された。中央に流れる斐伊川（ひいがわ）はたびたび洪水を引き起こしヤマタノオロチ
伝説にも関連があるという川、日本海側に注いでいた本流を江戸時代に宍道湖につけかえた。

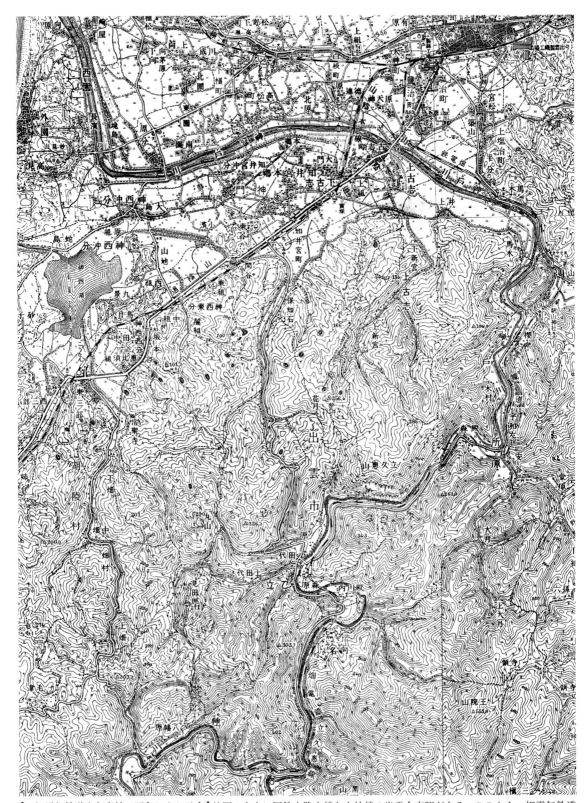

【一畑電気鉄道立久恵線　昭和24（1949）年】地図の右上に国鉄山陰本線と大社線の出雲今市駅がある。ここから一畑電気鉄道北松江線と立久恵線が出ていた。出雲今市は昭和32（1957）年改称され出雲市駅になった。駅の周りに繊維工場が見えるが出雲平野はコメのほか綿花の栽培も盛んで「雲州木綿」の集散地であった。立久恵線は出雲今市を出ると、南に向かい神戸川（かんどがわ）に沿って進む。線名には「出雲鐵道」の表記もみえるが出雲鉄道は昭和13（1938）年すでに一畑電鉄になっている。途中線路が西に方向に向かうところに立久恵峡の駅があり、その上に立久恵峡の文字が見える。終点出雲須佐はスサノオノミコトゆかりの須佐神社がある。なお、この線の多くが国道184号の道路用地に転用されている。

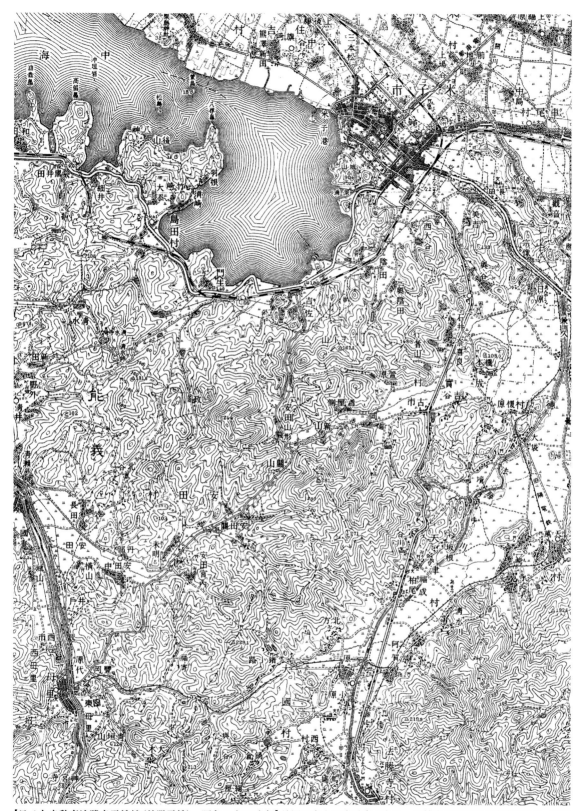

【日ノ丸自動車法勝寺電鉄線（伯陽電鉄）　昭和7（1932）年】地図の右上に米子市がある。国鉄米子駅は町の南東にあり、駅前から港の方に向かう米子電車軌道が出ており、米子と皆生温泉を結んでいたが昭和13（1938）年に廃止になった。法勝寺鉄道は国鉄の駅からは北へ少し離れたところに米子町のターミナルがあった。法勝寺鉄道は大正14年（1925）年伯陽電鉄に改名、地図にも伯陽電鉄と記されている。路線は法勝寺川に並行して南下、法勝寺に向かった。途中阿賀から西へ分かれ母里に向かうる支線がある。終点の母里は、隣の島根県にあり、この線は昭和19（1944）年に休止になっている。

あとがき

　第6号「中国地方の私鉄」をお届けいたします。中国地方というと範囲が広く、山陽・山陰地方岡山・広島・山口、島根・鳥取の5県をまとめています。これら5つの県には昭和30年代まで実に16の地方鉄道が存在し、地元の足になっていました。ぼくが地方私鉄を回り出したころ、まだ随所に終戦後の混乱の名残は残っていましたが、日本は復興に向けて国全体が進み始めた時代でもありました。各地の道路の整備も進んでいて、名物の未舗装の道路も少しずつ整備が進みバス転換の始まった時代です。

　中国地方の中小私鉄を見るといくつかのパターンに分かれています。中堅都市に基盤を置きてますます発展を遂げた広島電鉄、瀬戸内に発展した臨港地帯に根差した水嶋臨港鉄道、幾度の経営危機にさらされながらも観光鉄道として存在感を残す一畑電車、この3つの鉄道が山陽、山陰に残る私鉄になりました。昭和30～40年の間、それ以外の特に弱小路線の廃止が続きました。また国鉄線の延伸によって置き換わった西大寺鉄道のケースもありますし、井原鉄道の場合は新しい鉄道の建設がありました。瀬戸大橋線の開業に合わせるかのように消えた下津井電鉄とともに、軌間の狭い軽便鉄道の悲劇かもしれません。

　万全かと思われた同和鉱業片上鉄道は、鉱山の衰退と国鉄の貨物輸送の見直しでその使命を全うしました。

　かつて国鉄線の各駅から出ていた弱小の私鉄はすべて姿を消しました。今そこを列車で通ると、その駅は無人駅になっていたり、あるいは立派な駅前広場やビルの立ち並ぶ小都会が出現して戸惑うことがありますが、そこにはJR線からのわずかな乗換え客を待っていた機械式ディーゼルカーの姿を見ることはできません。

　この第26巻は中国地方5県に存在した16の鉄道をご紹介しました。ぼくにとって訪問回数の少なかった地域でもあります。そのためにJ.W.ヒギンズさん、荻原二郎さん、江本廣一さんをはじめ趣味界の先輩から写真を拝借しました。また湯口徹さんなど関西在住の皆様の足跡に負うことも多い1冊になりました。

　このシリーズの対象範囲の少し前に廃止された鞆鉄道はコラム的扱いで取り上げています。今後もこの傾向は増えるかもしれません。またこの地方にかつて存在した陰陽連絡鉄道について少し角度を変えて解説を加えてみました。ご一読いただき、ご指摘いただければと思います。

　次号は第14巻「越後の私鉄」を取り上げます。比較的健全経営だった4つの私鉄が存在し、今は私鉄が一つもない地域(北陸新幹線開通までのつなぎ役だった北越急行、JRから転換したえちごときめき鉄道は除いて)です。ご期待ください。

2022年8月20日　髙井薫平

車両諸元表

（作成：亀井秀夫）

諸元表注記

車体寸法：単位mm　小数点以下四捨五入　長さ：連結面寸法・最大幅：入口ステップを含む・最大高さ：集電装置付き車両はその折り畳み高さ

自重：単位　ton　小数点以下は1位に四捨五入・機関車は運転整備重量

定員：80（30）総定員80名内座席定員30名

台車：製造所略称・形式、型式名称のないものは台枠構造など表示または無記入。TR,DTは国鉄制定台車型式を表す

軸距：単位mm　小数点以下四捨五入　フィート・インチ軸距は1フィート=304.8mm、1インチ=25.4mmで換算

制御器：製造所略称・形式名記入のない場合、接触器型式・制御方式を表す

主電動機：製造所略称・出力kW×個数　小数点以下四捨五入

内燃機関：製造所略称・連続（定格）出力（PS）＆最高出力　小数点以下2位を四捨五入、kW換算率　1kW=1.3596PS・回転数 rpm

車両履歴：M 明治　T 大正　S 昭和　H 平成　R 令和

製造所略称：(Brill) J.G Brill and Company、（Baldwin) Baldwin Locomotive Works、(Continental) Continental Motors Company、(EE) The English Electric Company Limited、(GE) General Electric Company、(M & G) Mountain & Gibson Ltd、(Koppel) Orenstein & Koppel-Arthur Koppel A.G・Orenstein & Koppel A.G、(Krauss) Lokomotivfabric Krauss & Comp.、(Linke Hofman) Linke-Hofmann-Busc、(Vulcan) Vulcan Foundry Co Ltd、(Waukesha) Waukesha Engine Co、(WH) Westinghouse Electric Corporation、（いすゞ）いすゞ自動車、（梅鉢鉄工）梅鉢鐡工場・梅鉢鐡工所・梅鉢車輛、（加藤車輌）加藤車輌製作所、（川崎車輌）川崎車輌本社工場、（川崎造船）川崎造船所兵庫工場、（汽車会社）汽車會社製造本店支店不明、（汽車大阪）汽車會社製造大阪、（汽車岡山）汽車會社製造岡山製作所、（汽車支店）汽車會社製造東京支店、（木南車輌）木南車輌製造、（芝浦）東京芝浦電気、（住友金属）住友金属工業、（西武所沢）復興社所沢車輌工場・西武建設所沢車輌工場・西武鉄道所沢車輌工場、（東急車輌）東急車輌製造、（帝国車輌）帝国車輌工業→東急車輌製造、（東京機械）東京機械製造、（東京電機）東京電機車輌、（東洋電機）東洋電機製造、（名古屋電車）名古屋電車製作所、（新潟鉄工）新潟鐵工所、（日鉄自）日本鉄道自動車工業・日本鉄道自動車、（日本車輌）日本車輌製造本店支店不明、（日車支店）日本車輌製造東京支店、（日車本店）日本車輌製造名古屋、（日立）日立製作所、（日立笠戸）日立製作所笠戸工場、（日野）日野ディーゼル・日野自動車工業、（富士宇都宮・宇都宮車輌）富士産業宇都宮→宇都宮車輌宇都宮工場→富士重工、（扶桑金属）扶桑金属工業→住友金属工業、（松井車輌）松井車輌製作所

前所有：（愛知電鉄）愛知電気鉄道、（池上電鉄）池上電気鉄道、（京阪神急行）京阪神急行電鉄、（同和鉱業片上）同和鉱業片上鉄道事務所、（同和鉱業小坂）同和鉱業小坂鉄道事業所、（山陰中央）山陰中央鉄道、（駿遠電気）駿遠電気鉄道、（野上電鉄）野上電気鉄道、（藤田興業片上）藤田興業片上鉄道海運事務所

諸元表各項は極力廃車時のデータの採用に努めたが、不明な場合は新製時のデータ等を記載するか空白とする。

藤田興業片上鉄道 車両諸元表（蒸気機関車）　本諸元表は昭和30（1955）年以降蒸気機関車による運用が停止するまで在籍した車両を対象とす

形　式	番　号	軸配置	気筒径×行程 mm	実用最高気圧 kg/cm2	運転整備重量 （炭水車） ton	最大長 mm	最大幅 mm	最大高 mm	動輪直径 mm
片4	9	1C1	381×559	10.0	44.5	10,033	2,680	3,632	1,270
C11-100	C11-101	1C2	450×610	15.0	68.1	12,650	2,936	3,940	1,520
C11-100	C11-102	1C2	450×610	15.0	68.1	12,650	2,936	3,940	1,520
C11-100	C11-103	1C2	450×610	15.0	68.1	12,650	2,936	3,940	1,520
C12	C12-201	1C1	400×610	14.0	50.1	11,350	2,940	3,900	1,400
C12	C12-202	1C1	400×610	14.0	50.0	11,350	2,742	3,880	1,400
C13	C13-50	1C2	406×558	13.0	60.6	12,200	2,740	3,885	1,250
C13	C13-51	1C2	406×558	13.0	60.6	12,200	2,740	3,672	1,250

藤田興業片上鉄道 車両諸元表（内燃機関車・気動車・客車）　本諸元表は昭和30（1955）年から平成03（1991）年の路線廃止まで在籍した車両を対象とす

項目	形　式	記号番号	車体寸法			自重（荷重） ton	軸配置 定員（座席）	台　車			内　燃　機　関			変速機
			最大長 mm	最大幅 mm	最大高 mm			製造所	形式	軸距 mm	製造所	形式	連続出力（馬力） 回転数rpm	
1	DD13	DD13-551	13,600	2,840	3,849	55.0	BB	日車本店	NL-8B	2,200	新潟鉄工	DMF31-SBl×2	600/1,500	DBS138
2		DD13-552	13,600	2,840	3,849	55.0	BB	日車本店	NL-8B	2,200	新潟鉄工	DMF31-SBl×2	600/1,500	DBS138
3		DD13-553	14,400	2,840	3,849	55.0	BB	日車本店	NL-8B	2,200	新潟鉄工	DMF31-SBl×2	600/1,500	DBS138
4		DD13-555	14,400	2,840	3,849	55.0	BB	日車本店	NL-8B	2,200	新潟鉄工	DMF31-SBl×2	600/1,500	DBS138
5		DD13-556	14,400	2,840	3,849	55.0	BB	日車本店	NL-8B	2,200	新潟鉄工	DMF31-SBl×2	600/1,500	DBS138
6	キハニ101	キハニ101	11,420	2,640	3,455	12.0 (1.0)	46 (24)			1,500	Waukesha	6MK	68.5/1,600	機械式
7	フハ102	フハ102	11,420	2,640	3,455	10.5	65 (22)			1,500				
8	キハ300	キハ301	16,600	2,720	3,625	22.7	109 (60)		TR26	1,800		DMF13	135/1,500	DB100
9		キハ302	16,600	2,720	3,625	22.7	109 (60)		TR26	1,800		DMF13	135/1,500	DB100
10		キハ303	16,600	2,720	3,625	22.7	136 (58)		TR26	1,800		DMF13	135/1,500	DB100
11		キハ305	16,600	2,720	3,625	22.7	109 (60)		TR26	1,800		DMF13	135/1,500	DB100
12	キハ310	キハ311	16,600	2,723	3,677	23.1	136 (58)		TR26	1,800		DMF13	135/1,500	DB100
13		キハ312	16,600	2,723	3,677	23.1	109 (60)		TR26	1,800		DMF13	135/1,500	DB100
14	キハ700	キハ701	19,800	2,740	3,610	27.4	96 (68)		TR29	2,000		DMH17C	180/1,600	DB115
15		キハ702	19,800	2,740	3,610	27.4	96 (68)		TR29	2,000		DMH17C	180/1,600	DB115
16		キハ703	19,800	2,740	3,610	27.4	96 (68)		TR29	2,000		DMH17C	180/1,600	DB115
17	キハ800	キハ801	20,100	2,860	3,675	31.8	100 (70)	日車支店	NA-6A NA-6AT	2,100	振興造機	DMH17H	180/1,500	TC2
18		キハ802	20,100	2,860	3,675	31.8	100 (70)	日車支店	NA-6A NA-6AT	2,100	振興造機	DMH17H	180/1,500	TC2
19	キハ3000	キハ3001	16,600	2,720	3,625	21.0	109 (62)		TR26	1,800	新潟鉄工	DMF13	135/1,500	機械式
20		キハ3002	16,600	2,720	3,625	21.0	109 (62)		TR26	1,800	新潟鉄工	DMF13	135/1,500	機械式
21		キハ3003	16,600	2,720	3,625	21.0	136 (58)		TR26	1,800		DMF13	135/1,500	機械式

片上鉄道(1920.10.17開業) 藤田興業片上鉄道海運事務所(1949.06.20改称) 同和鉱業片上事業所(1957.08.01改称) (1991.07.01営業廃止)

車両履歴						備考
製造所製番	製造年月	#設計認可*竣功届	前所有	旧番号	廃車年月(用途廃止)	
Baldwin 4034	M27.06	#S10.12	鉄道省	3313	S30.06	筑豊鉱業鉄道 17⇒九州鉄道 87(M30.10)→鉄道作業局 買収 87(M39.12)→改番 3313(M42.10)→廃車(S02.03)→佐久鉄道 3301(S02.05)→鉄道省 買収 3313(3301)(S09.09)→廃車⇒片上鉄道 9(S10.12)→廃車
日車本店 474	S22.04	*S23.07			S43.10	藤田興業片上 101(S23.06)→C11-101 改番(S25.04)→廃車
川崎車輌 191	S24.10	*S25.02			S43.04	藤田興業片上 C11-102(S25.02)→廃車
川崎車輌 192	S24.10	*S25.07			S43.04	藤田興業片上 C11-103(S25.07)→廃車
日立笠戸 781	S19.03	*S18.05			S43.10	藤田興業片上 10(S19.03)→C12-201 改番(S25.04)→廃車
日車本店 487	S10.12	*S25.07 *S25.08	大井川鉄道	121	S41.10	大井川鉄道 121⇒藤田興業片上 121(S25.02)→改番 C12-202(S25.08)
日車本店 268	#1S19.07	#S25.04 *S25.06	南海電鉄	C10002	S41.05	石原産業四日市 仮3→392 改番⇒近畿日本鉄道 C10002(S21.02)⇒南海電鉄 C10002(S22.06)⇒汽車会社 タンク機関車改造(S24.11)(*S25.09)⇒南海電鉄 C10002(S25.06)→C13-50 改造改番(S25.10)→運転室拡大改造 汽車会社(*S29.10)→廃車 #1南海電鉄工図 S19.01
日車本店 269	#2S19.07	#S25.04 *S25.06	南海電鉄	C10003	S41.05	石原産業四日市 仮4→改番393→近畿日本鉄道 C10003(S21.02)⇒南海電鉄 C10003(S22.06)⇒汽車会社 タンク関車化改造(S24.11)(*S25.09)⇒藤田興業片上 C10003(S25.06)→C13-51 改造改番(S25.10)→廃車 #2南海電鉄竣工図 S19.01

片上鉄道(1923.01.01開業) 藤田興業片上鉄道海運事務所(1950.06.20合併) 同和鉱業片上鉄道事務所(1957.08.01合併) (1991.06.30廃止)

車両履歴									備考
製造所製番	製造年月	#設計認可*竣功届	改造所	改造年月 #認可年月 *竣功届	改造内容	前所有	旧番号	廃車年月(用途廃止)	
日車本店 20	S40.07	#S40.08						H03.07	
日車本店 21	S40.07	#S40.08						H03.07	
日車本店 13	S42.10	*S42.10						S63.10	
日車本店 14	S42.10	*S42.10						S63.01	
日車本店 45	S43.09	*S43.09						S53.05	⇒同和鉱業小坂鉄道 DD13-556(*S53.05)→廃車(H21.04)
日車本店	S06.01	*S06.01		#S25.09 *S27.08	代燃装置取付・代燃装置撤去			S30.03	藤田興業 キハニ101(S06.01)⇒小坂鉄道 キハニ1001(*S30.03)→廃車(S36.03)
日車本店	S06.01	*S06.01	運輸省多度津工機部	S23.03	客車化改造(台枠強化)			S30.01	藤田興業 キハニ102(S06.01)→フハ102(*S23.03)→岡山臨港鉄道 貸渡(S26.11～S29.09)→和歌山鉄道 クハ802(*S30.01)→廃車(S41.12)
川崎車輌	S09.02		新潟鉄工所	*S42.10	液体変速機取付・自動扉化・総括制御化	国鉄	キハ41057	S49.01	鉄道省 キハ41057→廃車(S24.09)→藤田興業 キハ3001(S25.11)→キハ301(S42.04)→廃車→別府鉄道 キハ101(S49.04)→廃車(S59.02)
日車本店	S09.12		新潟鉄工所	*S42.10	液体変速機取付・自動扉化・総括制御化	国鉄	キハ41096	S56.10	鉄道省 キハ41096→廃車(S24.09)⇒藤田興業 キハ3002(S25.11)→キハ302(S42.04)→廃車
川崎車輌	S09.12		新潟鉄工所	*S43.10	液体変速機取付・自動扉化・総括制御化	国鉄	キハ41071	H03.07	鉄道省 キハ41071→廃車(S24.09)⇒藤田興業 キハ3003(S27.10)→キハ303(S42.04)→廃車
川崎車輌	S10.02		新潟鉄工所	S44.09 *S43.11	液体変速機取付・自動扉化・総括制御化	国鉄	キハ0533	S56.08	鉄道省 キハ41104→キハ41564(S26.12)→キハ41432(S31.12)→キハ0533(S32.04)→廃車(S33.12)⇒同和鉱業片上鉄道 キハ3006(*S34.06)→キハ305(S42.04)→廃車
宇都宮車輌	S28.06	*S28.06		S44.06	液体変速機取付・総括制御化	自社	キハ3004	S60.03	
宇都宮車輌	S28.06	*S28.06	新潟鉄工所	*S42.10	液体変速機取付・総括制御化	自社	キハ3005	H03.07	
日車本店	S11.03		新潟鉄工所	#S42.10 *S43.01	液体変速機取付 妻面窓一段化・シールドビーム二灯化	国鉄	キハ074	S47.11	鉄道省 キハ42013→キハ42053(S26.10)→キハ074(S32.04)→廃車(S41.08)⇒同和鉱業片上鉄道 キハ321(S48.01)→廃車(S55.03)
川崎車輌	S11.03		新潟鉄工所	#S42.10 *S43.01	液体変速機取付 妻面窓一段化・シールドビーム二灯化	国鉄	キハ075	H03.07	鉄道省 キハ42014→キハ42054(S27.03)→キハ075(S32.04)→廃車(S41.08)⇒同和鉱業片上鉄道 キハ702(S42.10)→廃車
新潟鉄工	S12.03		新潟鉄工所	#S42.10 *S43.01	液体変速機取付 妻面窓一段化・シールドビーム二灯化	国鉄	キハ078	S56.10	鉄道省 キハ42046→キハ42507(S26.06)→キハ078(S32.04)→廃車(S41.08)⇒同和鉱業片上鉄道 キハ703(S42.10)→廃車
日車本店	S37.08			*S56.09	譲受車両使用設計変更認可 貫通幌撤去・台車砂箱撤去・扇風機取付	同和鉱業小坂	キハ2108	H03.07	同和鉱業小坂 キハ2104→キハ2108改番(S42.11)→廃車(S56.05)⇒同和鉱業片上 キハ801(*S56.09)→廃車
日車本店	S37.04			#S58.12	同一設計増加届 貫通幌撤去・台車砂箱撤去	同和鉱業小坂	キハ2102	H03.07	同和鉱業小坂 キハ2102→廃車(S58.11)→同和鉱業片上 キハ802(*S56.09)→廃車
川崎車輌	S09.02		富士宇都宮	#S25.11 *S31.09	入線整備・代燃装置取付 ディーゼル化 GMF13→	国鉄	キハ41057		鉄道省 キハ41057→廃車(S24.09)⇒藤田興業 キハ3001→ 項目8参照 連結器・前照灯改造前 車体寸法 16,220×2,720×3,880
日車本店	S09.12		富士宇都宮	#S25.11 *S31.09	入線整備・代燃装置取付 ディーゼル化 GMF13→	国鉄	キハ41096		鉄道省 キハ41096→廃車(S24.09)⇒藤田興業 キハ3002→ 項目9参照 連結器・前照灯改造前 車体寸法 16,220×2,720×3,880
川崎車輌	S09.02		富士宇都宮	*S27.10 *S31.09 *S39.03	同一設計増加認可 ディーゼル化 GMF13→ ロングシート化 定員109(60)→	国鉄	キハ41071		鉄道省 キハ41071→廃車(S19.07)⇒藤田興業 キハ3003(*27.10)→ 項目10参照 連結器・前照灯改造前 車体寸法 16,220×2,720×3,880

項目	形式	記号番号	車体寸法 最大長 mm	最大幅 mm	最大高 mm	自重(荷重) ton	軸配置定員(座席)	台車 製造所	形式	軸距 mm	内燃機関 製造所	形式	連続出力(馬力)回転数rpm	変速機
22	キハ3000	キハ3004	16,593	2,723	3,677	21.0	136 (58)		TR26改	1,800		DMF13	135/1,500	機械式
23		キハ3005	16,593	2,723	3,677	21.0	109 (62)		TR26改	1,800		DMF13	135/1,500	機械式
24		キハ3006	16,600	2,720	3,625	20.5			TR26	1,800				機械式
25	フハ30	フハ30	9,560	2,610	3,630	10.6	70 (34)36			3,810				
26		フハ31	9,560	2,610	3,630	10.6	70 (34)36			3,810				
27	フハ32	フハ32	9,660	2,320	3,530	6.8	50 (20)			3,810				
28		フハ33	9,660	2,320	3,530	6.6	50 (20)			3,810				
29	フハ50	フハ51	9,660	2,610	3,565	11.9	70 (34)			3,810				
30		フハ52	9,660	2,610	3,565	11.9	70 (34)			3,810				
31	ホハフ300	ホハフ301	17,620	2,740	3,770	22.6	130 (76)		TR11	2,450				
32	ホハフ2000	ホハフ2001	17,680	2,850	4,005	22.5	104 (82)		TR11	2,450				
33		ホハフ2002	17,680	2,850	4,005	22.5	104 (82)		TR11	2,450				
34		ホハフ2003	17,680	2,850	4,005	22.5	104 (82)		TR11	2,450				
35		ホハフ2004	17,680	2,850	4,005	22.5	104 (82)		TR11	2,450				
36		ホハフ2005	17,680	2,850	4,005	23.0	104 (82)		TR11	2,450				
37	ホハフ3000	ホハフ3001	20,000	2,875	4,020	31.3	108 (88)		TR34	2,450				
38		ホハフ3002	20,000	2,875	4,020	31.3	108 (88)		TR34	2,450				
39	ワフ15	ワフ15	9,560	2,610	3,630	11.6 (3.0)				3,810				
40		ワフ16	9,560	2,610	3,630	11.6 (3.0)				3,810				
41	ニフ15	ニフ17	9,560	2,610	3,630	11.6 (3.0)				3,810				
42	ワフ15	ワフ17	9,560	2,610	3,535	11.6 (3.0)				3,810				

西大寺鉄道 車両諸元表（気動車・客車）　本諸元表は昭和30（1955）年から昭和37（1962）年の路線廃止まで在籍した車両を対象とする。

項目	形式	記号番号	車体寸法 最大長 mm	最大幅 mm	最大高 mm	自重(荷重) ton	軸配置定員(座席)	台車 製造所	形式	軸距 mm	内燃機関 製造所	形式	連続出力(馬力)回転数rpm	変速機
1	キハ1	キハ1	5,570	2,100	3,020	3.8	20 (10)			2,000	トヨタ		26.0/	
2		キハ2	5,570	2,100	3,020	3.8	20 (12)			2,000	トヨタ		26/	
3		キハ3	5,504	2,100	2,862	3.8	20 (12)			2,000	トヨタ		26/	
4		キハ4	5,504	2,100	2,862	3.8	20 (12)			2,000	トヨタ		26/	
5		キハ5	5,504	2,100	2,862	3.8	20 (12)			2,000	トヨタ		26/	
6	キハ6	キハ6	11,482	2,120	3,195	11.5	60 (30)	日車本店		650+1,000 1,300	いすゞ	DA43	85.0/2,500	
7		キハ7	11,754	2,120	3,120	11.5	60 (30)	川崎車輌		650+1,000 1,300	いすゞ	DA43	85.0/2,500	
8	キハ8	キハ8	6,060	2,130	3,196	5.0	20 (12)			2,000	いすゞ	DG32	45/	
9		キハ10	6,060	2,130	3,196	5.0	20 (12)			2,000	いすゞ	DG32	45/	
10	ハボ	ハボ1〜3	8,384	2,134	2,946	4.0	50 (28)			838				
11		ハボ4,6	8,774	2,140	2,930	4.0	50 (28)			838				

	車両履歴								備考
製造所 製番	製造年月	#設計認可 *竣功届	改造所	改造年月 #認可年月 *竣功届	改造内容	前所有	旧番号	廃車年月 (用途廃止)	
宮車輌	S28.06	*S28.06		#S31.09 *S39.09	ディーゼル化 GMF13→ ロングシート化 定員109(60)→				項目12参照
宮車輌	S28.06	*S28.06		#S31.09	ディーゼル化 GMF13→				項目13参照
崎車輌	S10.02			#S34.06 *S36.02 *S41.03	ディーゼル化 DA58→ 前照灯取付位置変更	国鉄	キハ0533		鉄道省 キハ41104→キハ41564(S26.12)→キハ41432(S31.12)→キハ0533(S32.04)→廃車(S33.12)⇒同和鉱業片上鉄道 キハ3006(S34.06)→ 項目11参照
車輌	S02.09		水野造船宮島	S25.08 *S26.06	車体改造 (木製車体半鋼製化) 空気ブレーキ取付	小野田鉄道	ハフ2		小野田鉄道 ハフ2(*S02.09)→廃車(S14.04)⇒片上鉄道 フハ30(*S14.09)→ハフ30(#S26.06)→ 項目40参照
車輌	S02.09		水野造船宮島	S25.06 *S26.06	車体改造 (木製車体半鋼製化) 空気ブレーキ取付	小野田鉄道	ハフ3		小野田鉄道 ハフ3(*S02.09)→廃車(S14.04)⇒片上鉄道 フハ31(*S14.09)→ハフ31(*S26.06)→ 項目41参照
車輌	T12.12		水野造船宮島	S25.03 *S26.06	車体改造 (木製車体半鋼製化) 空気ブレーキ取付	運輸省	ハフ1500		⇒鉄道省 買収 ハフ1500⇒片上鉄道 フハ32(S24.05)(*S24.11)→ハフ32(*S26.06)→ 項目42参照
車輌	T12.12		水野造船宮島	*S26.06	車体改造 (木製車体半鋼製化) 空気ブレーキ取付	運輸省	ハ1153		宇部鉄道 ハ101→鉄道省 買収 ハ1153(S18.05)⇒片上鉄道 ハ4(#S23.09)→フハ35(S24.08)→フハ33(S24.09)→ハフ33(*S26.06)→ 項目39参照
日工場	M31.--		水野造船宮島	#S24.10	車体改造 (木製車体半鋼製化)	鉄道省	ハ2098	S43.04	鉄道作業局 ハ482→ハ2098→廃車(T03.01)⇒片上鉄道 ハ12(*T12.02)→フハ25(S02.02)→ハフ51(S25.01)→廃車
機械	M36.02		汽車岡山	#S24.08 #S24.10	手用制動機取付 車体改造 (木製車体半鋼製化)	鉄道省	ロハ296	S43.04	片上鉄道 ロハ1(*T12.02)→ロハ1 二等廃止(S02.02)→ハ1(S13.08)→フハ17(S24.08)→ハフ52(S25.04)→廃車
鉄道 工場	M39.--		水野造船宮島 中国工業	S24.05 S26.01	車体改造・手用ブレーキ取付 三軸ボギー台車変更・空気ブレーキ取付	運輸省	#1オハ8513	S43.04	山陽鉄道 2625⇒鉄道作業局 買収(M39.08) ホロハ9400(M42.01)→ナロハ8200(S03.10)→オハ8513→廃車(23.05)⇒片上鉄道 ホハフ301(S24.05)→廃車 #1旧番 ホハフ8801 可能性アリ(片上鉄道 ホハフ302→小坂鉄道)
宇都宮	S25.06	*S26.04						S47.06	国鉄#2サハ78019台枠流用半鋼製車体新製 #2現車台枠 木製大型客車用
宇都宮	S25.06	*S26.04						H03.07	国鉄スロ3325台枠流用半鋼製車体新製
ニワ工機	S25.06	*S25.10						H03.07	国鉄ナハ22000形台枠流用半鋼製車体新製
ニワ工機	S25.06	*S25.10						H03.07	国鉄ナハ22000形台枠流用半鋼製車体新製
ニワ工機	S25.06	*S25.10						S63.03	国鉄ナハ22000形台枠流用全鋼製車体新製
工	S22.01	S56.03		S56.10	便所、洗面所撤去・車掌室設置	国鉄	オハ351058	H03.07	鉄道省 オハ351058→多度津工場 更新修繕I→廃車(S55.11)⇒同和鉱業片上鉄道 ホハフ3001(S56.03)→廃車
車	S22.08	S56.03		S56.10	便所、洗面所撤去・車掌室設置	国鉄	オハ351127	H03.07	鉄道省 オハ351058→多度津工場 更新修繕I→廃車(S55.11)⇒同和鉱業片上鉄道 ホハフ3001(S56.03)→廃車
車輌	T12.12	#S23.09	自社工場	S35.06	荷物緩急車化改造	運輸省	ハ1153	S51.03	宇部鉄道 ハ101→鉄道省 買収 ハ1153(S18.05)⇒片上鉄道 ハ4(#S23.09)→フハ35(S24.08)→フハ33(*S24.09)→ハフ33(*S26.06)→ワフ15(S38.06)→ニフ15(S48.06)→廃車
車輌	S02.09	*S14.09	自社工場	S36.07	荷物緩急車化改造	小野田鉄道	ハフ2	S51.03	小野田鉄道 ハフ2(*S02.09)→廃車(S14.04)⇒片上鉄道 フハ30(*S14.09)→ハフ30(*S26.06)→ワフ16(S36.07)→ニフ16(*S38.06)→廃車
車輌	S02.09	*S14.09	自社工場	S40.08	荷物緩急車化改造	小野田鉄道	ハフ3	S48.03	小野田鉄道 ハフ3(*S02.09)→廃車(S14.04)⇒片上鉄道 フハ31(*S14.09)→ハフ31(*S26.06)→ニフ17(*S40.08)→廃車
車輌	T12.--		自社工場	S41.01	荷物緩急車化改造	運輸省	#3ハフ1500	S51.03	⇒鉄道省 買収 ハフ1500⇒片上鉄道 フハ32(*S24.11)→ハフ32(*S26.06)→ニフ18(S41.01)→ワフ17(S48.03)→廃車 #3戦時買収車旧所属不明

西大寺軌道（1911.12.29開業）西大寺鉄道（1914.09.06改称）両備バス西大寺鉄道（1955.10.01合併改称）1962.09.08廃止

	車両履歴								備考
製造所 製番	製造年月	#設計認可 *竣功届	改造所	改造年月 #認可年月 *竣功届	改造内容	前所有	旧番号	廃車年月 (用途廃止)	
鉢鉄工	S06.06	*S06.07	自社工場	S25.02	ディーゼル化 前面湘南形改造			S37.09	
鉢鉄工	S06.10	*S06.11	自社工場	S23.08	ディーゼル化 前面湘南形改造			S37.09	
鉢鉄工	S06.10	*S06.11	自社工場	S24.05	ディーゼル化			S37.09	
鉢鉄工	S06.10	*S06.11	自社工場	S24.02	ディーゼル化			S37.09	
鉢鉄工	S06.10	*S06.11	自社工場	S24.12	ディーゼル化			S37.09	
車本店	S11.12	*S11.12	自社工場	S24.12	ディーゼル化 Ford V8→			S37.09	
崎車輌	S11.12	*S11.12	自社工場	S24.09	ディーゼル化			S37.09	
社工場	S26.06							S37.09	S09.10 #1梅鉢鉄工所製作 キハ100→ハボ23 ? (S26.06廃車) 車体2分割 #1梅鉢機械製作所(組立図記入)
社工場	S26.07							S37.09	S09.10 #2梅鉢鉄工所製作 キハ100→ハボ23 ? (S26.06廃車) 車体2分割 #2梅鉢機械製作所(組立図記入)
藤鉄所	M44.04							S37.09	
藤鉄工所	M44.04							S37.09	自転車台付

項目	形式	記号番号	車体寸法 最大長 mm	最大幅 mm	最大高 mm	自重(荷重) ton	軸配置 定員(座席)	台車 製造所	形式	軸距 mm	内燃機関 製造所	形式	連続出力(馬力) 回転数rpm	変速機
12		ハボ5,7〜10	8,384	2,134	2,946	4.0	50(28)			838				
13		ハボ11〜15	8,774	2,134	2,946	4.0	50(28)			838				
14	ハボ16	ハボ16,17	9,772	1,842	2,905	2.8	50(28)			914				
15	ハボ18	ハボ18	9,779	1,925	2,820	2.8	50(14)			914				
16	ハボ19	ハボ19,20	9,804	1,925	2,807	2.8	50(14)			914				
17	ハボ21	ハボ21	8,904	1,994	2,820	2.5	50(14)			914				

岡山臨港鉄道 車両諸元表(内燃機関車・気動車・客車)　本諸元表は昭和30(1955)年から昭和59(1984)年の路線廃止まで在籍した車両を対象とする

項目	形式	記号番号	車体寸法 最大長 mm	最大幅 mm	最大高 mm	自重(荷重) ton	軸配置 定員(座席)	台車 製造所	形式	軸距 mm	内燃機関 製造所	形式	連続出力(馬力) 回転数rpm	変速機
1	100	101	6,850	2,625	3,350	20.0	B	汽車大阪		2,200	振興造機	DMH17	150/1,500	機械式
2		102	6,850	2,625	3,250	20.0	B	汽車大阪		2,200	振興造機	DMH17	150/1,500	TC2
3		103	6,740	2,625	3,500	20.0	B	汽車大阪		3,000	振興造機	DMH17B	160/1,500	TC2
4		105	13,576	2,846	3,849	56.0	BB	汽車大阪		2,200		DMF31S×2	370/1,300	DS1.2/1.3
5	DD13	DD1351	13,576	2,846	3,849	56.0	BB	汽車大阪		2,200		DMF31S×2	370/1,300	DS1.2/1.3
6		DD1352	14,000	2,826	3,849	54.4	BB	汽車大阪		2,200		DMF31SB×2	500/1,500	DS1.2/1.3
7	キハ3000	キハ3001	16,220	2,720	3,880	20.5	110(64)	加藤車輌		1,800	日野	DA55	96/1,300	機械式
8		キハ3002	16,220	2,720	3,880	20.5	82(32)	加藤車輌		1,800	日野	DA55	96/1,300	機械式
9	キハ1000	キハ1003	11,500	2,720	3,685	17.4	82(32)		TR26	1,800	日野	DA55	96/1,300	機械式
10	キハ5000	キハ5001	17,800	2,734	3,730	25.1	124(60)	日車本店		1,800		DMH17	150/2,000	機械式
11		キハ5002	18,886	2,720	3,730	23.8	120(66)	日車本店		1,800		DMH17	150/2,000	機械式
12	キハ7000	キハ7001	20,100	2,730	3,695	29.5	122(70)	新潟鉄工	NH38(TR29系)	2,000	新潟鉄工	DMH17C	180/1,500	DF115
13		キハ7002	20,100	2,730	3,695	29.5	110(68)	新潟鉄工	NH38(TR29系)	2,000	新潟鉄工	DMH17C	180/1,500	DF115
14		キハ7003	20,100	2,730	3,695	29.5	122(70)	新潟鉄工	NH38(TR29系)	2,000	新潟鉄工	DMH17C	180/1,500	DF115
15	フハ300	フハ301	11,720	2,640	3,455	11.3	65(24)			1,500				

下津井電鉄 車両諸元表(電車・客車)　本諸元表は昭和30(1955)年以降から平成02(1990)年の路線廃止まで在籍した車両を対象とする。

項目	形式	記号番号	車体寸法 最大長 mm	最大幅 mm	最大高 mm	自重 ton	定員(座席)	台車 製造所	形式	軸距 mm	制御器 製造所	形式 制御方式	主電動機 製造所	形式	出力kw ×台数
1	モハ50	50	12,900	2,120	3,540	15.4	68(28)	加藤車輌		1,400	東洋電機	ES604-B 間接非自動	東洋電機	TDK586/1-C	22.4×4
2		51	12,900	2,120	3,540	15.4	68(28)	加藤車輌		1,400	東洋電機	ES604-B 間接非自動	東洋電機	TDK586/1-C	22.4×4
3		52	13,200	2,120	3,540	15.4	68(28)	加藤車輌		1,300 650+1,000	東洋電機	ES604-B 間接非自動	東洋電機	TDK586/1-C	22.4×4
4		53	13,200	2,120	3,540	15.4	68(28)	加藤車輌		1,300 650+1,000	東洋電機	ES604-B 間接非自動	東洋電機	TDK586/1-C	22.4×4
5		54	13,200	2,120	3,540	15.4	68(28)	加藤車輌		1,300 650+1,000	東洋電機	ES604-B 間接非自動	東洋電機	TDK586/1-C	22.4×4
6	モハ54	55	13,200	2,120	3,540	15.4	68(28)	ナニワ機		1,300	東洋電機	ES604-B 間接非自動	東洋電機	TDK586/1-C	22.4×4
7		65	13,200	2,120	3,540	15.4	68(28)	加藤車輌		1,300 650+1,000	東洋電機	ES604-B 間接非自動	東洋電機	TDK586/1-C	22.4×4
8	モハ101	101	12,424	2,080	3,733	16.5	82(36)	日立笠戸		1,300	日立	MMC-L-5B 間接自動	日立		27.0×4
9	モハ102	102	13,200	2,100	3,680	14.5	90(44)	ナニワ工機	NK91	1,300	東洋電機	ES604-B 間接非自動	東洋電機	TDK586/1-C	22.4×4
10	モハ103	103	13,200	2,100	3,632	15.5	90(42)	ナニワ工機	NK91	1,300	東洋電機	ES604-B 間接非自動	東洋電機	TDK586/1-C	22.4×4
11	モハ104	104	13,200	2,120	3,680	15.8	90(44)	加藤車輌		1,300 650+1,000	東洋電機	ES604-B 間接非自動	東洋電機	TDK586/1-C	22.4×4

造所 製番	製造年月	#設計認可 *竣功届	改造所	改造年月 #認可年月 *竣功届	改 造 内 容	前所有	旧番号	廃車年月 (用途廃止)	備 考
					車 両 履 歴				備 考
鉄工所	M44.04							S37.09	
鉄工	T02.02							S37.09	自転車台付
鉄工所	T06.06			*T15.02		菊池軌道	15～22 旧番号不明	S37.09	認可申請時 車体寸法(9,779+1,880+2,905)・定員 46(34)
鉄工所	T07.02			*T15.02		菊池軌道	15～22 旧番号不明	S37.09	認可申請時 車体寸法(9,779+1,930+2,819)・定員 46(34)
鉄工所	T06.06			*T15.02		菊池軌道	15～22 旧番号不明	S37.09	認可申請時 車体寸法(9,804+1,930+2,807)・定員 46(34)
鉄工所	M44.09			*T15.02		菊池軌道	15～22 旧番号不明	S37.09	認可申請時 車体寸法(8,903+2,070+2,819)・定員 40(34)

岡山臨港鉄道(1951.08.01 開業)(1984.12.30 廃止)

造所 製番	製造年月	#設計認可 *竣功届	改造所	改造年月 #認可年月 *竣功届	改 造 内 容	前所有	旧番号	廃車年月 (用途廃止)	備 考
					車 両 履 歴				備 考
大阪 8	S26.07	*S26.07						S59.07	
大阪 22	S28.08	#S23.08						S59.12	
大阪 30	S32.06	#S32.05						S59.12	
大阪 32	S35.11	#S36.01							項目5参照
大阪 32	S35.11							S59.12	岡山臨港鉄道 105⇒DD1351(S49.01)→廃車
大阪 38	S37.05			*S45.02		江若鉄道	DD1352	S59.12	江若鉄道 DD1352→廃車(S44.11) ⇒岡山臨港鉄道 DD1352(S44.11)(*S45.02)→廃車
車輌	S12.12	#S12.11	中国工業	*S26.07		国鉄	キハ200	S53.10	中国鉄道 キハニ200⇒運輸通信省 買収 キハニ200(S19.06) →廃車(S24.09)⇒岡山臨港鉄道 キハ3001(*S26.07)→廃車 公式製造年月 中国工業 S26.07
車輌	S08.04	#S08.04	中国工業	*S26.07 *S29.09		国鉄	キハニ140	S42.05	中国鉄道 キハニ140⇒運輸通信省 買収 キハニ140(S19.06) →廃車(S26.01)⇒岡山臨港鉄道 キハ3002(*S26.07)→廃車 公式製造年月 中国工業 S26.08
宮車輌	S26.03		汽車支店	S34.07	歯車比変更	常磐炭礦	キハ21	S59.12	常磐炭礦 キハ21(*S26.01)⇒岡山臨港鉄道 キハ1003(S34.11)→廃車 ⇒紀州鉄道 キハ1003(S60.04)→キハ605(S62.11)→廃車(H12.01)
本店	S12.05		大鉄工業	S35.03	車体更新	江若鉄道	キハ12	S59.12	江若鉄道 キニ12→キハ12(S35.--)→廃車(S44.11) ⇒岡山臨港鉄道 キハ5001(S45.02)→廃車
本店	S12.05			*S45.02		江若鉄道	キニ13	S55.05	江若鉄道 キニ13→廃車(S44.11) ⇒岡山臨港鉄道 キハ5002(S45.02)→廃車
鉄工	S30.09			*S53.11		水島臨海	キハ303	S59.12	夕張鉄道 キハ252→廃車(S46.11) ⇒水島臨海鉄道 キハ303(*S47.03) →廃車(S53.10)⇒岡山臨港鉄道 キハ7001(S54.02)→廃車
鉄工	S31.10			*S53.11		水島臨海	キハ304	S59.12	夕張鉄道 キハ253→廃車(S46.11) ⇒水島臨海鉄道 キハ304 認可(S47.03) →廃車(S53.10)⇒岡山臨港鉄道 キハ7002(S54.05)→廃車
鉄工	S33.08			*S53.11		水島臨海	キハ301	S59.12	夕張鉄道 キハ301(S33.08)→廃車(S46.11) ⇒倉敷市交通局 キハ301(*S43.06) →廃車(S53.10)⇒岡山臨港鉄道 キハ7003(S54.06)→廃車
本店	S06.05			S29.10		藤田興業片上	フハ111	S43.01	片上鉄道 キハニ111→フハ111(*S29.01) ⇒岡山臨港鉄道 フハ301(S29.09)→休車(S39.10)→廃車

下津井軽便鉄道(1911.08.02設立)(1913.11.11開業)下津井鉄道(1922.11.28改称)下津井電鉄(1949.08.20改称)(1990.12.31廃止)

製造所	製造年月 #認可	改造所	改造年月 #認可	改 造 内 容	前所有	旧番号	廃車年月 (用途廃止)	備 考
				車 両 履 歴				備 考
加藤車輌	S09.05 #S09.04	東京電機 ナニワ工機	S24.07 S36.01	ガソリン客車電動客車化 台車改造		カハ50		下津井軽便鉄道 カハ50(*S09.05)→モハ50(S24.07)→　項目13参照
加藤車輌	S09.07 #S09.04	東京電機 ナニワ工機	S24.07 S36.03	ガソリン客車電動客車化 台車改造		カハ51		下津井軽便鉄道 カハ51(*S09.05)→モハ51(S24.04)→　項目12参照
加藤車輌	S11.02 #S11.03	東京電機	S24.07	ガソリン客車電動客車化		カハ52	S45.04	下津井軽便鉄道 カハ52(*S11.03)→モハ52(S24.07)→廃車　項目14参照
加藤車輌	S11.09 #S11.09	東京電機	S24.04	ガソリン客車電動客車化		カハ53		下津井軽便鉄道 カハ53(*S11.09)→モハ53(S24.04)→　項目7参照
加藤車輌	S12.04 #S12.04	東京電機	S24.04	ガソリン客車電動客車化		カハ54		下津井軽便鉄道 カハ54(*S12.04)→モハ54(S24.04)→　項目11参照
加藤車輌	S12.04 #S12.04	東京電機 ナニワ工機	S24.07 S34.09	ガソリン客車電動客車化 台車変更		カハ55	S45.04	下津井軽便鉄道 カハ55(*S12.04)→モハ55(S24.07)→廃車
加藤車輌	S12.04 #S12.04	東京電機	S24.04	ガソリン客車電動客車化		モハ53	S45.04	下津井軽便鉄道 カハ53(*S12.04)→モハ53(S24.04)→モハ65(*S33.02) →廃車
日立笠戸	S26.09 #S26.10	自社工場	S38.12 #S38.08	台車改造枕バネ変更 #貫通路設置			S45.04	#1モハ101+クハ21 固定編成化
ナニワ工機	S29.04 #S29.07	ナニワ工機	S33.12 #S39.09	台車交換 #2片運化・貫通路設置			H02.02	#2モハ102+サハ3+クハ22 固定編成化
ナニワ工機	S36.10 #S36.08	自社工場	*S48.11	ワンマン化改造			H02.12	
加藤車輌	S12.04	東京電機 自社工場	S24.04 S39.05	ガソリン客車電動客車化 車体延長 片運・貫通路設置		モハ54	S45.04	下津井軽便鉄道 カハ54(*S12.04)→モハ54(S24.04)→モハ104(*S39.03) →廃車

項目	形　式	記号番号	車体寸法			自重 ton	定員 (座席)	台　車			制御器		主電動機		
			最大長 mm	最大幅 mm	最大高 mm			製造所	形式	軸距 mm	製造所	形式 制御方式	製造所	形式	出力kw ×台数
12		105	13,200	2,121	3,680	15.8	90 (44)	ナニワ工機		1,400	東洋電機	ES604-B 間接非自動	東洋電機	TDK586/1-C	22.4×
13	モハ110	110	13,200	2,100	3,680	16.0	82 (36)			1,300	東洋電機	ES604-B 間接非自動	東洋電機	TDK586/1-C	22.4×
14	モハ 1001	1001	13,200	2,000	3,680	15.5	82 (24)			1,400	東洋電機	ES604-B 間接非自動	東洋電機	TDK586/1-C	22.4×
15	モハ 2000	2001	13,200	2,123	3,680	18.5	53 (32)	住友金属	FS538	1,800	東洋電機	ES652-A 間接非自動	東洋電機	TDK586/1-C	*³26.0
16	サハ 2200	2201	13,200	2,120	3,167	11.5	63 (38)	住友金属	FS538	1,800					
17	クハ 2100	2101	13,200	2,123	3,680	15.9	54 (29)	住友金属	FS538	1,800					
18	クハ5	5	11,160	2,120	3,047	10.7	60 (24)	日本車輌		1,300 650+1,000					
19	クハ6	6	10,900	2,120	3,048	10.9	60 (24)	日本車輌		1,300					
20		7	10,900	2,120	3,048	10.9	60 (24)			1,300					
21		8	11,900	2,120	3,047	10.7	68 (32)	加藤車輌		1,300 650+1,000					
22	クハ9	9	11,262	2,130	3,050	10.1	74 (30)	加藤車輌		1,300					
23	クハ21	21	12,424	2,080	3,413	14.5	82 (36)	日立笠戸		1,300					
24	クハ22	22	13,200	2,100	3,195	10.8	90 (44)			1,300					
25		23	13,200	2,100	3,195	10.8	90 (44)	扶桑金属		1,300					
26	クハ24	24	13,200	2,100	3,166	10.8	90 (42)	ナニワ工機		1,400					
27	クハ25	25	13,200	2,100	3,195	12.5	90 (44)	加藤車輌		1,300					
28	クハ26	26	13,200	2,120	3,195	12.5	90 (44)	日車本店		1,300					
29	サハ1	1	10,300	2,100	3,017	11.0	74 (36)	日鉄自		1,500					
30		2	10,300	2,100	3,107	11.0	74 (36)			1,500					
31	サハ3	3	11,450	2,134	3,133	11.5	84 (40)	日鉄自		1,372					
32	ホハフ	2	7,010	1,981	3,048	3.6	36 (22)			914					
33	ホハフ	4	7,010	1,981	3,048	3.6	36 (22)			914					
34	ホハフ	6	7,010	1,981	3,048	3.6	36 (22)			914					
35	ホハ	3	7,010	1,981	3,048	3.5	40 (24)			914					
36	ホハ	8	7,010	1,981	3,048	3.5	40 (24)			914					
37	ホハ	5	7,722	2,096	3,023	3.5	40 (24)			1,067					
38	ホハ	10	7,722	2,096	3,023	3.5	40 (24)			1,067					
39	ホハフ	7 I	7,722	2,096	3,023		36 (22)			1,067					
40	ホハフ	7 II	9,868	2,096	3,023	4.5	60 (20)			1,067					
41	ホハフ	30	9,551	2,000	3,073	5.5	50 (36)			1,067					
42	ホハ	31	9,551	2,000	3,073	5.5	50 (36)			1,067					
43	ホハフ	32	9,551	2,000	3,073	5.5	50 (36)			1,067					

備南電鉄（玉野市営）車両諸元表（電車）　本諸元表は昭和30（1955）年以降から昭和47（1972）年の路線廃止まで在籍した車両を対象とする。

項目	形　式	記号番号	車体寸法			自重 ton	定員 (座席)	台　車			制御器		主電動機		
			最大長 mm	最大幅 mm	最大高 mm			製造所	形式	軸距 mm	製造所	形式 制御方式	製造所	形式	出力kw ×台数
1	モハ100	101	15,800	2,744	3,680	32.0	100 (48)	日立笠戸	KBD-104	2,134	日立	MMC H-10 間接自動制御	日立	HS-267	94.0×4
2		102	15,800	2,744	3,680	32.0	100 (48)	日立笠戸	KBD-104	2,134	日立	MMC H-10 間接自動制御	日立	HS-267	94.0×4
3		103	15,800	2,744	3,680	32.0	100 (48)	日立笠戸	KBD-104	2,134	日立	MMC H-10 間接自動制御	日立	HS-267	94.0×4
4	クハ200	201	11,200	2,540	3,690	12.4	60 (32)		菱枠型	1,500 1,900					

製造所	製造年月 #認可	改造所	改造年月 #認可	改造内容	前所有	旧番号	廃車年月 (用途廃止)	備　考
藤車輌	S39.--	自社工場	*S40.01	車体延長・ 片運・貫通路設置		モハ51	S45.04	下津井軽便鉄道 カハ51(*S09.05)→モハ51(S24.04)→モハ105(*S40.01) →廃車
藤車輌	S09.05 *S09.04	自社工場	S43.--	車体更新		モハ50	S52.09	下津井軽便鉄道 カハ50(*S09.05)→モハ50(S24.07)→モハ110(S43.--)→廃車
国車輌	S29.05	自社工場	S47.10	両運転台電動車化改造		クハ23	H02.12	台車・電装品(モハ52)車体(クハ23)流用 愛称 赤いクレパス号(S59.09～)
ルナ工機	S63.02						H02.12	*³絶縁強化出力アップ
ルナ工機	S63.02						H02.12	
ルナ工機	S63.02						H02.12	
車本店	S06.04 *S06.05	東京電機	S24.07	ガソリン客車制御客車化		カハ5	S45.04	下津井鉄道 カハ5(S06.04)→クハ5(S24.07)→廃車
車本店	S07.01 *S06.12	東京電機 自社工場	S24.04 S38.03	ガソリン客車制御客車 偏心台車改造 1,600mm→ コロ軸化		カハ6	S45.04	下津井鉄道 カハ6(S07.01)→クハ6(S24.04)→廃車
車本店	S07.01 *S06.12	東京電機 自社工場	S24.04 S38.03	ガソリン客車制御客車 化偏心台車改造 1,600mm→ コロ軸化		カハ7		下津井鉄道 カハ7(S07.01)→クハ7(S24.04)→　項目28参照
藤車輌	S08.06					カハ8		下津井鉄道 カハ8(S08.06)→クハ8(S24.04)→　項目27参照
自社工場	S29.05 *S29.07	自社工場					S48.02	*⁵カハ1(S27.07廃車)+*⁶カハ3(台枠+車体)流用 *⁴新造名義 *⁵S03.03 日本車輌本店製 *⁶S03.06 日本車輌本店製
立笠戸	S26.09	自社工場	S38.12	台車改造・貫通路設置			S45.04	
ニワ工機	S29.04 *S29.07	自社工場	S33.12 S39.09	台車取替 貫通路設置			H02.02	
国車輌	S29.05 *S29.07							下津井電鉄 クハ23(*S29.07)→モハ1001(S47.10)→　項目14参照
ニワ工機	S36.10						H02.12	
藤車輌	S08.06	東京電機 自社工場	S24.04 S39.03	ガソリン客車制御客車化 車体延長・ 片運・貫通路設置		クハ8	S45.04	下津井鉄道 カハ8(S08.06)→クハ8(S24.04)→クハ25(S39.03)→廃車
車本店	S07.01 *S06.12	自社工場	S40.02	車体延長・ 片運・貫通路設置		クハ7	S45.04	下津井鉄道 カハ7(S07.01)→クハ7(S24.04)→クハ26(S40.02)→廃車
社工場	S31.02				栗原電鉄	モハ 1401	S45.04	S24.08 日本鉄道自動車製 直接制御電動車付随車化
社工場	S31.02 *S31.04				栗原電鉄	モハ 1402	H02.02	S24.08 日本鉄道自動車製 直接制御電動車付随車化
社工場	S31.03	自社工場	S39.09	貫通路設置	栗原電鉄	モハ 1403	H02.02	S26.10 日本鉄道自動車製 直接制御電動車付随車化
水鉄工所	T02.10 *T02.11						S33.08	下津井軽便鉄道 ボハフ2→ホハフ2(S13.03)→廃車
水鉄工所	T02.10 *T02.11						S31.03	下津井軽便鉄道 ボハ1→ホハ1(S13.03)→ホハフ4(S26.03)→廃車
水鉄工所	T02.10 *T02.11						S31.03	下津井軽便鉄道 ボハ4→ホハ4(S13.03)→ホハフ6(S26.03)→廃車
水鉄工所	T02.10 *T02.11						S31.03	下津井軽便鉄道 ボハ3→ホハ3(S13.03)→廃車
水鉄工所	T02.11						S31.03	下津井軽便鉄道 ボロハ1→ホハ8(T12.07)→ホハ8(S13.03)→廃車
田鉄工所	T03.06						S31.03	下津井軽便鉄道 ボハ5→ホハ5(S13.03)→廃車
田鉄工所	T03.06						S31.03	下津井軽便鉄道 ボロハ3→ボハ10(T15.08)→ホハ10(S13.03)→廃車
田鉄工所	T03.06						S33.08	下津井軽便鉄道 ボハ8→ボハ7(T08.12)→ホハ7(T13.02)→ホハフ7 →ホハフ7(S31.03)→廃車
藤車輌	T12.12						S31.03	下津井鉄道 ボロハ4→ホハ11(T15.08)→ホハ11(S13.03)→ホハフ7(S26.03) →廃車
車本店	T03.09				赤穂鉄道	ホハ50	S36.12	両備軽便鉄道 トナ1→コロハ1⇒鉄道省買収 ケコハ220(S08.09) ⇒赤穂鉄道 ホハ50(S11.--)→下津井電鉄 ホハ30(S27.03)→ホハフ30(S28.06) →廃車
車本店	T03.09				赤穂鉄道	モハ52	S31.03	両備軽便鉄道 トナ3→コロハ3⇒鉄道省買収 ケコハ222(S08.09) ⇒赤穂鉄道 ホハ52(S11.--)⇒下津井電鉄 ホハ31(S27.03)→廃車
車本店	T03.09				赤穂鉄道	ホハ54	S36.12	両備軽便鉄道 トナ5→コロハ5⇒鉄道省買収 ケコハ224(S08.09) ⇒赤穂鉄道 ホハ54(S11.--)⇒下津井電鉄 流用 ホハ32(S27.03)→ホハフ32(S28.06) →廃車

備南電気鉄道(1950.04.01設立)(1953.04.05開業)玉野市電気鉄道(1956.03.24譲渡)(1972.04.01廃止)

製造所	製造年月 #認可	改造所	改造年月 #認可	改造内容	前所有	旧番号	廃車年月 (用途廃止)	備　考
立笠戸	S26.04						S39.11	玉野市営 モハ101→廃車(S40.02)⇒高松琴平電鉄(S40.03到着)→770(S40.09) →事故(S53.11)→廃車(S53.12)
立笠戸	S26.04						S39.11	玉野市営 モハ102→廃車(S40.02)⇒高松琴平電鉄(S40.03到着)→750(S40.09) →廃車(H11.06)
立笠戸	S26.04						S39.11	玉野市営 モハ103→廃車(S40.02)⇒高松琴平電鉄(S40.03到着)→760(S40.09) →廃車(H18.08)
藤車輌	S03.11		#S37.06		野上電鉄	クハ102	S45.--	野上電鉄 デハ7→デハ102(S21.11改番)→クハ102(S28.09) ⇒玉野市営 クハ102(S37.04)→廃車放置→焼却処分(S47.07)

玉野市営鉄道 車両諸元表（気動車）　昭和30年から廃止の昭和47年までに在籍した車両を対象とする。

項目	形式	記号番号	車体寸法 最大長 mm	車体寸法 最大幅 mm	車体寸法 最大高 mm	自重（荷重）ton	軸配置 定員（座席）	台車 製造所	台車 形式	台車 軸距 mm	内燃機関 製造所	内燃機関 形式	内燃機関 連続出力（馬力）回転数rpm	変速機
1	キハ100	キハ101	16,620	2,724	3,660	21.53	110 (53)		TR26	1,800		DMH17B	160/1,500	TC1.5
2		キハ102	16,500	2,740	3,670	20.1	102 (50)			1,800 900+1,200	振興造機	DMF13C	140/1500	TC1.5
3		キハ103	16,500	2,740	3,670	20.1	102 (50)			1,800 900+1,200	振興造機	DMF13C	140/1500	TC1.5
4		キハ104	13,120	2,640	3,555	15.7	90 (42)			1,500 750+1,150		DMF13C	140/1500	TC1.5

倉敷市交通局 車両諸元表（蒸気機関車）　本諸元表は昭和30(1955)年以降在籍した蒸気機関車を対象とする。

形式	番号	軸配置	気筒径×行程 mm	実用最高気圧 kg/cm2	運転整備重量（炭水車）ton	最大長 mm	最大幅 mm	最大高 mm	動輪直径 mm
	1	1B1	356×508	10.6	37.3	9,919	2,286	3,658	1,245
	5	1B1	356×508	10.6	38.2	9,699	2,286	3,660	1,260

倉敷市交通局 車両諸元表（内燃機関車・気動車・客車）　昭和30年から昭和50年代に入籍または除籍された車両を対象とする。

項目	形式	記号番号	車体寸法 最大長 mm	車体寸法 最大幅 mm	車体寸法 最大高 mm	自重（荷重）ton	軸配置 定員（座席）	台車 製造所	台車 形式	台車 軸距 mm	内燃機関 製造所	内燃機関 形式	内燃機関 連続出力（馬力）回転数rpm	変速機
1		DC501	8,330	2,740	3,705	30.0	C	川崎車輌			振興造機	DMH36	300/1,300	液体クラチ付歯車式
2		DC502	8,550	2,710	3,665	30.0	C	川崎車輌			三菱日本	DL-2L	370/1,800	液体変速機歯車変速式
3	DD500	DD501	11,400	2,700	3,700	50.0	BB	日立笠戸	DDB30728	2,000		DMF31SB	500/1,500	DB138
4		DD503	11,250	2,625	3,700	45.0	BB	日立笠戸	RD3181	2,000	振興造機	DMH17S×2	240/1,500	TC2.5
5		DD504	11,500	2,680	3,747	50.0	BB	川崎車輌	21E17422	2,000		DMH17S×2	250/1,500	TC2.5
6		DD505	11,500	2,680	3,747	50.0	BB	川崎車輌	21E17422	2,000		DMH17S×2	250/1,500	DBS115
7		DD506	11,400	2,700	3,700	50.0	BB	日立笠戸	DDB30728	2,000		DMF31SB	500/1,500	DB138
8		DD507	11,400	2,700	3,700	50.0	BB	日立笠戸	DDB30728	2,000		DMF31SB	500/1,500	DB138
9	DE700	DE701	14,150	2,950	3,965	70.0	CB	川崎車輌	DT132A DT131C	3,400 1,800		DML61ZA	1,250/1,500	DW6
10	キハ301	キハ301 I	11,120	2,642	3,390	13.0	70 (32)	日車本店		1,500	Waukesha	6SRL	78/1,500	機械式
11		キハ301 II	20,100	2,730	3,695	29.5	122 (70)	新潟鉄工	NH38 (TR29系)	2,000	新潟鉄工	DMH17C	180/1,500	DF115
12		キハ302	20,100	2,730	3,695	29.5	122 (70)	新潟鉄工	NH38 (TR29系)	2,000	新潟鉄工	DMH17C	180/1,500	DF115
13		キハ303	20,100	2,730	3,695	29.5	122 (70)	新潟鉄工	NH38 (TR29系)	2,000	新潟鉄工	DMH17C	180/1,500	DF115
14	キハ303	キハ304	20,100	2,730	3,695	29.5	122 (70)	新潟鉄工	NH38 (TR29系)	2,000	新潟鉄工	DMH17C	180/1,500	DF115
15	キハ305	キハ305	16,464	2,740	3,870	13.0	102 (55)	加藤車輌		800+965 1,625	振興造機	DMF13	120/1,500	機械式
16	キハ310	キハ310	16,440	2,710	3,780	21.3	110 (54)			1,800	振興造機	DMF13	120/1,500	機械式
17		キハ311	16,220	2,708	3,675	22.5	110 (66)		TR26	1,800	振興造機	DMF13	120/1,500	機械式
18		キハ312	16,220	2,708	3,675	22.5	110 (66)		TR26	1,800	振興造機	DMF13	120/1,500	機械式
19		キハ320	19,800	2,740	3,610	27.4	96 (68)		TR29	2,000		DMH17C	180/1,500	TC2
20		キハ321	19,800	2,740	3,610	27.4	96 (68)		TR29	2,000		DMH17C	180/1,500	DB115
21	キハ350	キハ351	20,000	2,758	3,710	30.0	92 (76)		DT19 TR47	2,000		DMH17B	160/1,500	TC2
22		キハ352	20,000	2,758	3,710	30.0	92 (76)		DT19 TR47	2,000		DMH17B	160/1,500	TC2
23		キハ353	20,000	2,758	3,710	30.0	92 (76)		DT19 TR47	2,000		DMH17B	160/1,500	TC2
24		キハ354	20,000	2,758	3,710	30.0	92 (76)		DT19 TR47	2,000		DMH17B	160/1,500	TC2

造所番	製造年月	#設計認可*竣功届	改造所	改造年月認可年月*竣功届	改造内容	前所有	旧番号	廃車年月(用途廃止)	備考
本店	S09.12		九州車輌 帝国車輌	S39.07 *S39.11	液体式変速機取付・蛍光灯化	三岐鉄道	キハ81	S47.06	鉄道省 キハ41097⇒廃車(S24.09)⇒三岐鉄道 キハ81(*S26.08)⇒廃車(S39.05)⇒玉野市営 キハ101(*S39.11)→廃車
支店	S25.12	#S26.01	九州車輌 帝国車輌	S39.08	機関換装(DA54→)座席増設	熊延鉄道	ヂハ101	S47.06	熊延鉄道 ヂハ101(*S26.08)⇒廃車(S39.03)⇒玉野市営 キハ102(*S39.11)→廃車
支店	S25.12	#S26.01	九州車輌 帝国車輌	S39.08	機関換装(DA54→)座席増設	熊延鉄道	ヂハ102	S47.06	熊延鉄道 ヂハ102(*S26.08)⇒廃車(S39.03)⇒玉野市営 キハ103(*S39.11)→廃車
本店	S10.12		九州車輌 帝国車輌	S39.07	機関換装(DA52→)液体式変速機取付	熊延鉄道	ヂハ103	S47.06	島原鉄道 キハニ104→廃車(S24.06)⇒熊延鉄道 ヂハ103(*S27.02)→廃車(S39.03)→玉野市営 キハ104(*S39.11)→廃車

水島工業都市開発(1948.08.20開業)倉敷市交通局

製造所製番	製造年月	*設計認可*竣功届	前所有	旧番号	廃車年月(用途廃止)	備考
車大阪	M41.--		胆振縦貫鉄道	4	S33.03 S33.09	大阪高野鉄道 7⇒東上鉄道 5(T05.05)⇒東武鉄道 19(T09.04)→廃車(S14.--)⇒胆振縦貫鉄道 4(*S15.02)(*S15.11)⇒三菱重工業水島建設事務所 1(*S18.09)(S19.02)⇒水島都市開発専用鉄道 1(S22.04)→水島工業都市開発 1(S23.08)→倉敷市交通局 1(S27.04)→廃車→売却(S36.12)→解体
車大阪	M36.08	# S24.06	運輸省	225	S31.06	中国鉄道 5(M36.08)⇒鉄道省 買収 225(S19.06)→廃車(S23.08)⇒水島工業都市開発 5(S24.06)→倉敷市交通局 5→廃車→売却(S31.07)→解体

三菱重工業水島航空機製作所専用鉄道(1942.09.17特許)(1943.06.30運輸開始)三菱地所(1946.05.--管理移管)
水島都市開発(1947.04.--管理移管)地方鉄道化(1948.06.22)倉敷市交通局(1952.04.01譲受)水島臨海鉄道(1970.04.01営業引継)

造所番	製造年月	#設計認可*竣功届	改造所	改造年月認可年月*竣功届	改造内容	前所有	旧番号	廃車年月(用途廃止)	備考
車輌)	S28.08	*S28.07						S41.--	倉敷市営鉄道 DC501→廃車⇒別府鉄道 DC302(S41.06)→廃車(S59.02)
車輌)	S31.06	*S31.09						S41.--	倉敷市営鉄道 DC502→廃車⇒茨城交通 ケキ104(S41.06)→廃車
立戸72	S43.06								水島臨海鉄道 DD507(S43.02)→DD501→
立戸55	S33.01	*S33.04						H03.10	
車輌	S35.11	*S36.03						H03.10	
車輌	S36.11	*S36.06						H26.03	
立戸64	S41.02	*S41.04							
立戸72	S43.06								水島臨海鉄道 DD507(S43.02)→ 項目2参照
車輌	S46.02								
本店	S05.07	*S05.08				国鉄	キハニ40707		芸備鉄道 キハニ8(*S05.09)⇒鉄道省 買収 キハニ40707(S12.07)→廃車(S17.--)⇒水島都市開発 キハ301(#23.08)→ホハ301 項目36参照
鉄工	S33.08					夕張鉄道	キハ301	S53.10	夕張鉄道 キハ301(S33.08)⇒倉敷市交通局 キハ301(*S43.06)→廃車(S53.10)⇒岡山臨港鉄道 キハ7003(S54.06)→廃車(S59.12)
鉄工	S33.08					夕張鉄道	キハ302	S50.03	夕張鉄道 キハ302(S33.08)⇒倉敷市交通局 キハ302(*S43.06)→事故廃車(S50.03)
鉄工	S30.07	*S30.09				夕張鉄道	キハ252	S53.10	夕張鉄道 キハ252(S30.09)⇒水島臨海鉄道 キハ303(*S47.03)→廃車(S53.10)⇒岡山臨港鉄道 キハ7001(S54.02)→廃車(S59.12)
鉄工	S31.10	*S31.11				夕張鉄道	キハ253	S53.10	夕張鉄道 キハ253(S31.11)⇒水島臨海鉄道 キハ304(*S47.03)→廃車(S53.10)⇒岡山臨港鉄道 キハ7002(S54.05)→廃車(S59.12)
車輌	S11.05	*S11.06				国鉄	キハニ181	S48.--	中国鉄道 キハニ181(S11.06)⇒運輸通信省 買収 キハニ181(S19.06)→廃車(S24.09)⇒水島都市開発 キハ305(*S27.09)→廃車
車輌	S12.12	*S12.11				国鉄	キハニ201	S49.--	中国鉄道 キハニ201(S12.12)⇒運輸通信省 買収 キハニ181(S19.06)→廃車(S24.09)⇒水島都市開発 キハ310(*S27.09)→廃車
省工場	S09.10					国鉄	キハ04 11	S48.--	鉄道省 キハ41088(S09.10)→キハ41210(S24.03)→キハ41310(S27.11)→キハ0411(S32.04)→廃車(S33.01)⇒倉敷市交通局 キハ311(*S33.08)→廃車
本店	S09.01					国鉄	キハ04 32	S52.--	鉄道省 キハ41036(S09.01)→キハ41516(S25.12)→キハ41331(S29.12)→キハ0432(S32.04)→廃車(S34.04)⇒倉敷市交通局 キハ312(*S35.02)→廃車
車輌	S27.10		自社工場	*S47.02		国鉄	キハ07 202	S55.05	国鉄 キハ42618→キハ07119(S24.03)→廃車(S44.10)⇒水島臨海鉄道 キハ320(S46.--)→廃車
本店	S11.03		自社工場	*S47.11		同和鉱業片上	キハ701	S55.03	鉄道省 キハ42013→キハ42053(S26.10)→キハ074(S32.04)→廃車(S41.08)⇒同和鉱業片上鉄道 キハ701(S42.10)→廃車⇒水島臨海鉄道 キハ321(S48.01)→廃車
車輌	S30.11		自社工場	*S51.12		国鉄	キハ10 3	S62.06	国鉄 キハ48102→キハ10 3(S32.04)→廃車(S53.05)⇒水島臨海鉄道 キハ351→廃車
車輌	S30.12		自社工場	*S51.12		国鉄	キハ10 7	H01.02	国鉄 キハ48106→キハ10 7(S32.04)→廃車(S51.02)⇒水島臨海鉄道 キハ352(S51.12)→廃車
車輌	S30.11		自社工場	*S51.12		国鉄	キハ10 4	S63.06	国鉄 キハ48103→キハ10 4(S32.04)→廃車(S53.05)⇒水島臨海鉄道 キハ353(S53.11)→廃車
車輌	S30.11		自社工場	*S51.12		国鉄	キハ10 5	H01.11	国鉄 キハ48104→キハ10 5(S32.04)→廃車(S53.05)⇒水島臨海鉄道 キハ354(S53.11)→廃車

項目	形式	記号番号	車体寸法 最大長 mm	最大幅 mm	最大高 mm	自重(荷重) ton	軸配置定員(座席)	台車 製造所	形式	軸距 mm	内燃機関 製造所	形式	連続出力(馬力)回転数rpm	変速
25		キハ355	20,000	2,758	3,710	30.0	92(76)		DT19 TR47	2,000		DMH17B	160/1,500	TC2
26		キハ356	20,000	2,758	3,710	30.0	92(76)		DT19 TR47	2,000		DMH17B	160/1,500	TC2
27		キハ357	20,000	2,758	3,710	30.0	92(76)		DT19 TR47	2,000		DMH17B	160/1,500	TC2
28	ハ51	ハ51	8,565	2,683	3,628	7.4	40			3,810				
29		ハ52	8,565	2,683	3,628	7.4	40			3,810				
30	ハ60	ハ60	7,816	2,540	3,250	6.5	40			3,810				
31		ハ61	7,816	2,540	3,250	6.5	40			3,962				
32	フハ91	ハ91	8,553	2,683	3,628	7.4	40			3,810				
33		ハ92	8,553	2,683	3,628	7.4	40			3,810				
34	ハフ151	ハ153	8,565	2,683	3,628	7.4	40			3,810				
35		ハ154	8,565	2,683	3,628	7.4	40			3,810				
36	ホフ301	ホフ301	11,120	2,642	3,390	12.0	80(40)			1,500				
37	オハフ	オハフ3011	17,000	2,900	3,925	27.0	76(76)		TR11	2,450				
38	オハ	オハ3121	17,000	2,900	3,925	27.0	80(80)		TR11	2,450				
39		オハ3122	17,000	2,900	3,925	27.0	80(80)		TR11	2,450				
40		オハ3123	17,000	2,900	3,925	27.0	80(80)		TR11	2,450				

井笠鉄道 車両諸元表（気動車・客車）　本諸元表は昭和30（1955）年から昭和46（1971）年の路線廃止まで在籍した車両を対象とする。

項目	形式	記号番号	車体寸法 最大長 mm	最大幅 mm	最大高 mm	自重(荷重) ton	軸配置定員(座席)	台車 製造所	形式	軸距 mm	内燃機関 製造所	形式	連続出力(馬力)回転数rpm	変速
1	ホジ1	ホジ1、2	11,700	2,120	3,143	12.3 12.6	70(38)	日車本店	ND205 ND205A	1,300 650+850	日野	DS22	60/1,300	機械式
2		ホジ3	11,700	2,120	3,143	12.3 12.6	70(38)			1,300 650+850	日野	DS22	60/1,300	機械式
3	客車第8号	ジ5	7,010	2,050	2,775	3.5	30(15)			2,500	Ford	A	50/2,800	機械式
4		ジ6	7,258	2,080	2,900	4.8	30(15)				いすゞ	DG32	& 90/2,800	機械式
5	ホジ7	ホジ7	9,914	2,032	3,162	9.4	40(24)			1,300 650+1,000	いすゞ	DA45	& 90/2,600	機械式
6		ホジ8,9	9,914	2,032	3,162	9.4	40(24)			1,300 650+1,000	いすゞ	DA45	& 90/2,600	機械式
7		ジ10	7,258	2,080	2,900	4.8	30(15)			2,500	いすゞ	DG32	& 90/2,800	機械式
8		ジ11	7,258	2,080	2,900	4.8	30(15)			2,500	いすゞ	DG32	& 90/2,800	機械式
9	客車第12号	ホジ12	8,577	2,120	3,195	9.3	45(22)			1,300 650+1,000	いすゞ	DA45	& 90/2,600	機械式
10	客車第15号	ジ14	8,136	2,120	3,205	6.7	40(20)			3,000	いすゞ	DA45	& 90/2,600	機械式
11		ジ15	8,136	2,120	3,205	6.7	40(20)			3,000	いすゞ	DA45	& 90/2,600	機械式
12	客車第16号	ジ16	8,136	2,120	3,205	6.7	40(20)			3,000	いすゞ	DA45	& 90/2,600	機械式
13		ホジ101,102	11,700	2,120	3,143	12.3	70(38)	日車本店	ND205 ND205B	1,300 650+850	日野	DS40	& 150/2,400	機械式
14	客車第1号	ホハ1、2	8,992	2,000	2,870	4.5	50(26)	日車本店		1,067				
15	客車第2号	ホハ3〜6	8,992	2,000	2,870	4.4	50(26)	日車本店		1,067				
16	客車第3号	ホハ7〜9	9,601	2,000	3,022	5.2	60(36)	日車本店		1,067				
17	客車第4号	ホハ10	8,432	2,095	2,870	3.3	50(26)			1,067				
18	客車第5号	ホハ11、12	9,484	2,070	2,848	6.5	54(34)	日車本店		1,067				
19	客車第6号	ホハ13、14	9,823	2,082	3,117	5.6	54(34)	日車本店		1,067				
20		ハ15	5,280	2,076	2,745	2.5	20(12)	日車本店		2,500				

造所番号	製造年月	#設計認可 *竣功届	改造所	改造年月 #認可年月 *竣功届	改造内容	前所有	旧番号	廃車年月 (用途廃止)	備考
車輌	S32.01		自社工場	*S51.12		国鉄	キハ10 53	H01.12	国鉄 キハ48152→キハ10 53(S32.04)→廃車(S53.03) ⇒水島臨海鉄道 キハ355(S53.11)→廃車
車輌	S32.02		自社工場	*S51.12		国鉄	キハ10 58	H01.05	国鉄 キハ48157→キハ10 58(S32.04)→廃車(S54.10) ⇒水島臨海鉄道 キハ356(S55.05)→廃車
車輌	S32.02		自社工場	*S51.12		国鉄	キハ10 60	S63.06	国鉄 キハ48159→キハ10 60(S32.04)→廃車(S54.10) ⇒水島臨海鉄道 キハ357(S55.03)→廃車
支店	T14.01	#T13.10				南武鉄道	ハ51	S40.05	五日市鉄道 ハ51(T14.04)⇒南武鉄道 合併 ハ51(S15.04) ⇒三菱重工専用鉄道 ハ51(S18.08)→廃車
支店	T14.01	#T13.10				南武鉄道	ハ52	S41.05	五日市鉄道 ハ52(T14.04)⇒南武鉄道 合併 ハ52(S15.04)→ ⇒三菱重工専用鉄道 ハ52(S18.08)→フハ52(S32.04?)→廃車
	T14.01					国鉄		S40.05	経歴不詳
	M42.01		水野造船			国鉄	ハ1180	S41.03	中国鉄道 つろ1(M42.01)→ツロ1(T11.--)→ツハ12(#S05.10) ⇒運輸通信省 買収 ハ1180→廃車⇒三菱重工専用鉄道 ハ61(S18.08) →廃車　　5扉区分室系
支店	T14.01	#T13.10				南武鉄道	フハ91	S36.03	五日市鉄道 ハニ2001(T14.04)→フハ91(S05.10) ⇒南武鉄道 合併 フハ91(S15.04)⇒三菱重工専用鉄道 フハ91(S18.08) →廃車
支店	T14.01	#T13.10				南武鉄道	フハ92		五日市鉄道 ハニ2002(T14.04)→フハ92(S05.10) ⇒南武鉄道 合併 フハ92(S15.04)⇒三菱重工専用鉄道 フハ92(S18.08)→ 廃車
支店	T14.01	#T13.10				南武鉄道	フハ153	S40.05	五日市鉄道 ハ53(T14.04)→フハ153(#S02.05) ⇒南武鉄道 合併 フハ153(S15.04) ⇒三菱重工専用鉄道 フハ153(S18.08)→廃車
支店	T14.01	#T13.10				南武鉄道	フハ154	S41.05	五日市鉄道 ハ54(T14.04)→フハ154(#S02.05) ⇒南武鉄道 合併 フハ154(S15.04) ⇒三菱重工専用鉄道 フハ154(S18.08)→廃車
本店	S05.07	#S05.08					キハ301	S46.--	芸備鉄道 キハニ8(#S05.09)⇒鉄道省 買収 キハニ40707(S12.07) →廃車(S17.--)⇒水島都市開発 キハ301(#23.08)→ホハ301(S33.12) →廃車
支店	S02.09		自社工場	#S41.03	便所・洗面所撤去 客席設置(ロングシート)	国鉄	オハフ306	S43.--	鉄道省 オハ44505→オハ32005(S03.10)→オハフ306(S16.--) →廃車(S36.06)→倉敷市交通局 オハフ3011(S36.09)(#S37.02) →廃車
支店	S02.12		自社工場	#S41.03	便所・洗面所撤去 客席設置(ロングシート)	国鉄	オハ3127	S43.--	鉄道省 オハ44426→オハ32026(S03.10)→オハ3127(S16.--) →廃車(S36.06)→倉敷市交通局 オハ3121(S36.09)(#S37.02)→廃車
支店	S02.09		自社工場	#S41.03	便所・洗面所撤去 客席設置(ロングシート)	国鉄	オハ3146	S43.--	鉄道省 オハ44445→オハ32045(S03.10)→オハ3146(S16.--) →廃車(S36.03)→倉敷市交通局 オハ3122(S36.09)(#S37.02)→廃車
鉄工	S02.12		自社工場	#S41.03	便所・洗面所撤去 客席設置(ロングシート)	国鉄	オハ 31182	S43.--	鉄道省 オハ44581→オハ32181(S03.10)→オハ31182(S16.--) →廃車(S36.03)→倉敷市交通局 オハ3123(S36.09)(#S37.02)→廃車

井原笠岡軽便鉄道(1913.11.17開業)井笠鉄道(1915.11.26改称)神高鉄道(1940.01.01譲受)井笠鉄道(1971.03.31廃止)

造所番号	製造年月	#設計認可 *竣功届	改造所	改造年月 #認可年月 *竣功届	改造内容	前所有	旧番号	廃車年月 (用途廃止)	備考
本店	S30.10	*S30.11						S46.04	廃車後闇場庫保管→火災焼失(S55.02)
重工	S30.10	*S30.11						S46.04	井笠鉄道 ホジ3(*S30.11)→廃車(S46.04)⇒下津井電鉄 ホジ3(無車籍)
本店	S02.07	*S02.07		S27.04	代燃装置撤去・ 座席改造			S33.06	
本店	S04.02	*S04.02	富士宇都宮	S27.07	エンジン換装・ 車体改造ボンネット型 →箱型			S39.04	
鉄工	S06.09	*S06.10	富士宇都宮	S24.10	再気動車化改造			S46.04	井笠鉄道 ホジ7→ホハ20(S19.--)→ホジ7(S24.10)→廃車
鉄工	S07.02	*S07.03	富士宇都宮	S24.10	再気動車化改造			S46.04	井笠鉄道 ホジ8,9→ホハ21,22(S19.--)→ホジ8,9(S24.10)→廃車
本店	S02.07	*S02.07		S27.04	エンジン換装	三蟠鉄道	フジ1	S40.--	三蟠鉄道 フジ1(S02.08)→廃車(S06.06)→井笠鉄道 ジ10(S08.12) →廃車
本店	S03.11	*S03.11		S27.10	エンジン換装	三蟠鉄道	フジ2	S37.--	三蟠鉄道 フジ2(S03.11)→廃車(S06.06)→井笠鉄道 ジ11(S08.12) →廃車
本店	S11.05	*S11.06	富士宇都宮	S29.07	伝達機構改造			S42.05	
本店	S06.12			S25.09	代燃装置撤去・ エンジン換装	神高鉄道	レ1	S42.05	両備鉄道 レ1→神高鉄道 レ1(S08.08)⇒井笠鉄道 ジ14(S15.01)→廃車
本店	S06.12			S25.09	代燃装置撤去・ エンジン換装	神高鉄道	レ2	S42.05	両備鉄道 レ2→神高鉄道 レ2(S08.08)⇒井笠鉄道 ジ15(S15.01)→廃車
本店	S09.10	*S09.12		S24.03	エンジン換装 Ford V8→	神高鉄道	レ3	S42.05	神高鉄道 レ3(S09.10)⇒井笠鉄道 ジ16(S15.01)→廃車
本店	S36.04							S46.04	
本店	T02.11							S46.04	笠岡軽便鉄道 ケホロハ1,2→ホハ1,2 ホハ2⇒西武鉄道山口線 31(S47.09)
本店	T02.11							S42.04	笠岡軽便鉄道 ケホハ3〜6→ホハ3〜6 ホハ5,6⇒西武鉄道山口線 32,33(S47.09)
本店	T03.03							S43.--	笠岡軽便鉄道 ケホハ7〜9→ホハ7〜9
鉄工	T10.10							S46.04	ロハ3→ホハ10→廃車　　　ホハ10⇒西武鉄道山口線 34(S48.02)
本店	T11.08							S46.01	
本店	T14.05							S46.04	⇒西武鉄道山口線 37,38(S48.10)
本店	S02.02						ジ1	S42.05	笠岡鉄道 ジ1→ハ15(S06.--)→廃車

項目	形式	記号番号	車体寸法 最大長 mm	最大幅 mm	最大高 mm	自重(荷重) ton	軸配置 定員(座席)	台車 製造所	形式	軸距 mm	内燃機関 製造所	形式	連続出力(馬力) 回転数rpm	変速
21	ハ16		5,280	2,076	2,745	2.5	20(12)			2,500				
22	ハ17		5,230	2,050	2,775	2.8	23(15)			2,500				
23	ハ18		5,230	2,050	2,775	2.8	23(15)			2,200				
24	客車第17号	ホハ18,19	9,506	2,083	3,169	6.3	54(30)			1,219				

尾道鉄道 車両諸元表(電車)

本諸元表は昭和30(1955)年以降から昭和39(1964)年の最終路線廃止まで在籍した車両を対象とする。

項目	形式	記号番号	車体寸法 最大長 mm	最大幅 mm	最大高 mm	自重 ton	定員(座席)	台車 製造所	形式	軸距 mm	制御器 製造所	形式 制御方式	主電動機 製造所	形式	出力 ×台
1	デキ1	2	9,347	2,540	4,149	11.0	50(20)	汽車会社	Brill79EX系	2,896	三菱電機	KR8 直接制御	三菱電機	MB-72A	37.3
2	デキ11	11	9,080	2,540	4,149	11.0	50(18)	汽車会社	Brill79EX系	2,896	三菱電機	KR8 直接制御	三菱電機	MB-72A	37.3
3		12	9,080	2,540	4,149	11.0	50(18)	汽車会社	Brill79EX系	2,896	三菱電機	KR8 直接制御	三菱電機	MB-72A	37.3
4	デキ15	15	11,890	2,616	3,684	17.7	76(26)	Linke Hofmann		1,524	三菱電機	KR8 直接制御	三菱電機	MB-72A	37.3
5		16	11,890	2,616	3,684	17.7	76(26)	Linke Hofmann		1,524	三菱電機	KR8 直接制御	三菱電機	MB-72A	37.3
6	デキ21	21	11,204	2,540	4,149	17.7	76(26)	Brill	27GE-1	1,473	三菱電機	KR8 直接制御	三菱電機	MB-72A	37.3
7	デキ25	25	11,278	2,576	4,090	17.8	74(28)	Brill		1,490	三菱電機	直接制御	三菱電機	MB-64E	59.7
8	デキ31	31	11,804	2,659	4,117	16.2	78(26)	Brill	27GE-2	1,473	三菱電機	KR8 直接制御	三菱電機	MB-72A	37.3
9		32	11,804	2,659	4,117	16.2	78(26)	Brill	27GE-2	1,473	三菱電機	KR8 直接制御	三菱電機	MB-72A	37.3
10	デキ35	35	13,379	2,640	4,083	22.8	80(36)	日車本店	D12	2,000	三菱電機	KR8 直接制御	三菱電機	MB-64E	59.7
11	デキ45	45	13,106	2,642	4,159	21.4	80(28)	日車本店	BWタイプ	1,981	日立	間接制御	東洋電機	TDK30-C	44.8
12	キ51	51	9,347	2,540	3,543	8.8	50(30)	Brill	79E-2	2,896					
13	キ51	51 II	11,800	2,700	3,705	16.0	80(30)		菱枠型						
14		52 II	9,347	2,540	4,149	8.8	50(30)	汽車会社	Brill79EX系	2,896					
15	キ61	61	9,972	2,640	3,337	12.6	56(28)			1,500					

広島電鉄宮島線 車両諸元表(電車)

本諸元表は昭和30(1955)年以降から昭和50(1975)年代まで在籍した宮島線専用車両を対象とする。

項目	形式	記号番号	車体寸法 最大長 mm	最大幅 mm	最大高 mm	自重 ton	定員(座席)	台車 製造所	形式	軸距 mm	制御器 製造所	形式 制御方式	主電動機 製造所	形式	出力 ×台
	1000	1001	11384	2642	4410	16.6	60(36)	日本車輌	56-48A-2	1219	東洋電機	DB-1 直接制御	東洋電機	TDK9-A	37.3
1	1010	1011,1012 1013,1014	11,500	2,642	4,410	16.6	60(32)	Brill	76E	1,219	日本車輌	NC206 間接非自動	WH	532-B	37.3
2		1015 1016	11,500	2,642	4,410	16.6	60(32)	Brill	76E	1,219	泰平電機	KR-8 直接制御	WH	532-B	37.3
3		1017	11,500	2,642	4,410	17.1	60(32)	Brill	76E	1,219	泰平電機	KR-8 直接制御	WH	532-B	37.3
4		1018	11,384	2,642	4,410	16.7		日本車輌	56-48A-2	1,219	泰平電機	KR-8 直接制御	東洋電機	TDK9-C	37.3
5	1020	1021,1022 1023	11,695	2,642	4,410	16.0	60(32)	日本車輌	56-48A-2	1,219	三菱	KR-8 直接制御	三菱電機	MB-86-A	37.3
6	1030	1031,1032 1033,1034	14,980	2,642	4,089	21.5	92(34)	川崎車輌	MCBタイプ	1,950	東洋電機	ES531-A 間接自動	東洋電機	TDK567-A	63.0
7		1035	14,980	2,642	4,089	21.5	92(34)	川崎車輌	MCBタイプ	1,950	東洋電機	ES531-A 間接自動	東洋電機	TDK567-A	63.0×
8	1040	1041 1042	20,700	2,740	4,455	32.1	140(66)	日本車輌	56-48A-2	1,219	日本車輌	NC209 間接自動	東洋電機	TDK9-A	37.3
9	1050	1051 1052	15,956	2,642	3,600	29.1	110(48)	Brill	76E-2	1,829	日立	PR100 間接自動	東洋電機	TDK9-C	37.3
10		1053 1054	15,956	2,642	3,600	28.1	110(48)	Brill	76E-2	1,829	EE	M-15A 間接自動	東洋電機	TDK9-C	37.3
11	1060	1061	15,956	2,650	4,140	27.1	120(52)	日本車輌	ND102	1,800	東洋電機	ES701-A 間接自動	東洋電機	TDK829-A	45.0×

	車　両　履　歴								備　考
造所 番	製造年月	#設計認可 *竣功届	改造所	改造年月 #認可年月 *竣功届	改造内容	前所有	旧番号	廃車年月 (用途廃止)	
本店	S02.02						ジ2	S40.04	笠岡鉄道 ジ2→ハ16(S06.--)→廃車
本店	S02.07						ジ3	S40.04	笠岡鉄道 ジ3→ハ17(S14.07)→廃車
本店	S03.03	*S03.03		S28.01	エンジン・ボンネット撤去 付随車化改造		ジ13	S44.--	下津井電鉄 カハ2(*S03.03)→廃車(S14.07)⇒笠岡鉄道 ジ13(S14.--)→ハ18(S28.01)→廃車
本店	T14.10					神高鉄道	ナ19,20	S40.04	両備鉄道軽便 ナ19,20→神高鉄道 ナ19,20(S08.08)⇒井笠鉄道 ホハ18,19(S15.01)→廃車 ホハ18,19⇒西武鉄道山口線 35,36(S48.02)

尾道軽便鉄道(1918.12.20設立)尾道鉄道(1923.05.03改称)(1925.11.01開業)(1964.08.01廃止)

	車　両　履　歴							備　考
製造所	製造年月 #認可	改造所	改造年月 #認可	改造内容	前所有	旧番号	廃車年月 (用途廃止)	
体鉄工	*T14.07	自社工場	*S24.09	外板鋼板化			S32.02	尾道鉄道 デキ2(T14.11)→廃車
体鉄工	*T14.07	自社工場	*S16.05	木造車体新製			S33.07	尾道鉄道 デワ103(*T14.07)→デキ11(S16.08)→廃車
体鉄工	*T14.07	自社工場	*S16.05 S16.08	木造車体新製			S35.03	尾道鉄道 デワ102(*T14.07)→ワ201(*S07.08)→デキ12(S16.08)→廃車
車輌	T14.09	自社工場	*S29.06	台車流用鋼製車体新製 新造名義	近江鉄道	クハ21	S39.08	近江鉄道 電1(*T13.12)→サハ21(*S03.07)→クハ21(*S05.12)→不要車体売却(S25.--)⇒尾道鉄道 デキ15(S29.09)→廃車
車輌	T14.09	自社工場	*S29.06	台車流用鋼製車体新製 新造名義	近江鉄道	クハ22	S39.08	近江鉄道 電2(*T13.12)→サハ22(*S03.07)→クハ22(*S05.12)→不要車体売却(S25.--)⇒尾道鉄道 デキ16(S29.06)→廃車
体鉄工	*T14.07	水野造船 自社工場	*S25.03 *S32.02	事故復旧鋼製化 車体延長・ボギー車化			S39.08	尾道鉄道 デキ1(*T14.07)→事故大破(S21.08)→デキ21(*S25.06)
順車輌	S23.11		*S28.12	譲受車両設計認可	水間鉄道	モハ55	S39.08	水間鉄道 モハ55(S23.11)⇒尾道鉄道 デキ25(*S29.01)→廃車
工場	*S34.09						S39.08	尾道鉄道 デキ31(*S34.09)→廃車
工場	*S34.09						S39.08	尾道鉄道 キ71(*S34.03)→デキ32(*S37.05)→廃車
本店	S05.03		*S26.12	譲受車両設計認可	国鉄	デハ201	S39.08	宇部電気鉄道 デハ201(S05.03)→鉄道省買収 デハ201(S18.05)→廃車(S25.03)⇒尾道鉄道 デハ201(*S27.01)→デキ35(S28.04)→廃車
本店	T15.05	自社工場	*S22.10 *S27.04	譲受車両設計認可 車体半鋼製化	名古屋鉄道	モ458	S39.08	各務原鉄道 K1-BE 8(T15.05)→名古屋鉄道 モ458(S16.--)⇒尾道鉄道 モ458(*S22.10)→デキ45(*S27.12)→廃車
体鉄工	*T14.07		*S24.09	車体半鋼化			S32.02	尾道鉄道 キ51(T14.11)→廃車
鉄自	S22.10		*S36.09	譲受車両設計認可	近江鉄道	クハ21	S39.08	近江鉄道 (ク)ハ21(S22.10)→クハ21(S33.04)→廃車(S36.01)⇒尾道鉄道 キ51(*S36.09)→廃車
体鉄工	*T14.07	自社工場	*S16.05	付随車化改造			S33.07	尾道鉄道 デキ53(T14.11)→デキ4(*T15.05)→キ52(*S16.05)→廃車
本店	S04.04		*S27.03	付随車化改造	近江鉄道	カハ100	S39.08	芸備鉄道 キハ2(*S04.05)→鉄道省買収 キハ40309(S12.07)→廃車(S14.08)⇒八日市鉄道 カハ100(S16.11)⇒近江鉄道 カハ100(S19.03)→廃車(S23.05)⇒尾道鉄道 キ61(*S27.01)→廃車

広島電気軌道(1910.06.18設立)広島瓦斯電軌(1917.08.02合併改称)(1922.08.22宮島線開業)広島電鉄(1942.04.10)

	車　両　履　歴							備　考
製造所	製造年月 #認可	改造所	改造年月 #認可	改造内容	前所有	旧番号	廃車年月 (用途廃止)	
林鉄工	T11.06							広島瓦斯電軌 C1(T11.08)→1000(S14.--)→1001(S26.--)→ 項目4参照
鉢鉄工	T11.06		S32.--	間接制御化			S43.01 S42.12	広島瓦斯電軌 D4～D7(T11.06)→1011～1014(S14.--)→廃車
鉢鉄工	T12.12						S41.04	広島瓦斯電軌 D9,10(T12.12)→1015,1016(S14.--)→廃車
鉢鉄工	T12.12						S41.04	広島瓦斯電軌 D3(T12.12)→1010(S26.--)→1017(S26.--)→廃車
鉢鉄工	T11.06						S41.04	広島瓦斯電軌 C1(T11.08)→1000(S14.--)→1001(S26.--)→1018(S32.--)→廃車
鉢鉄工	T14.07						S39.09	広島瓦斯電軌 F12,F11(T14.07)→1021,1022(S26.--)→廃車 広島瓦斯電軌 F14(T14.07)→1023(S14.--)→廃車
崎車輌	S05.12	自社工場	S26.09 #1*S47.12	車体延伸更新 座席長さ・定員変更 (座席50→34)			#2S53.09 S60.04	広島瓦斯電軌 H16～H19(S06.02)→1030～1033(S14.--) 1034,1031～1035(S26.--) #11031(S47.12)1032(S48.12)1033(S47.04)1034(S47.11) #21031,1034(S53.09)1032(S55.12)1033(S60.04)
崎車輌	S05.12	自社工場	S27.02 *S47.03	車体延伸更新 座席長さ・定員変更 (座席50→34)			S55.12	広島瓦斯電軌 H20(S05.12)→1034(S14.--)→1035(S26.--)→廃車
鉢鉄工	T14.07 T11.06	自社工場	S32.10	連接車改造			S55.12	広島瓦斯電軌 D8(T14.07)→1041(S14.--)→廃車 広島瓦斯電軌 C2(T11.06)→1040(S14.--)→1042(S26.--)→廃車
鉢鉄工	T12.--	ナニワ工機	*S29.01	車体新製	京阪神急行	229,230	S55.10	京阪電鉄 229,230⇒京阪神急行 229,230(S18.10)⇒広島電鉄 1051,1052(S22.03)廃車→ 項目16参照
鉢鉄工	T12.--	ナニワ工機	*S28.12 *S54.12	車体新製 1053,1054 永久連結化改造	京阪神急行	109,111		京阪電鉄 109,111⇒京阪神急行 109,111(S18.10)⇒広島電鉄 1053,1054(S22.03)→ 項目15参照
ニワ工機	S32.04						H01.11	

項目	形式	記号番号	車体寸法 最大長 mm	最大幅 mm	最大高 mm	自重 ton	定員 (座席)	台車 製造所	形式	軸距 mm	制御器 製造所	形式 制御方式	主電動機 製造所	形式	出力 ×台
12	1070	1071,1073 1075,1077	15,250	2,710	4,185	30.3	92 (46)	川崎車輌	27-MCB-2 タイプ	1,981	GE	PC-5 間接自動	芝浦	SE-263	48.0×
13		1072,1074 1076,1078	15,250	2,710	3,880	27.6	92 (46)	川崎車輌	27-MCB-2 タイプ	1,981	GE	PC-5 間接自動	芝浦	SE-107	48.0×
14	1080	1081 1082	15,080	2,744	4,210	28.3 28.8	110 (38)	汽車会社	M12	1,981	東洋電機	ES32-R 間接自動	東洋電機	TDK531-B	56.0
15	1090	1091 1092	15,875	2,642	4,284	25.5 28.5	114 (48)	Baldwin	78-25AA	1,981	東洋電機	ES762-A 間接自動	芝浦	SE-180	90.0
16	1090	1093 1094	15,875	2,642	4,284	25.5 28.5	114 (48)	Baldwin	78-25AA	1,981	東洋電機	ES762-A 間接自動	芝浦	SE-180	90.0

防石鉄道 車両諸元表（蒸気機関車）　本諸元表は昭和30（1955）年以降在籍した蒸気機関車を対象とする。

形 式	番 号	軸配置	気筒径×行程 mm	実用最高気圧 kg/cm2	運転整備重量 (炭水車) ton	最大長 mm	最大幅 mm	最大高 mm	動輪直径 mm
2	2	0B0	321×500	10.6	23.1	7,798	2,438	3,378	1,120
3	3	0B0	280×400	12.0	16.8	6,904	2,300	3,410	1,065
	711	1B1	356×508	10.0	38.3	10,044	2,286	3,621	1,350

防石鉄道鉄道 車両諸元表（内燃機関車・気動車・客車）　本諸元表は昭和30（1955）年から昭和39（1964）年の路線廃止まで在籍した車両を対象とす

項目	形式	記号番号	車体寸法 最大長 mm	最大幅 mm	最大高 mm	自重 (荷重) ton	軸配置 定員 (座席)	台車 製造所	形式	軸距 mm	内燃機関 製造所	形式	連続出力（馬力） 回転数rpm	変速機
1	DB200	DB201	5,753	1,829	2,531	12.0	B			1,372	日野	DA54	80/1,200	機械式
2	キハニ 100	キハニ101	17,090	2,770	3,740	18.0	98 (40)	日車本店		※1 1,700 850+1,250	日野	DA54	80/1,200	機械式
3		キハニ102	17,406	2,730	3,685	21.5 0.8	94 (30)	日車本店		※2 1,700 850+1,250	日野	DA52	85/1,500	機械式
4		キハ103	16,436	2,725	3,675	20.0	100 (64)			1,800	日野	DA54	80/1,200	機械式
5	ハ1	ハ1,3,4	8,063	2,570	3,385	5.3	46 (26)			3,048				
6		ハ2	8,063	2,570	3,385	5.3	46 (26)			3,048				
7	ハニフ	ハニフ1	7,010	2,426	3,216	5.5 0.3	20 (12)			3,353				
8		ハニフ2	7,010	2,426	3,216	5.5 0.3	20 (12)			3,353				
9	ハ12	※1 ハ5	7,696	2,146	3,093	4.9	40 (24)			3,048				
10	ハ5	ハ6	9,440	2,560	3,510	7.4	76 (40)			3,860				
11		ハ7	9,440	2,560	3,510	7.4	76 (40)			3,860				
12	テハ1	テハ2	9,490	2,540	3,302	4.1	44 (18)			3,000				

船木鉄道 車両諸元表（蒸気機関車）　本諸元表は昭和30（1955）年以降在籍した蒸気機関車を対象とする。

形 式	番 号	軸配置	気筒径×行程 mm	実用最高気圧 kg/cm2	運転整備重量 (炭水車) ton	最大長 mm	最大幅 mm	最大高 mm	動輪直径
	101 I	0C0	330×500	12.7	26.1	8,940	2,620	3,670	960

製造所	製造年月 #認可	改造所	改造年月 #認可	改造内容	前所有	旧番号	廃車年月(用途廃止)	備考
			車両履歴					備考
帝車輌	S13.04	自社工場	*S42.12	永久連結化改造	阪急電鉄	500,504 501,505	#²S62.10 S63.10	#²1071,1073(S62.10)1075,1077(S63.10)
崎車輌	S13.04	自社工場	*S42.12	永久連結化改造	阪急電鉄	502,508 503,509	#³S62.10 S63.10	#³1072,1074(S62.10)1076,1078(S63.10)
ニワ工機	S31.05	自社工場	*S52.01	永久連結化改造	阪急電鉄	212,211	H01.11	⇒広島電鉄 1081,1082(S52.01)→
本鉄工	T12.--	ナニワ工機 自社工場	*S28.12 *S59.12	車体新製 冷房改造	京阪神急行	109,111	H02.06	京阪電鉄 109,111⇒京阪神急行 109,111(S18.10) ⇒広島電鉄 1053,1054(S22.02)→1091,1092(S57.08)→廃車
ニワ工機	S29.--	ナニワ工機 自社工場	S57.-- *S59.12	車体新製 冷房改造	京阪神急行	229,230	H03.12	1051,1052廃車体流用

石三軽便鉄道(1914.05.03 設立)防石鉄道(1916.05.29 改称)(1933.07.05 開業)(1930.12.26 ガソリン動力併用認可)(1964.07.01 廃止)

製造所 製番	製造年月	#設計認可 *竣功届	前所有	旧番号	廃車年月(用途廃止)	備考
rauss 988	M27.02	*T07.08	川越鉄道	2	S39.07	川越鉄道 2(M27.12)⇒防石鉄道 2(*T07.08)→廃車
oppel 214	T01.02		南越鉄道	2	S31.01	吉野鉄道 2(T01.02)⇒南越鉄道 2(T13.07)⇒防石鉄道 3(*S10.11)→廃車
ulcan 485	M29.--	*S23.01	国鉄	711	S30.12	大阪鉄道 14(M29.--)⇒関西鉄道合併 65(M33.06)⇒帝国鉄道庁 買収 65(M40.10)→711 改番(M42.10)→廃車(S11.--)⇒小倉鉄道 711(S11.12)⇒鉄道省 買収 711(S18.05)→鹿本鉄道 借入 711(S21.06-S21.10)→廃車(S22.02)⇒鹿本鉄道 借入 711(S22.04〜)⇒防石鉄道 711(*S23.01)→廃車

造所 製番	製造年月	#設計認可 *竣功届	改造所	改造年月 #認可可年月 *竣功届	改造内容	前所有	旧番号	廃車年月(用途廃止)	備考
製作所	S27.01	*S27.07 *S27.08		S33.--	エンジン換装 KD4(95/1,100)→			S39.07	
本店	S09.05	*S09.04 *S09.06	中国工業	#S27.02 S26.06	エンジン換装 Waukesha 6RB→	国鉄	キハニ172	S39.07	中国鉄道 キハニ172(S09.06) ⇒運輸通信省 買収 キハニ172(S19.06)→廃車 S24.09 ⇒防石鉄道 キハニ101(S24.12)→廃車(S39.07) ⇒東濃鉄道 キハ502(S40.04)→廃車(S46.12) #防石鉄道竣功図ノ軸距ハ従軸1,730mm、動軸2,130mm
本店	S11.10	*S11.10 *S11.11		*S27.12	エンジン換装 GMF13→	国鉄	キハユニ 40920	S39.07	芸備鉄道 キハユニ17(S11.10) ⇒鉄道省 買収 キハユニ40920(S12.07)→廃車(S24.09) ⇒防石鉄道 キハニ102(S25.11)→廃車(S48.06)⇒島原鉄道 キサハ212(S40.04) →ユニ212(S48.06)→廃車(S55.04) #防石鉄道竣功図ノ軸距ハ従軸1,725mm、動軸2,135mm
崎車輌	S12.12	*S13.01	#³中国工業	S27.04 *S32.04	転入時改造 エンジン換装 Waukesha 6RB→	長門鉄道	キハ10	S39.07	中国鉄道 キハニ210(S13.01) ⇒運輸通信省 買収 キハニ210(S19.06)→廃車(S26.01) ⇒長門鉄道 #³キハ10(S27.06)→廃車(S31.05) ⇒防石鉄道 キハ103(S31.07)→廃車(S39.07) ⇒島原鉄道 キサハ211(S40.10)→ニ211(S48.06)→ユニ211 →廃車(S53.09) #³キコハ10(S04.05加藤製作所製)
光鉄工所	T08.05			*S18.09	車体改造			S39.07	
光鉄工所	T08.05			*S18.09	車体改造			S31.01	
光鉄工所	T08.05							S39.07	
光鉄工所	T08.05							S32.04	
屋電車	T07.01	*T07.02		*T08.06 *S14.12	譲受認可 自連取付	伊勢鉄道	15	S31.04	伊勢鉄道 15⇒防石鉄道 ロハ1(T08.07)→廃車 #車体寸法ハ譲受時数値
岡工場	M32.10			*S26.11	譲受車両設計認可	国鉄	ハ68	S39.07	中国鉄道 ろ2⇒ロ2(T11.--)→ハ21(S05.--)→ハ19(S08.--) ⇒運輸通信省 買収 ハ68(S19.06)⇒防石鉄道 #ハ6→廃車 #旧番号車両形式ト現車形状相違 旧番号 ツハ6?
				*S26.11	譲受車両設計認可	国鉄	ハ1175	S31.04	西日本鉄道(博多湾鉄道)買収車
窓製作所	S05.12			S08.04 *S24.05	前後荷物台拡大 客車化改造 (S16頃改造済?)		キハ2	S31.01	防石鉄道 キハ2(*S05.12)→テハ2(*S24.05)→廃車

船木軽便鉄道(1913.06.05設立)(1916.09.16開業)船木鉄道(1919.02.04改称)(1923.10.12改軌)(1928.11.30内燃動力併用認可)(1961.11.19廃止)

製造所 製番	製造年月	#設計認可 *竣功届	前所有	旧番号	廃車年月(用途廃止)	備考
日本汽船笠戸 松井車輌(改造)	S17.08		長門鉄道	C241	S31.02	海軍省呉工廠光支廠 2⇒大蔵省 移管2(S20.08)⇒長門鉄道 C241(*S23.03) ⇒船木鉄道 101(S28.08)→廃車

形　式	番　号	軸配置	気筒径×行程 mm	実用最高気圧 kg/cm2	運転整備重量（炭水車）ton	最大長 mm	最大幅 mm	最大高 mm	動輪直径 mm
	101 II	0C0							
	102 I	0C0							
	102 II	0C0	330×500	12.7	26.1	8,940	2,620	3,670	960
	103	0C0		12.0	31.0				900
	105	1C1		12.7	44.7				1,219

船木鉄道 車両諸元表（内燃機関車・気動車・客車）　本諸元表は昭和30（1955）年から昭和36（1961）年の路線廃止まで在籍した車両を対象とす

| 項目 | 形式 | 記号番号 | 車体寸法 | | | 自重（荷重）ton | 軸配置定員（座席） | 台車 | | | 内燃機関 | | | 変速機 |
			最大長 mm	最大幅 mm	最大高 mm			製造所	形式	軸距 mm	製造所	形式	連続出力（馬力）回転数rpm	
1	キハニ40700	キハニ50	11,900	2,640	3,455	13.4 1.0	60	日車本店	BB78	1,500	日野	DA55B	75/1,200	機械式
2	41000	キハニ51	17,050	2,720	3,680	21.5 4.0	109	日車本店		1,700 850+1,250	日野	DA58	100/1,200	機械式
3		*¹ハ7	9,296	2,591	3,581	7.4	48			3,810				
4		*²ハ8	9,720	2,540	3,524		60 (30)	日車本店		1,500 750+1,150				

長門鉄道 車両諸元表（内燃機関車・気動車・客車）　本諸元表は昭和30（1955）年から昭和31（1956）年の路線廃止まで在籍した車両を対象とす

| 項目 | 形式 | 記号番号 | 車体寸法 | | | 自重（荷重）ton | 軸配置定員（座席） | 台車 | | | 内燃機関 | | | 変速機 |
			最大長 mm	最大幅 mm	最大高 mm			製造所	形式	軸距 mm	製造所	形式	連続出力（馬力）回転数rpm	
1		DB171	7,060	2,600	3,060	17.5	B	高田機工		3,000	民生	KD4×2	85/1,350	機械式
2	キコハ1	キコハ1	8,905	1,975	2,250	10.5 0.1	60 (26)			1,500	Continental	E603	50/1,000	機械式
3	キハ10	キハ10	16,436	2,725	3,675	20.0	110 (64)			1,800	Waukesha	6-RB	105/1,300	機械式
4		キハ11	19,716	2,600	3,570	27.1	120 (60)		TR29	2,000				機械式
5	コハ1	コハ1,2,3	11,694	2,502	3,343	11.0	60 (60)	汽車支店		1,524				
6		コハ4	11,747	2,247	3,343	11.0	47 (47)	汽車支店		1,524				
7		コハ5	11,747	2,247	3,343	11.0	47 (47)	汽車支店		1,524				
8	?	コハ6	8,878	2,630	3,310	7.0 0.5	48 (22)			1,500				

一畑電気鉄道 車両諸元表（電車）　本諸元表は昭和30（1955）年以降から昭和50（1973）年代まで在籍した車両を対象とする。

| 項目 | 形式 | 記号番号 | 車体寸法 | | | 自重 ton | 定員（座席） | 台車 | | | 制御器 | | 主電動機 | | 出力kw×台数 |
			最大長 mm	最大幅 mm	最大高 mm			製造所	形式	軸距 mm	製造所	形式 制御方式	製造所	形式	
1	ED22	ED221	9,150	2,505	4,025	28.6	B-B	Baldwin		1,910	WH	間接非自動制御 電磁単位SW	WH	556J-F6 (MT-33)	70.0×4
2	デハ1	3	16,116	2,718	4,168	33.6	100 (36)	日車本店	D16	2,134	三菱電機	CB7 間接非自動制御	三菱電機	MB-98-AFG	75.0×4
3		6	16,116	2,718	4,168	33.6	100 (36)	日車本店	D16	2,134	三菱電機	CB7 間接非自動制御	三菱電機	MB-98-AFG	75.0×4
4		7	16,116	2,718	4,093	33.6	100 (36)	日車本店	D16	2,134	三菱電機	CB7 間接非自動制御	三菱電機	MB-98-AFG	75.0×4
5	デハ10	11 I	17,000	2,780	4,240	33.0	110 (52)		TR14	2,438		間接非自動制御 電磁単位SW	三菱電機	MB-98-AFG	75.0×4

車　両　履　歴						備　考
製造所/製番	製造年月	#設計認可/*竣功届	前所有	旧番号	廃車年月/（用途廃止）	
立笠戸/69	T14.12		成田鉄道	4	S32.05	成田鉄道 4→廃車⇒船木鉄道 101(S20.04)(#S23.06)→廃車
山重工業	S22.02		防石鉄道	102	S30.04	防石鉄道 102(S22.03)→廃車⇒船木鉄道 102(S22.03)⇒廃車
日本汽船笠戸/井車輌(改造)	S17.08		長門鉄道	C242	S36.02	海軍省呉工廠光支廠 4⇒大蔵省 移管 4(S20.08)⇒長門鉄道 C242(#S23.03)⇒船木鉄道 102(S31.02)→廃車
Koppel/0779	T07.03				S30.08	船木鉄道 3(T15.09)→103(S23.04)→廃車 小湊鉄道納入予定　Koppel 製番10778 小湊鐵道 4
汽車大阪/850	T14.09		国鉄	3455	S30.04	宇部鉄道 300(T14.--)⇒鉄道省 買収 3455(S18.05)→廃車(S22.06)⇒船木鉄道 105(S22.12)(#S24.04)→廃車

船木軽便鉄道(1913.06.05設立)(1916.09.16開業)船木鉄道(1919.02.04改称)(1923.10.12改軌)(1928.11.30内燃動力併用認可)(1961.11.19廃止)

車　両　履　歴									備　考
製造所/製番	製造年月	#設計認可/*竣功届	改造所	改造年月/#認可年月/*竣功届	改造内容	前所有	旧番号	廃車年月/（用途廃止）	
車本店	S05.11	*S05.11		S19.01		運輸通信省	キハニ40702	S36.11	佐久鉄道 キホハニ52(*S05.11)(S05.12)⇒鉄道省 買収 キハニ40601(S09.09)→キハニ40702→廃車(S17.--)⇒船木鉄道 キハニ40702(S19.01)→キハニ50(S23.--)→廃車
車本店	S11.10			S28.01	ディーゼル化改造	国鉄	キハユニ40921	S36.11	芸備鉄道 キハユ18(S11.11)⇒鉄道省 買収 キハユニ40921(S12.07)→廃車(S26.01)⇒船木鉄道 キハニ51(S28.01)→キハ51(S36.11)⇒加悦鉄道 キハ51(S37.07)→
冈工場	M32.10					中国鉄道	ツハ7	S31.04	中国鉄道 つは17→ツハ7(T11.--)→船木鉄道 ツハ7(S18.10)→ハ7→廃車　#[1]車体寸法ハ中国鉄道竣功図ニヨル
車本店	S11.10	*S11.10				雲仙鉄道	カハ21	S36.02	雲仙鉄道 カハ21(*S11.10)⇒船木鉄道 レカ21(S14.03)→ハ8(S23.01)→廃車　#[2]篠山鉄道 キハ103車体寸法(元雲仙鉄道 カハ22)

長門鉄道(1914.08.03設立)(1918.10.07開業)(1928.02.01内燃動力併用認可)山陽電気軌道(1942.11.01譲渡)長門鉄道(1949.04.01分離)(1956.05.01廃止)

車　両　履　歴									備　考
製造所/製番	製造年月	#設計認可/*竣功届	改造所	改造年月/#認可年月/*竣功届	改造内容	前所有	旧番号	廃車年月/（用途廃止）	
田機工	S27.09	#S27.11/#S29.07						S31.05	
藤車輌	S03.03	#S03.02	加藤車輌	#S05.01/#S15.09	片ボギー化改造/車体新製(改造名義)			S31.05	長門鉄道 デハ1(#S03.02)→キハ1→キコハ1 I(#S05.03)→キコハ1 II(#S15.12)→廃車⇒江若鉄道 ハフ2
藤車輌	S04.05	#S04.03	加藤車輌/加藤車輌/中国工業	#S11.08/#S15.01/#S27.05	車外荷台設置 エンジン取付方法変更・動台車新製/#中国鉄道買収車 キハニ210 改造			S31.05	長門鉄道 キコハ10→#[1]キハ10(#S27.06)→ #[1]中国鉄道 キハニ210 川崎車輌 S12.11 製造(S13.01)⇒運輸通信省 買収 キハニ210(S19.06)→廃車(S26.01)⇒長門鉄道 キハ10(S27.06)→廃車(S31.05)⇒防石鉄道 キハ103(S31.07)→廃車(S39.07)
車本店	S11.03					国鉄	キハ42017	S31.05	国鉄 キハ42017→廃車(S24.09)⇒長門鉄道 キハ11(S26.09)→廃車⇒江若鉄道 キハ19(S31.05)→キハ5122(S40.12)→廃車(S44.11)⇒関東鉄道 キハ5122(S44.12)→キハ522(S46.07)→廃車(H09.03)車体寸法ハ江若鉄道 キハ19ノ数値
車支店	T05.--	#T05.05						S31.05	使用開始 T07.10
車支店	T05.--	#T05.05		#S14.08	座席改造 片クロス			S31.05	使用開始 T07.10
車支店	T03.03	#T03.01				州州鉄道	ホハ3	S31.05	長州鉄道 ホハ3(#T03.01)⇒長門鉄道 ホハ5(*T15.08)→コハ5(*S03.12)→廃車
藤車輌	S11.12	#S12.02		#S29.07	エンジン撤去客車化改造			S31.05	

一畑軽便鉄道(1912.04.--設立)(1914.04.29開業)一畑電気鉄道(1925.07.－－改称)(1927.10.01電化開業)一畑電車(2006.04.01分社化)

車　両　履　歴								備　考
製造所	製造年月/#認可	改造所	改造年月/#認可	改造内容	前所有	旧番号	廃車年月/（用途廃止）	
Baldwin/#8248	S02.03		#S35.09		近江鉄道	ED221	S48.04	信濃鉄道 1⇒鉄道省買収 1(S12.07)→ED221(S13.--)→西武鉄道 ED22借入→廃車(S23.01)⇒西武鉄道 E1(S23.01)→近江鉄道 ED1借入(S23.10)→近江鉄道 ED1(S25.02)→ED221改番(S30.11)⇒一畑電鉄 ED221(#S35.09)→廃車(S48.04)⇒弘南鉄道 ED221(#S49.11)→
日車本店	S02.09/#S02.09	自社工場/アルナ工機	S28.08/#S52.11	更新修繕/ワンマン改造 S53.02竣功			H10.10	
日車本店	S02.09/#S02.09	自社工場/アルナ工機	S29.07/#S52.11	更新修繕/ワンマン改造 S53.02竣功			H10.10	
日車本店	S03.04		S17.04	電動車化改造				一畑電鉄 クハ101→デハ7(S17.04)→　項目38参照
梅鉢鉄工	S15.04	西武所沢/自社工場	#S32.07/S32.11	制御電動車化改造 弱め界磁接触器取付	西武鉄道	クハ1232	S36.11	武蔵野鉄道 クハ5855→西武鉄道 クハ1231(S23.06)→クハ1232(S29.07)⇒一畑電鉄 デハ11(S32.08)→廃車(S36.11)発送(*S36.10)⇒西武鉄道 モハ162(S37.--)→クモニ1(S38.08)→廃車(S51.08)

項目	形式	記号番号	車体寸法 最大長 mm	最大幅 mm	最大高 mm	自重 ton	定員 (座席)	台車 製造所	形式	軸距 mm	制御器 製造所	形式 制御方式	主電動機 製造所	形式	出力k ×台数
6		11Ⅱ	16,116	2,718	4,093	33.9	110(48)	日車本店	D16	2,134	三菱電機	CB7 間接非自動制御	三菱電機	MB-98-AFG	75.0×
7	デハ20	21	16,116	2,718	4,168	34.0	100(52)	日車本店	D16	2,134	三菱電機	CB7 間接非自動制御	三菱電機	MB-98-AFG	75.0×
8		22	16,116	2,718	4,168	34.0	100(52)	日車本店	D16	2,134	三菱電機	CB7 間接非自動制御	三菱電機	MB-98-AFG	75.0×
9		23	16,116	2,718	4,166	34.0	100(52)	日車本店	D16	2,134	三菱電機	CB7 間接非自動制御	三菱電機	MB-98-AFG	75.0×
10		24	16,116	2,718	4,168	34.0	100(52)	日車本店	D16	2,134	三菱電機	CB7 間接非自動制御	三菱電機	MB-98-AFG	75.0×
11	デハ30	31	16,790	2,701	4,265	34.3	120(46)		TR14	2,438		間接非自動制御 電磁単位SW		GE244系(MT-4)	85.0×
12	デハニ30	31	16,790	2,701	4,265	34.3	100(34)		TR14	2,438		間接非自動制御 電磁単位SW		GE244系(MT-4)	85.0×
13	デハニ50	52	16,116	2,718	4,089	33.6	90(34)	日車本店	D16	2,134		間接非自動制御 電磁単位SW	三菱電機	MB-98-AFG	75.0×
14	デハニ50	53	16,116	2,718	4,166	33.6	90(34)	日車本店	D16	2,100		間接非自動制御 電磁単位SW	三菱電機	MB-98-AFG	75.0×
15		54	16,116	2,718	4,089	33.6	90(34)	日車本店	D16	2,134		間接非自動制御 電磁単位SW	三菱電機	MB-98-AFG	75.0×
16	デハ60	61Ⅰ	17,000	2,740	4,219	36.0	120(56)		TR14A	2,450		間接非自動制御 電磁単位SW		GE244系(MT-4)	85.0×
17	デハ60	61Ⅱ	20,000	2,930	4,169	40.6	148(57)		TR14A	2,450		CS5 間接自動		MT15E	100.0×
18		62Ⅰ	17,000	2,740	4,219	36.0	120(56)		TR14A	2,450		間接非自動制御 電磁単位SW		GE244系(MT-4)	85.0×
19		62Ⅱ	20,000	2,930	4,169	40.6	148(57)		TR14A	2,450		CS5 間接自動		MT15E	100.0×
20		63	17,000	2,740	4,219	36.0	120(56)		TR14A	2,450		間接非自動制御 電磁単位SW		GE244系(MT-4)	85.0×
21	デハ70	71	18,000	2,740	4,260	36.0	120(68)	木南車輌		2,250		間接非自動制御 電磁単位SW		GE244系(MT-4)	85.0×
22		72	18,000	2,740	4,260	36.0	120(68)	木南車輌		2,250		間接非自動制御 電磁単位SW		GE244系(MT-4)	85.0×
23	デハ80	81	20,000	2,930	4,169	38.0	160(58)		TR14A	2,450		CS5 間接自動		MT15E	100.0×
24		82	20,000	2,930	4,169	38.0	160(58)		TR14A	2,450		CS5 間接自動		MT15E	100.0×
25		83	20,000	2,930	4,169	38.0	160(58)		TR14A	2,450		CS5 間接自動		MT15	100.0×
26	デハ90	91	20,000	2,930	4,169	38.3	160(58)		TR14A	2,450		CS5 間接自動		MT15E	100.0×
27	クハ100	101	17,000	2,740	3,870	23.0	110(48)	木南車輌		1,980					
28		102Ⅰ	16,706	2,730	3,654	26.4	100(56)			2,184					
29		102Ⅱ	17,000	2,740	3,870	23.0	110(56)	木南車輌		1,980					
30		103Ⅰ	16,706	2,730	3,654	26.4	100(56)			2,184					
31		103Ⅱ	17,000	2,740	3,870	23.0	110(56)	木南車輌		1,980					
32		104	17,000	2,740	3,870	23.0	110(48)	木南車輌		1,980					
33		105Ⅰ	16,706	2,730	3,654	26.4	110(56)			2,184					
34		105Ⅱ	17,000	2,740	3,870	23.0	110(56)			1,980					
35		106	16,706	2,730	3,654	26.4	100(56)			2,184					
36	クハ109	109	16,130	2,658	3,857	22.3	100(52)		TR10系	2,134					
37	クハ110	111Ⅰ	17,983	2,550	3,720	28.5	120(56)		TR11	2,450					
38		111Ⅱ	16,195	2,712	3,880	25.3	110(48)			2,134					
39	クハ120	120	16,802	2,900	3,915	23.7	100(40)		TR11系	2,438					
40		131	16,790	2,700	3,695	23.0	100(50)42		TR11系	2,450					
41	クハ160	161	17,000	2,740	4,219	24.0	120(56)		TR10	2,134					
42		162	17,000	2,740	4,219	24.0	120(56)		TR10	2,134					
43		163	17,000	2,740	4,219	24.0	120(56)		TR10	2,134					
44	クハ170	171	18,000	2,740	3,831	25.0	120(68)	木南車輌		2,250					
45		172	18,000	2,740	3,831	25.0	120(68)	木南車輌		2,250					
46	クハ180	181	20,000	2,930	3,895	28.0	160(58)		TR11A	2,450					
47		182	20,000	2,930	3,895	28.0	160(58)		TR11A	2,450					
48		183	20,000	2,930	3,895	28.0	160(58)		TR11A	2,450					
49	クハ190	191	20,000	2,930	3,925	29.5	160(58)		TR11A	2,450					

製造所	製造年月 *認可	改造所	改造年月 *認可	改造内容	前所有	旧番号	廃車年月 (用途廃止)	備考
車本店	S04.12					デハニ54	S61.03	一畑電鉄 デハニ54(S04.12)→デハ11(S42.09)→廃車
車本店	S03.04		S26.08	更新修繕		デハニ51	H06.06	一畑電鉄 デハニ51(S03.04)→デハ21(S26.10)→廃車
車本店	S02.09 *S02.09		S26.12	更新修繕		デハ1	H08.12	一畑電鉄 デハ1(S02.09)→デハ23(S26.12)→廃車
車本店	S02.09 *S02.09		S27.07	更新修繕		デハ2	H08.12	一畑電鉄 デハ2(S02.09)→デハ22(S26.12)→廃車
車本店	S02.09 *S02.09		S28.01	更新修繕		デハ5	S56.12	一畑電鉄 デハ5(S02.09)→デハ24(S26.10)→廃車
車会社	T10.--	自社工場	S43.08	荷物扉撤去二扉化改造		デハニ31	S61.03	鉄道省 デハ33533→モハ1057(S03.10)→廃車(S27.10)⇒一畑電鉄 デハ31(S28.03)→デハニ31(S30.05)→デハ30(S43.09)→廃車
車会社	T10.--	ナニワ工機 自社工場	S30.05 S34.05	鋼体化 制御器変更	国鉄	モハ1057		鉄道省 デハ33533→モハ1057(S03.10)→廃車(S27.10)⇒一畑電鉄 デハ31(S28.03)→デハニ31(S30.05)→ 項目11参照
車本店	S03.09 *S03.04	自社工場	S31.08 H06.09	車体更新 レトロ電車改造				
車本店	S04.12 *S05.01	自社工場	S32.10 H11.06	車体更新 お座敷電車改造				
車本店	S05.04							一畑電鉄 デハニ54(S04.12)→デハ11(S42.09)→ 項目6参照
鉢車輛	S16.03	西武所沢	S35.03	二扉・セミクロス化改造	西武鉄道	モハ229	S59.09	旧西武鉄道 モハ209→モハ259(S23.06)→モハ229(S29.08)⇒一畑電鉄 デハ61(S35.05)→廃車
武所沢	S36.10	西武所沢	S61.02	両運転台車化改造(新運転台クモハ553)	西武鉄道	クモハ554	S57.09	西武鉄道 クモハ554→廃車(S60.03)⇒一畑電鉄 デハ91(S61.02)→デハ61(S61.03)→廃車
鉢車輛	S16.03	西武所沢	S35.07 *S35.07	二扉・セミクロス化改造	西武鉄道	モハ228	S59.09	旧西武鉄道 モハ208→モハ258(S23.06)→モハ228(S29.08)⇒一畑電鉄 デハ62(S35.08)→廃車
武所沢	S36.10	西武所沢	S61.04	両運転台車化改造(新運転台クモハ551)	西武鉄道	クモハ552	S57.09	旧西武鉄道 クモハ552→廃車(S60.10)⇒一畑電鉄 デハ92(S61.04)→デハ62(S61.04)→廃車
鉢車輛	S16.03	西武所沢	S36.08	二扉・セミクロス化改造	西武鉄道	モハ226	S60.03	旧西武鉄道 モハ206→モハ256(S23.06)→モハ226(S29.08)⇒一畑電鉄 デハ63(S36.08)→廃車
南車輛	S16.06	西武所沢	S39.03 *S39.03	二扉・セミクロス化改造	西武鉄道	クモハ301	H07.03	武蔵野鉄道 デハ5572→西武鉄道 モハ301(S23.06)→モハニ301⇒一畑電鉄 デハ71(S39.03)→廃車
南車輛	S16.06	西武所沢	S39.03 *S39.03	二扉・セミクロス化改造	西武鉄道	クモハ302	H07.01	武蔵野鉄道 デハ5573→西武鉄道 モハ303(S23.06)→モハニ303⇒一畑電鉄 デハ72(S39.03)→廃車
武所沢	S38.02	西武所沢	S56.12		西武鉄道	クハ1456	H08.12	西武鉄道 クハ1456→モハ484(S39.08)→クモハ456(S45.07)→廃車(S56.09)⇒一畑電鉄 デハ81→廃車
武所沢	S34.11	西武所沢	S57.09		西武鉄道	クモハ452	H07.12	西武鉄道 モハ452(S39.08)→クモハ452(S45.07)→廃車(S57.01)⇒一畑電鉄 デハ82(S59.09)→廃車
武所沢	S34.12	西武所沢	S57.09		西武鉄道	クモハ454	H07.12	西武鉄道 モハ454(S39.08)→クモハ454(S45.07)→廃車(S57.02)⇒一畑電鉄 デハ83(S59.09)→廃車
武所沢	S37.03	西武所沢	S60.03		西武鉄道	クモハ560	H08.12	西武鉄道 モハ560(S37.03)→廃車(S59.03)⇒一畑電鉄 デハ83(S59.09)→廃車
南車輛	S15.11 *S15.12	西武所沢	S33.01 S37.02	車体更新 片側乗務員室撤去	西武鉄道	クハ1235	H08.12	武蔵野鉄道 クハ5861→西武鉄道 クハ1234(S23.06)→クハ1235(S29.07)⇒一畑電鉄 クハ101(S33.01)→廃車
崎造船 庫	T13.03		S08.03 S12.05	制御車化改造 両運転台化改造	大阪電軌	ホハ11	S35.--	吉野鉄道 ホハ11→大阪電気軌道 ホハ11(S04.08)一畑電鉄 クハ101(S08.03)→廃車
南車輛	S15.11 *S15.12	西武所沢	S33.08	車体更新	西武鉄道	クハ1236	H08.12	武蔵野鉄道 クハ5862→西武鉄道 クハ1235(S23.06)→クハ1236(S29.07)⇒一畑電鉄 クハ102(S33.10)→ 項目34参照
崎造船	T13.03		S08.03 S12.05	制御車化改造 両運転台化改造	大阪電軌	ホハ15	S35.--	吉野鉄道 ホハ15→大阪電気軌道 ホハ15(S04.08)⇒一畑電鉄 クハ103(S08.03)→廃車
南車輛	S15.11 *S15.12	西武所沢	S34.02	車体更新	西武鉄道	クハ1237	H06.06	武蔵野鉄道 クハ5863→西武鉄道 クハ1236(S23.06)→クハ1237(S29.07)⇒一畑電鉄 クハ103(S34.02)→廃車
南車輛	S15.11 *S15.12	西武所沢	S34.02	車体更新	西武鉄道	クハ1238	S56.12	武蔵野鉄道 クハ5864→西武鉄道 クハ1237(S23.06)→クハ1238(S29.07)⇒一畑電鉄 クハ104(S34.03)→廃車
崎造船	T13.03					クハ102 I	S35.05	吉野鉄道 ホハ11→大阪電気軌道 ホハ11(S04.08)⇒一畑電鉄 クハ101(S08.03)→クハ105改番(S33.04)→廃車
南車輛	S15.11 *S15.12					クハ102 II	H08.12	武蔵野鉄道 クハ5862→西武鉄道 クハ1235(S23.06)→クハ1236(S29.07)⇒一畑電鉄 クハ102(S33.10)→クハ105(S35.05)→廃車
崎造船	T13.03					クハ103 I	S35.09	吉野鉄道 ホハ15→大阪電気軌道 ホハ15(S04.08)⇒一畑電鉄 クハ103(S08.03)→クハ106改番(S33.12)→廃車
大道作業局 所橋工場	M35.--	鉄道省 後藤工場	S15.09	車体改造	鉄道省	ホハニ4060	S34.05	鉄道作業局 ハボ140→ホハ6628→ホハニ8308(T12.--)→ホハニ4060(S03.--)→廃車(S09.--)⇒一畑電鉄 クハ109(S15.09)→廃車
大道作業局 所橋工場	M39.--	鉄道省 後藤工場	S15.03 S26.12	制御車化改造 台車変更 TR70A→TR11	鉄道省	オハフ8911	S34.05	鉄道作業局 オブロ4→ナロフ9373→ナロフ9372(T08.--)→ナロフ8104(S03.--)→オハフ8911(S06.--)→廃車(S14.--)⇒一畑電鉄 クハ111(S15.03)→廃車
日本店	S03.04		S37.05 S42.10	制御車化改造 二扉自動化改造		デハ7	S61.03	一畑電鉄 クハ101→デハ7(S17.04)→クハ111(S37.05)→廃車
日本車輛	T15.--	運輸省 後藤工機部	S24.04 *S24.02	車体改造	鉄道省	ナハ22033	S34.03	鉄道省 ナロハ22403→ナロハ21323(S03.--)→ナハ22033(S18.--)→事故廃車(S22.--)⇒一畑電鉄 クハ120(S24.04)→廃車
気車会社	T10.--		*S28.09		国鉄	モハ1047	S33.04	鉄道省 デハ33523→モハ1047(S03.10)→廃車(S27.10)⇒一畑電鉄 クハ131(S28.09)→廃車
梅鉢鉄工	S16.03	西武所沢	S35.03	二扉セミクロス化改造	西武鉄道	クハ1230	S57.09	旧西武鉄道 モハ210→モハ260(S23.06)→モハ230(S33.10)⇒一畑電鉄 クハ161(S35.05)→廃車
梅鉢鉄工	S16.03	西武所沢	S35.07	二扉・セミクロス化改造	西武鉄道	クハ1221	S57.09	旧西武鉄道 モハ201→モハ251(S23.06)→モハ221(S33.10)→クハ1221(S35.03)⇒一畑電鉄 クハ162(S35.08)→廃車
梅鉢鉄工	S16.03	西武所沢	S36.08	二扉・セミクロス化改造	西武鉄道	クハ1223	S60.03	旧西武鉄道 モハ203→モハ253(S23.06)→モハ223(S33.10)→クハ1223(S35.03)⇒一畑電鉄 クハ163(S36.09)→廃車
木南車輛	S16.06	西武所沢	S39.03	二扉・セミクロス化改造	西武鉄道	クモハ302	H07.03	武蔵野鉄道 デハ5571→西武鉄道 モハ302(S23.06)⇒一畑電鉄 クハ171(S39.03)→廃車
木南車輛	S16.06	西武所沢	S39.03 S39.08	二扉・セミクロス化改造	西武鉄道	クモハ304	H07.01	武蔵野鉄道 デハ5574→西武鉄道 モハ304(S23.06)⇒一畑電鉄 クハ172(S39.03)→廃車
西武所沢	S37.12	西武所沢	S56.12		西武鉄道	クハ1485	H08.12	西武鉄道 クハ1455(S37.12)→モハ483(S39.08)→クハ1485(S45.06)→廃車(S56.09)⇒一畑電鉄 クハ181(S56.12)→廃車
西武所沢	S37.12	西武所沢	S57.09		西武鉄道	クハ1487	H07.12	西武鉄道 クハ1451(S37.12)→クハ1487(S39.07)→廃車(S57.01)⇒一畑電鉄 クハ182(S57.09)→廃車
西武所沢	S37.12	西武所沢	S57.09		西武鉄道	クハ1489	H07.12	西武鉄道 クハ1453(S37.12)→クハ1489(S39.07)→廃車(S57.02)⇒一畑電鉄 クハ182(S57.09)→廃車
西武所沢	S38.05	西武所沢	S60.03		西武鉄道	クハ1661	H08.12	西武鉄道 クハ1605(S38.05)→クハ1661(S51.06)→廃車(S58.03)⇒一畑電鉄 クハ191(S60.03)→廃車

一畑電気鉄道立久恵線 車両諸元表（蒸気機関車）　本諸元表は昭和30(1955)年以降に在籍した蒸気機関車を対象とする。

形　式	番　号	軸配置	気筒径×行程 mm	実用最高気圧 kg/cm2	運転整備重量（炭水車）ton	最大長 mm	最大幅 mm	最大高 mm	動輪直径 mm
	103	1B1	356×508	10.6	37.3	9,818		3,658	1,250

一畑電気鉄道立久恵線 車両諸元表（内燃機関車・気動車・客車）
本諸元表は昭和30(1955)年から昭和40(1965)年の路線廃止まで在籍した車両を対象とする。

項目	形　式	記号番号	車体寸法 最大長 mm	車体寸法 最大幅 mm	車体寸法 最大高 mm	自重(荷重) ton	軸配置 定員(座席)	台車 製造所	台車 形式	台車 軸距 mm	内燃機関 製造所	内燃機関 形式	内燃機関 連続出力(馬力)回転数rpm	変速機
1	DB20	DB201	6,850	2,625	3,550	20.0	B			2,200		DMH17	150/1,500	機械式
2	キハ1	キハ1	12,020	2,720	3,655	16.5	72(30)		TR26	1,800		DMF13B	120/1,500	機械式
3	キハ1	キハ2	12,220	2,650	3,700	19.4	75(42)		TR27 TR28	1,600		DMF13	110/1,500	機械式
4		キハ3	12,220	2,650	3,700	19.4	75(42)		TR27 TR28	1,600		DMF13B	120/1,500	機械式
5		キハ5	16,420	2,730	3,680	22.8	109(62)		TR26	1,800		DMF13B	120/1,500	機械式
6	ハニ10	ハニ10	12,395	2,720	3,655	13.8	72(42)	日車支店		1,500				
7	ハニ11	ハニ11	10,920	2,540	3,525	10.9	60(28)	日車支店		1,500 750+1,150				

一畑電気鉄道広瀬線 車両諸元表（電車）　本諸元表は昭和30(1955)年以降から昭和35(1960)年の廃止まで在籍した車両を対象とする。

項目	形　式	記号番号	車体寸法 最大長 mm	車体寸法 最大幅 mm	車体寸法 最大高 mm	自重 ton	定員(座席)	台車 製造所	台車 形式	台車 軸距 mm	制御器 製造所	制御器 形式制御方式	主電動機 製造所	主電動機 形式	主電動機 出力kw×台数
1	デハ1	デハ1	9,144	2,286	3,896	10.0	50(24)	Brill	21E	2,886		直接制御			25.7×2
2		デハ2	9,144	2,286	3,896	10.0	50(24)	Brill	21E	2,886		直接制御			25.7×2
3	デハ5	デハ5	10,668	2,413	3,839	13.0	50(32)	M&G	T-1-C 直接制御	3,048	WH		WH		37.3×2
4	デハ6	デハ6	11,714	2,584	3,714	15.2	60(40)	日車本店	A1	1,524		直接制御			48.4×2
5	サハ3	サハ3	9,161	2,286	3,556	7.5	50(24)			3,802					
6		サハ4	9,161	2,286	3,556	7.5	50(24)			3,802					

日ノ丸自動車電車部 法勝寺鉄道線 車両諸元表（電車）
本諸元表は昭和30(1955)年以降から昭和42(1967)年の路線廃止まで在籍した車両を対象とする。

項目	形　式	記号番号	車体寸法 最大長 mm	車体寸法 最大幅 mm	車体寸法 最大高 mm	自重 ton	定員(座席)	台車 製造所	台車 形式	台車 軸距 mm	制御器 製造所	制御器 形式制御方式	主電動機 製造所	主電動機 形式	主電動機 出力kw×台数
1	デ	デ3	10,435	2,641	3,937	11.9	50	M & G	GM18	3,048		直接制御			37.3×2
2	デハ	デハ4	11,620	2,584	3,969	13.7	65(24)	日車本店	A1	1,473		直接制御			37.3×2
3	デハ	デハ5	11,620	2,584	3,969	13.7	65(24)	日車本店	A1	1,473		直接制御			37.3×2
4	デ	デハ6	11,714	2,584	3,963	15.2	65(24)	日車本店	A1	1,524		直接制御			48.5×2
5	デ	デハ7	11,370	2,600	3,963	16.3	64(32)	Brill	76E	1,470		直接制御			48.5×2
6	デ	デ201	11,620	2,584	3,969	13.7	65(24)	日本車輌	A1	1,473		直接制御			37.3×2
7	デ	デ203	11,620	2,584	3,969	13.7	65(24)	日本車輌	A1	1,473		直接制御			37.3×2
8	デ	デ205	11,724	2,548	3,963	16.3	60(40)	日本車輌	A1	1,524		直接制御			48.5×2
9	デ	デ207	11,370	2,600	3,963	16.3	60(32)	Brill	76E	1,470		直接制御			48.5×2

大社宮島鉄道(1926.05.15設立)(1932.12.12開業)出雲鉄道(1938.06.09改称)一畑電気鉄道(1954.05.01合併)(1965.02.18廃止)

製造所製番	製造年月	#設計認可 *竣功届	前所有	旧番号	廃車年月(用途廃止)	備考
汽車大阪 0	M39.01		国鉄	244	S30.05	鉄道作業局 906→鉄道院 改番 244(M42.10)→廃車(S27.04)⇒出雲鉄道 103(S28.04)→一畑電気鉄道立久恵線 103(S 29.05合併改称)→廃車

大社宮島鉄道(1926.05.15設立)(1932.12.12開業)出雲鉄道(1938.06.09改称)一畑電気鉄道(1954.05.01合併)(1965.02.18廃止)

製造所製番	製造年月	#設計認可*竣功届	改造所	改造年月#認可年月*竣功届	改造内容	前所有	旧番号	廃車年月(用途廃止)	備考
汽車大阪 16	S26.05	*S27.04						S40.02	
汽車支店	S07.10	*S07.12						S40.02	大社宮島鉄道 カハニ2(S07.12)→キハニ1(S31.04)→キハ1→廃車⇒有田鉄道 留置→解体(S43.--)
汽車本店	S09.03			S28.06	エンジン換装 GMF13→	国鉄	キハ40001	S40.02	鉄道省 キハ40001→廃車(S23.04)⇒出雲鉄道 キハ2(*S24.12)→廃車⇒有田鉄道 キハ201(S40.10)→
汽車本店	S09.03			S30.03	エンジン換装 GMF13→	国鉄	キハ40000	S36.02	鉄道省 キハ40000→廃車(S23.04)⇒出雲鉄道 キハ3(*S24.12)→事故廃車
日本車輌	S08.03		国鉄後藤工場	S36.08	廃車キハ3(DMF13B)エンジン転用	国鉄	キハ04 29	S40.02	鉄道省 キハ36928→キハ41028→キハ41513(S25.10)→キハ41238(S29.07)→キハ0429→廃車(S36.02)⇒一畑電鉄 キハ5(*S36.08)→廃車⇒有田鉄道 キハ202(S40.--)→廃車⇒紀州鉄道 キハ205
汽車支店	S07.10	*S07.12		S20.--*S26.08	付随車化改造竣功届提出			S40.02	大社宮島鉄道 カハニ1(S07.12)→付随客車(S20.--)→ハニ10(*S26.08)→廃車⇒日の丸自動車 フニ100(*S40.05)→廃車(S42.05)
汽車支店	S10.09	*S10.09						S40.02	大社宮島鉄道 カハニ3(*S10.09)→廃車

広瀬鉄道(1925.11.--設立)(1928.07.24開業)山陰中央鉄道(1944.10.31伯陽電鉄合併) 島根鉄道(1948.04.01分離)一畑電鉄広瀬線(1954.12.01合併)(1960.06.20廃止)

製造所	製造年月#認可	改造所	改造年月#認可	改造内容	前所有	旧番号	廃車年月(用途廃止)	備考
梅田車輌	S03.07*S03.05						S35.06	広瀬鉄道 デハ1(*S03.07)→廃車
梅田車輌	S03.07*S03.05						S35.06	広瀬鉄道 デハ2(*S03.07)→廃車
名古屋電車	T01.08				名古屋鉄道	デシ502	S30.08	名古屋電気鉄道 169→デシ502⇒広瀬鉄道 デハ5(*S04.09)→廃車
日車本店	T11.07		S23.01		名古屋鉄道	モ102	S35.06	尾西鉄道 デホ102→名古屋鉄道 デホ102(T14.08)→モ102(S16.--)⇒島根鉄道 デハ6(S23.01)→
梅田車輌	S03.07						S35.06	広瀬鉄道 サハ3(*S03.07)→廃車⇒日の丸自動車 フ55(S35.08)→
梅田車輌	S03.07						S35.06	広瀬鉄道 サハ4(*S03.07)→廃車⇒北丹鉄道 ハ12→

法勝寺鉄道(1924.07.08開業)伯陽電鉄(1924.11.29改称)山陰中央鉄道(1944.10.31広瀬鉄道合併)日の丸自動車(1953.09.15合併)(1967.05.15廃止)

製造所	製造年月#認可	改造所	改造年月#認可	改造内容	前所有	旧番号	廃車年月(用途廃止)	備考
名古屋電車	T02.06				愛知電鉄	電12		愛知電鉄 電15→電12(T09.09)⇒法勝寺鉄道 電3(*T13.10)→伯陽電鉄 電3(T13.11)→山陰中央 電3(S19.12)→日の丸自動車 電3(S28.09)→ 項目10参照
日車本店	T11.05		#S10.02	オープンデッキ密閉化改造	池上電鉄	乙号デハ1		駿遠電気 22⇒池上電鉄 デハ1(T11.05)→伯陽電鉄 貸出(*S05.03)→廃車(S06.11)⇒伯陽電鉄 デハ4(*S06.11)→山陰中央鉄道 デハ4(S19.12)→日の丸自動車 デハ4(S28.09)→ 項目6参照
日車本店	T11.05		#S10.02	オープンデッキ密閉化改造	池上電鉄	乙号デハ2		駿遠電気 24⇒池上電鉄 デハ2(T11.05)→伯陽電鉄 貸出(*S05.03)→廃車(S06.11)⇒伯陽電鉄 デハ5(*S06.11)→山陰中央鉄道 デハ5(S19.12)→日の丸自動車 デハ5(S28.09)→ 項目7参照
日車本店	T11.07				名古屋鉄道	モ103		尾西鉄道 デホ103→名古屋鉄道 デホ103(T14.08)→モ103(S16.--)⇒日の丸自動車 モ103(S22.10)→ 項目7参照
汽車支店	T12.07				静岡鉄道	モハ8		目黒蒲田電鉄 デハ8(T12.07)→東京横浜電鉄 8(T15.02)→目黒蒲田電鉄 デハ8(S03.--)→モハ8(S04.--)神中鉄道 モハ8(S17.05)→相模鉄道 モハ8(S18.04)→静岡鉄道 モハ8(S23.12)→日の丸自動車 デハ7→ 項目9参照
日車本店	T11.05	国鉄後藤工場	S39.03	簡易鋼体化		デハ4	S42.05	駿遠電気 22⇒池上電鉄 デハ1(T11.05)→伯陽電鉄 貸出(*S05.03)→廃車(S06.11)⇒伯陽電鉄 デハ4(*S06.11)→山陰中央 デハ4(S19.12)→日の丸自動車 デハ4(S28.09)→デハ201(S33.04)→廃車
日車本店	T11.05					デハ5	S42.05	駿遠電気 24⇒池上電鉄 デハ2(T11.05)→伯陽電鉄 貸出(*S05.03)→廃車(S06.11)⇒伯陽電鉄 デハ5(*S06.11)→山陰中央 デハ5(S19.12)→日の丸自動車 デハ5(S28.09)→デハ203(S33.04)→廃車
日車本店	T11.07	国鉄後藤工場		簡易鋼体化		デハ6	S42.05	尾西鉄道 デホ103→名古屋鉄道 デホ103(T14.08)→モ103(S16.--)⇒日ノ丸自動車 デハ6(S22.10)→デハ205(S33.04)→廃車
汽車支店	T12.07					デハ7	S42.05	目黒蒲田電鉄 デハ8(T12.07)→東京横浜電鉄 8(T15.02)→目黒蒲田電鉄 デハ8(S03.--)→モハ8(S04.--)神中鉄道 モハ8(S17.05)→相模鉄道 モハ8(S18.04)→静岡鉄道 モハ8(S23.12)→山陰中央鉄道 デハ7(*S24.04)→デハ207(S33.04)→廃車

項目	形 式	記号番号	車体寸法			自重 ton	定員 (座席)	台 車			制御器		主電動機		
			最大長 mm	最大幅 mm	最大高 mm			製造所	形式	軸距 mm	製造所	形式 制御方式	製造所	形式	出力kw ×台
10	デ	デ209	10,435	2,641	3,937	11.9	50	M & G	GM18	3,048		直接制御			37.3×
11	附 (フ)	50	8,001	2,590	3,480	7.5	50 (28)			3,810					
12	附 (フ)	51	7,800	2,580	3,570	5.4	50 (24)			3,370					
13	附 (フ)	52	9,750	2,590	3,190	7.8	70			4,115					
14	附 (フ)	53	10,435	2,641	3,415	7.6	50 (28)			3,926					
15	附 (フ)	55	9,161	2,406	3,556	7.5	50 (24)			3,802					
16	フニ	100	12,395	2,720	3,655	13.8	72 (30)	日車支店	菱枠型	1,500					

参考文献

1321生・1219生・1086生　地方私鉄を訪ねて　倉敷交通　鉄道模型趣味　93　機芸出版社　1956/04
江本廣一　岡山の旅　急電　43　京都鉄道趣味同好会　1956/04
1219生　防石鉄道　鉄道模型趣味　101　機芸出版社　1956/11
久保敏　国鉄気動車台帳車輛台帳　買収気動車　　　JRC客車気動車部会　1957/10
湯口徹　岡山臨港鉄道　急電　101　京都鉄道趣味同好会　1959/07
田口啓巳　尾道鉄道　急電　101　京都鉄道趣味同好会　1959/07
田口啓巳　広島電鉄宮島線　急電　101　京都鉄道趣味同好会　1959/07
谷口良忠　消えゆく線路を訪ねて　西大寺鉄道　鉄道ファン　16　交友社　1962/10
宮松丈夫　続・鉄道鉄道　鉄道ファン　25　交友社　1963/07
越智昭　宮島電車　鉄道ファン　37　交友社　1964/07
谷口良忠　熊延鉄道の廃車-玉野市営鉄道新車　鉄道ファン　40　交友社　1964/10
　　　　世界の鉄道1966年版 日本の私鉄電車　　　朝日新聞社　1965/09
松尾一郎　私鉄車両めぐり 岡山臨港鉄道　鉄道ピクトリアル　186　電気車研究会　1966/07
河上文久・和久田康雄　私鉄車両めぐり 倉敷市営鉄道　鉄道ピクトリアル　199　電気車研究会　1967/07
臼井茂信　機関車の系譜図 1　　交友社　1972/09
藤井信夫　私鉄車両めぐり 94　同和鉱業・片上鉄道　鉄道ピクトリアル　270　電気車研究会　1972/10
藤井信夫　私鉄車両めぐり 95　同和鉱業・片上鉄道　鉄道ピクトリアル　271　電気車研究会　1972/11
臼井茂信　機関車の系譜図 2　　交友社　1973/04
　　　　世界の鉄道1974年版 日本のローカル私鉄　　　朝日新聞社　1973/10
　　　　日本の軽便鉄道　立風書房　1974/07
　　　　日本民営鉄道車両形式図集 上編　　電気車研究会　1976/01
　　　　日本民営鉄道車両形式図集 下編　　電気車研究会　1976/05
いのうえ・こーいち　追憶の軽便鉄道　井笠鉄道　プレスアイゼンバーン　1997/08
藤山侃司　中国鉄道とその車輛　レイル　7　プレスアイゼンバーン　1978/10
小熊節米雄　胆振鉄道及び胆振縦貫鉄道とその車輛　レイル　8　プレスアイゼンバーン　1978/11
平井節郎　喜茂別紀行　レイル　8　プレスアイゼンバーン　1978/11
牧野俊介　自転車に抜かれたコッペルたち　　プレスアイゼンバーン　1980/04
坂正博・結解喜幸・今田保　全国私鉄カタログ part2　　ジェー・アール・アール　1980/11
牧野俊介　岡山より汽車を求めて 下　　プレスアイゼンバーン　1981/03
飯島巌・青野邦明・荒川好夫　広島電鉄　私鉄の車両　3　保育社　1985/04
橋本正夫　私の街を走った電車　　　1987/10
真鍋裕司　中国地方のロ-カル私鉄　現況4　同和鉱業片上鉄道線　鉄道ピクトリアル　493　電気車研究会　1988/03
曽我治夫・木村博真　中国地方のローカル私鉄　下津井電鉄　鉄道ピクトリアル　493　電気車研究会　1988/03
曽我治夫　中国地方のローカル私鉄　水島臨海鉄道　鉄道ピクトリアル　493　電気車研究会　1988/03
真鍋裕司　中国地方のローカル私鉄　同和鉱業片上鉄道線　鉄道ピクトリアル　493　電気車研究会　1988/03

製造所	製造年月#認可	改造所	改造年月#認可	改造内容	前所有	旧番号	廃車年月(用途廃止)	備考
古屋電車	T02.06					電3	S33.11	愛知電鉄 電15→電12(T09.09)⇒法勝寺鉄道 電3(*T13.10)→伯陽電鉄 電3(T13.11)→山陰中央鉄道 電3(S19.12)→日ノ丸自動車 電3→デハ209(S33.04)→廃車
関西鉄道 町工場	M22.05	鉄道省 後藤工場	*S16.11	車体改造	出雲鉄道	ハフ21	S42.05	関西鉄道 帝国鉄道庁 買収(M40.10)→鉄道省 ハフ4734 大社宮島鉄道 ハフ21→廃車　*英国バーミンガム説有
車本店	T01.10	後藤工機部 自社工場	*S22.10 S33.08	車体改造 車体長縮小 窓配置変更	愛知電鉄	附64	S42.05	愛知電鉄 附11→附64(T09.09)⇒法勝寺鉄道 附51(*T13.06)→伯陽電鉄 附51(T13.11)→山陰中央 附51(S19.12)→日ノ丸自動車 附51(S28.09)→廃車
宮鉄道 宮工場	T01.11				国鉄	ハ11	S42.05	新宮鉄道 は1→ハ1(T13.--)→ハ11(S08.--)⇒鉄道省 買収 ハ11(S09.07)→廃車(S15.--)⇒伯陽電鉄 フ52(*S17.02)→山陰中央鉄道 フ52(*S22.10)→日ノ丸自動車 フ52(S28.09)→廃車
古屋電車	T02.06	国鉄 後藤工場	*S29.02	電装解除付随車化・台車変更		電1	S42.05	愛知電鉄 電9⇒法勝寺鉄道 電1(*T13.10)→伯陽電鉄 電1(T13.11)→山陰中央鉄道 電1(S19.12)→日ノ丸自動車 電1→フ53(*S29.02)→廃車
田車輌	S03.07				一畑電鉄	サハ3	S42.05	広瀬鉄道 サハ3(*S03.07)→廃車
車支店	S07.12				一畑電鉄	ハニ10	S42.05	大社宮島鉄道 カハニ1(T07.12)→出雲鉄道 カハニ1(S13.06)→一畑電気鉄道立久恵線 カハニ1→付随車化(S20.--)→ハニ10(*S26.08)→廃車(S40.02)→日ノ丸自動車 フニ100(*S40.05)　→廃車

今井琢磨　中国地方のローカル私鉄　一畑電気鉄道　鉄道ピクトリアル　493　電気車研究会　1988/03
田辺栄司　中国地方のローカル私鉄　広島電鉄　鉄道ピクトリアル　493　電気車研究会　1988/03
寺田裕一　日本のローカル私鉄 片上・下津井・水島臨海・一畑　　企画室ネコ　1990/07
栗林宗人　続：宇部・小野田の鉄道メモ　鉄道資料　65　鉄道資料保存会　1992/02
湯口徹　瀬戸の駅から 上　レイル　29　プレスアイゼンバーン　1992/08
湯口徹　瀬戸の駅から 下　レイル　30　プレスアイゼンバーン　1992/10
和久田康雄　私鉄史ハンドブック　　電気車研究会　1993/12
祖父定一　神々の里を走る電車たち　　山陰鉄道研究会　1994/03
日本車両鉄道同好部　日車の車両史 図面集ー戦前私鉄編 下　　鉄道資料保存会　1996/06
髙井薫平　軽便追想　ネコ・パブリッシング　1997/04
諸川久・吉川文夫　総天然色のタイムマシーン　　ネコ・パブリッシング　1998/07
岡田誠一　キハ41000とその一族 上　RM LIBRARY　1　ネコ・パブリッシング　1999/08
岡田誠一　キハ41001とその一族 下　RM LIBRARY　2　ネコ・パブリッシング　1999/09
日本車両鉄道同好部　日車の車両史 写真・図面集ー台車編　　鉄道資料保存会　2000/02
湯口徹　中国鉄道の客車　鉄道資料　102　鉄道資料保存会　2001/09
寺田裕一　ローカル私鉄車輌20年　西日本編　キャンブックス　　JTB出版事業局　2002/02
岡田誠一　キハ07ものがたり 下　RM LIBRARY　36　ネコ・パブリッシング　2002/07
寺田裕一　ローカル私鉄車輌21年　路面電車・中小私鉄編　キャンブックス　　JTB出版事業局　2003/04
新井清彦　軽便探訪　　機芸出版社　2003/04
湯口徹　内燃機動車発達史 上　　ネコ・パブリッシング　2005/01
湯口徹　内燃機動車発達史 下　　ネコ・パブリッシング　2005/08
祖父定一　神々の里に消えた鉄道　　山陰鉄道研究会　2006/01
髙井薫平　中国鉄道の気動車とその行方　RM LIBRARY　80　ネコ・パブリッシング　2006/04
湯口徹　戦後生まれの私鉄機械式気動車 上　RM LIBRARY　87　ネコ・パブリッシング　2006/11
湯口徹　戦後生まれの私鉄機械式気動車 下　RM LIBRARY　88　ネコ・パブリッシング　2006/12
寺田裕一　ローカル私鉄廃線跡探訪 4 近畿・中国・四国・九州 消えた轍　　ネコ・パブリッシング　2007/04
橋本正夫　玉野市電気鉄道　RM LIBRARY　102　ネコ・パブリッシング　2008/02
前田六二　タイムスリップ・レール・・・オノテツ　尾道学研究会　2011/03
髙井薫平　小型蒸気機関車全記録 西日本編　　講談社　2012/02
沖田祐作　機関車表 フル・コンプリート版　　ネコ・パブリッシング　2014/02
和久田康雄　私鉄史研究資料　　電気車研究会　2014/04
寺田裕一　岡山臨港鐵道　RM LIBRARY　197　ネコ・パブリッシング　2016/01
大賀寿郎　広島電鉄の文化と魅力　フォト・パブリッシング　2020/10
寺田裕一　下津井電鉄 上　RM LIBRARY　247　ネコ・パブリッシング　2020/12
寺田裕一　下津井電鉄 下　RM LIBRARY　248　ネコ・パブリッシング　2021/01

【著者プロフィール】
髙井薫平（たかいくんぺい）
1937年生まれ、慶應義塾大学法学部1960年卒。地方私鉄巡りは昭和28年の静岡鉄道駿遠線が最初だった。鉄研活動は中学からだが当時は模型専門、高校に進学以来、鉄道研究会に属して今日に至る。1961年刊行の朝日新聞社刊「世界の鉄道」創刊号以来の編集メンバー、1960年から鉄道車両部品メーカーに勤務、日本鉄道工業会理事、車輌輸出組合（現ＪＯＲＳＡ）監事、会社退任後は鉄道趣味に本格復帰し現在は鉄道友の会参与、著書に「軽便追想（ネコ・パブリッシング）」RMライブラリーで『東野鉄道』『上武鉄道』『福島交通軌道線』『弘南鉄道』（ネコ・パブリッシング）、『小型蒸気機関車全記録』（講談社）など。

【執筆・編集協力者の紹介】
矢崎康雄（やざきやすお）
慶應義塾大学商学部1971年卒、学生時代から聞けば何でも知って居る重宝な人、都電とともに幼少期を過ごし、どちらかといえば、市電ファンでヨーロッパのほとんどの都市にトラムを見に行った。かつて鉄研三田会が編集した「世界の鉄道」（朝日新聞社）では外国の部分の解説をほとんど一人で担当した。本書では「カラーページ」「ことば解説」「地図開設解説」などを担当した。

亀井秀夫（かめいひでお）
慶應義塾大学法学部1973年卒、学生時代から私鉄ファンで特に車両データや車両史に詳しい。鉄道車両部品メーカーに勤務し、営業・企画を長く担当した。今回は最終校閲、時代考証、車両来歴確認などをお願いしたほか、この本の巻末の諸元表作成に相当の知力を発揮している。朝日新聞の世界の鉄道でも諸元表まとめの主要メンバーであった。現在、鉄道友の会理事（業務担当）、（一社）鉄道車輌工業会参与を務める。

佐竹雅之（さたけまさゆき）
慶應義塾大学工学部2007年卒、150分の1スケールのＮゲージでおもに地方私鉄の鉄道模型を作成している。最近では3Dプリンタを駆使して、市販されていない車両の作成にも挑戦。鉄道車両史に詳しく、第4号からサポートメンバーに加わってもらった。原稿の第一校閲者のほか、時代確認、地域鉄道位置図面の作成、一部コラムの執筆も担当した。

【写真提供等でご協力頂いた皆様】
J. Wally Higgins（名古屋レール・アーカイブス所蔵）荒井文治、今井啓輔、上野 巌、梅村正明、江本廣一、大野眞一、荻原二郎、荻原俊夫、奥野利夫、笠木 健、風間克美、亀井秀夫、河村安彦、河本泰行、木村和男、齋藤 晃、芝野史郎、清水敏史、清水 武、下島啓亨、高橋慎一郎、竹中泰彦、田尻弘行、田中信吾、田中義人、田辺多知夫、寺田裕一、永瀬和彦、西岡隆士、西川和夫、西原 博、林 嶢、日暮昭彦、藤岡雄一、藤田幸一、堀川正弘、宮澤孝一、村松 功、矢崎康雄、山田信一、山本忠雄、湯口 徹、吉村光夫、和久田康雄

【乗車券など提供と解説】
堀川正弘

【資料協力】
小松重次、澤内一晃、登山昭彦、藤田吾郎

昭和30年代～50年代の地方私鉄を歩く 第26巻
中国地方の私鉄

2022年9月15日　第1刷発行

著　者……………………髙井薫平
発行人…………………高山和彦
発行所…………………株式会社フォト・パブリッシング
　　　　　　　　　　　〒161-0032　東京都新宿区中落合2-12-26
　　　　　　　　　　　TEL.03-6914-0121 FAX.03-5955-8101
発売元…………………株式会社メディアパル（共同出版者・流通責任者）
　　　　　　　　　　　〒162-8710　東京都新宿区東五軒町6-24
　　　　　　　　　　　TEL.03-5261-1171 FAX.03-3235-4645
デザイン・DTP ………柏倉栄治（装丁・本文とも）
印刷所…………………株式会社シナノパブリッシングプレス

ISBN978-4-8021-3351-7 C0026

本書の内容についてのお問い合わせは、上記の発行元（フォト・パブリッシング）編集部宛ての
Ｅメール（henshuubu@photo-pub.co.jp）または郵送・ファックスによる書面にてお願いいたします。